Gerlinde Egger
Christine Lechner (eds)

Primary CLIL Around Europe

Gerlinde Egger
Christine Lechner (eds)

Primary CLIL Around Europe

Learning in Two Languages in Primary Education

Tectum Verlag

Besuchen Sie uns im Internet
www.tectum-verlag.de

Gerlinde Egger
Christine Lechner (eds)
Primary CLIL Around Europe
Learning in Two Languages in Primary Education

ISBN: 978-3-8288-2764-6

Comenius Regio Partners:
St. Helens Council (CYPS Department)
Cowley Language College
Haydock City Learning Centre
Parish Church of England Primary School
Wargrave Church of England Primary School
Landesschulrat für Tirol
Volksschule Neuarzl
Pädagogische Hochschule Tirol

Umschlagabbildung: istockphoto.com © Jani Bryson
Druck und Bindung: CPI buchbücher.de, Birkach
Printed in Germany

MIX
Papier aus verantwortungsvollen Quellen
FSC® C003147

Education and Culture DG
Lifelong Learning Programme

This project has been funded with support from the European Commission. This publication reflects the views only of the authors, and the Commission and editors cannot be held responsible for any use which may be made of the information contained therein.

Bibliografische Informationen der Deutschen Nationalbibliothek
Die Deutsche Nationalbibliothek verzeichnet diese Publikation in der Deutschen Nationalbibliografie; detaillierte bibliografische Angaben sind im Internet über http://dnb.ddb.de abrufbar.

TABLE OF CONTENTS

Preface

Reinhold Raffler, AT, Director of the Regional School Board Tirol

It is a great pleasure to present a publication developed within the framework of a COMENIUS Regio project; a framework that gives educational authorities the opportunity to participate directly in European school-based activities. Thus, the Regional School Board Tirol took the lead within the Tyrol co-operating directly with St. Helens Council. Further Tyrolean institutions were the Volksschule Neuarzl and the Pädagogische Hochschule Tirol. This publication reflects European developments in the area of Primary CLIL over the past years and specifically shows the aims of the Regio project to anchor Primary CLIL in the Tyrol and enhance the teaching of German in our partner region, St. Helens.

Thus, the present volume includes a broad range of articles from the state-of-the-art EU language policy to articles directly describing the project progress, initiatives in Primary CLIL and academic research on the theme. The Tyrol is particularly suitable as a partner region in this project for several reasons. Through targeting integrated language learning from Year 1 of Primary education, the Austrian curriculum opens innovative paths to motivate children for language learning, to open the way for communication in an L2 and to increase tolerance towards other languages and cultures in a positive way. The initiatives in Primary language learning at the Pädagogische Akademie des Bundes in Tirol were noted as best practice at European level in the "European Profile for Language Teacher Education" and the present developments can be seen as a follow-up. The articles in the publication show paths to practice and research in this field.

Introduction

Gerlinde Egger (AT), Christine Lechner (AT), Sean Ward (NI)

Throughout Europe there is a growing awareness that language learning is much more effective when the content and contexts are related closely to target language acquisition rather than taught in isolation. Language learning linked to meaningful content (Content AND Language Integrated Learning - CLIL) has proven to be highly successful. Through exploiting the synergies of learning content and language together, children gain a second (or third) language and subject knowledge simultaneously with less effort and in shorter time. Indeed, it is especially effective in the primary school. These articles, covering theory as well as practice, are a testament to this approach.

Early bilingualism produces many important spin-offs, not least the increased self-confidence and self-esteem of the children. Our pupils who are exposed to effective CLIL approaches can become balanced bilinguals and may achieve near 'nativelikeness' proficiency. The use of two languages at school improves a child's language-learning competence. Children can learn about something in one language and talk and write about it in another, and this process helps them to understand the subject better. In addition, bilingual children are better problem solvers and risk -takers.

This research substantiates clearly that immersion education, bilingual education and (CLIL) are positive experiences for the vast majority of the learners, irrespective of their abilities. Learning through the medium of another language by no means interferes with the mother tongue - on the contrary - it is mutually beneficial and promotes and develops not only bilingualism but dual literacy. Language education plays a special role in the personal, social and cognitive development of the learner.

Frequently voiced concerns that migrant children, for example, might experience a problem with one more language, have proven baseless. These children are regularly found to be amongst the best pupils in each class - even though the language of schooling is their second and third language. Our project shows that this approach has even been powerful enough to 'turn a school around', to add value and improve pupil standards and outcomes. It could even be said that there is potential in this approach to foster education and employability for disadvantaged children.

Moreover, CLIL approaches increase empathy in multicultural classes. Learning in a new language is the same for bilinguals and monolinguals. The latter begin to realize what it is like to be taught in an unfamiliar language in school. Children obtain positive attitudes towards inclusivity, openness, tolerance and acceptance of 'otherness.'

CLIL provides an efficient and effective curricular model for learning more languages in a shorter time without adding extra language lessons to the primary curriculum. This opens the opportunity for learning a third language within compulsory schooling. This model thus brings us closer to the European goal of first language plus two others. (1+<2).

Bearing in mind all these benefits, there seems to be just one question left: Why is CLIL not practicised and embedded on a more universal scale and why then do more children not have this opportunity? The key to it lies clearly in initial teacher education for primary teachers. Anchoring CLIL deeply in the curricular programme of student teachers and establishing such approaches in their teaching practice and placements are the essential ingredients. In this way, like their pupils, they will learn relevant content and improve their language competences at the same time. Each year hundreds of newly qualified teachers (NQTs) will bring the message to schools and will be models for colleagues as well as for policy makers. Lack of interest quite often goes together with lack of information. This book should help them to overcome fears and concerns and to set priorities in initial teacher education.

This volume is the outcome of a COMENIUS Regio Project, which was funded from autumn 2009 to summer 2011. The idea of bringing together the classes of a former language assistant in England, now a teacher at the Austrian partner school, and of consolidating a long-standing primary CLIL project, developed over a period of some six years, became reality with the development of the COMENIUS Regio framework. The partners in Neuarzl in Innsbruck, Tirol, Austria and St. Helens Liverpool, U.K, applied for the new action in January 2009 and were thrilled when the project was funded. Working from region to region was exciting as were the practice-based cooperations between education authorities, schools and higher education institutions. The basis for the project was a strong belief in the power of CLIL to deliver enriching education programmes linked inextricably to language acquisition.

This publication not only brings together various perspectives from different corners of Europe but also from classroom-level practice, teacher education, academic research and European language policy. For this reason it was decided to leave the source references to sources in the tradition of the origin of the article rather than to attempt a somewhat artificial standardisation

We would like to express our sincere gratitude to all those who have contributed to this publication and for setting out their ideas so clearly. A particular word of thanks should go to the School Board Tirol who oversaw the administrative management of the Group in such an efficient and elegant manner. Special thanks go also to the European Commission for funding the project.

The Context of European Language Policy

BRUSSELS DECLARATION
Enhancing motivation for language learning through institutional and system-based policies, strategies, and practices

Wolfgang Mackiewicz (DE) on behalf of the MOLAN network

FOREWORD

The Brussels Declaration results from activities undertaken in the MOLAN network project (Network for the exchange of information about good practices that serve to **mo**tivate **lan**guage learners); MOLAN was carried out with the support of the European Commission under the Lifelong Learning Programme, Key Activity 2 - Languages, in the period December 2007 to February 2011. The partnership of the trans-sectoral network was comprised of 37 education institutions (schools and higher education institutions), networks, organisations, and authorities based in 18 participating countries and in Switzerland. In addition, 9 experts from education institutions based in seven participating countries made substantial contributions in their capacity as sub-contractors.

The overarching aim of MOLAN was to identify and analyse policies, strategies and practices (PSPs) that could be shown to have the effect of motivating young Europeans in all sectors of formal education to learn foreign languages, and to disseminate these evidence-based PSPs to a wide range of stakeholders. The rationale underlying MOLAN was the frequently observed gap between agreed EU policies on the one hand and reality on the other; there is a widespread trend towards English only and the practice in some countries of students in upper secondary education discontinuing their language learning altogether.

In designing and carrying out its activities, the MOLAN partnership was guided by the following two convictions.

i. Language learning and proficiency in a number of languages are of major importance to personal development, the acquisition of new knowledge, mutual understanding and social cohesion, economic performance and sustainable employability.

ii. Motivation is key to language learning. Professional, highly motivated teachers and quality materials and resources alone are not enough when it comes to enhancing learner motivation; they need to be complemented by institutional and system-based PSPs. At the same time, MOLAN provided ample proof of the fact that the most promising initiatives will come to naught if funding is withdrawn - for example, as a result of the financial crisis.

MOLAN partners, and institutions close to MOLAN, prepared more than 80 case studies that show that PSPs designed to enhance learner motivation have a major role in the successful implementation of EU language policy. However, the case studies also show that no one size fits all, and that successful PSPs have to be viewed within their specific contexts.

During the course of the MOLAN network project, partners became fully aware of and encountered major, if not to say dramatic changes in the fields of politics, economy, society, education and technology, which have had and continue to have a major impact on the linguistic fabric of our societies, language use, language learning, and individual language profiles. Because of this, many of the successful PSPs identified, described, analysed and disseminated by MOLAN partners will probably have to be adapted in the not too distant future. This is one of the reasons why the Web-based system for targeted information retrieval which was developed by MOLAN will continue to be maintained and will be updated beyond the end of the project period by one of the leading MOLAN partner organisations, the Conseil européen pour les langues/European Language Council (CEL/ELC) - http://www.molan-network.org/.

Wolfgang Mackiewicz
MOLAN network co-ordinator and
CEL/ELC president

BRUSSELS DECLARATION

I. Preamble

1 There is evidence that mobility between jobs, geographical mobility, and trans-national co-operation are becoming an accepted part of the working lives of a large percentage of EU residents. In a sense, this kind of mobility and co-operation is a corner stone of the EU's Europe 2020 strategy.

2 Communication between speakers of different languages is no longer only, or even primarily, a matter of cross-border communication. As a result of migration and trans-European mobility, all EU Member States - in fact, all European countries - have become multilingual societies; many of our schools and universities are now multilingual institutions.

3 As a result of these and similar developments, Europe is today confronted with a multilingual challenge of unprecedented size and complexity, a challenge that is of paramount relevance to Europe's education systems and institutions as well as to young people in formal education. Young people need to be enabled and encouraged to learn other languages – both for their own benefit and for the well-being of our societies.

4 In spite of the multitude of evidence available, many of those responsible for education systems and institutions as well as young people and parents have not yet grasped the fundamental importance of language learning for the future of Europe and for individuals living in Europe. In fact, the message to be sent is very clear and simple – the learning of other languages must be regarded and treated as an integral part of all education and training (pre-school, primary, secondary, higher, adult, and continuing education and training) – today and in future.

5 Motivation is key to all learning, not just language learning. For reasons that urgently need to be researched, roughly a quarter of young people living in the EU today are not even motivated to properly learn their first language. Clearly, when it comes to language learning, attitude is more important than aptitude.

6 Focus on learner motivation puts the learner at the centre of the learning process, which can be shown to be important for the sustainability of learner motivation. At the same time, it is important to bear in mind that enhancing motivation for language learning is not just an issue for the individual – the future of our societies depends to a large extent on young people's ability and motivation to learn languages

II Enhancing learner motivation – a conceptual framework

7 *System-based and institutional policies, strategies, and practices*

A large amount of research has in the past been devoted to identifying and analysing different types of learner motivation; this kind of research has had relatively little impact on language learning. Much more important in this respect has been the professionalisation of teacher education. However, individual language teachers, no matter how good their training and how strong their motivation, will hardly be able to bring about a general shift in learner motivation. For this, appropriate system-based or institutional policies, strategies and practices (PSPs) are needed. This is one of the key outcomes of the MOLAN network project.

8 *The context-success factors-success indicators triangle*

Enacting a general shift in learner motivation is not simply a matter of copying examples of successful practice. Rather, the following parameters should be carefully considered –

- the **context** in which a new initiative is going to be taken, and
- the "input" constituting the new initiative in relation to the given context – in other word, the **potential success factors.**

Those taking the initiative will want to check the success or otherwise of their initiative over time on the basis of **success indicators** related to the aims and objectives of the initiative. It is quite likely that a new initiative of this kind will not immediately have the success hoped for; if this is the case, those responsible will have to reflect on the context-success factors-success indicators triangle and make adjustments. Initiatives of this kind will have to be checked regularly as their contexts are likely to change.

Success is not just a quantitative issue – i.e. of how many more pupils and students are now learning languages and of how many more languages are now being learned. Language learning should be seen as a matter of acquiring the ability to communicate effectively, and not just to express basic needs. The issue of motivation cannot be separated from the issue of quality, in particular from the issue of learning outcomes.

9 *The relevance of examples of successful practice*

In spite of the fact that the national/regional/institutional/systemic contexts of language teaching and learning vary considerably across the EU, properly presented examples of successful practice are immensely useful in that they can provide inspiration and encouragement to people and authorities keen to enhance learner motivation. This principle should be observed whenever an exchange or a dissemination of examples of successful practice is undertaken.

In fact, whenever examples of successful practice are presented at European level, attention should be paid to the issues of generalisation and transferability.

10 *Four broad categories of success factors*

At present, success factors for enhancing learner motivation can be grouped into four broad categories.

- innovative teaching and learning practices;
- language policy;
- co-operation with other stakeholders;
- integration, accreditation and certification of language learning.

Each thematic category should be understood to be comprised of a number of sub-categories, together representing a cluster of success factors. For example[1], innovative teaching and learning practices may well include such approaches as extracurricular activities, e-Twinning, independent language learning, and various forms of Content and Language Integrated Learning (CLIL).

11 *The overarching importance of co-operation*

Co-operation is a key transversal success factor, not just in enhancing learner motivation, but also in motivating the motivators - education authorities, head teachers, and senior management. This includes whole-institution approaches, and the creation of local and regional language learning networks, for example, networks based on co-operation between schools and higher education institutions, as well as the involvement of all stakeholders - teachers, students, parents, former students, pertinent specialist and non-specialist organisations, public and private employers.

12 *Using new technologies for language learning and language use*

Young people are attracted to new technologies. Sending SMS and email messages and using Facebook and Twitter have become second nature to them. While it is true that these new forms of communication have in many cases led to a decline in literacy, MOLAN case studies provide ample evidence of the fact that if introduced and used appropriately, new technologies can be a major factor in enhancing motivation for language learning. In fact, the use of new technologies constitutes another key transversal success factor.

---

1 Details can be gauged from the MOLAN Handbook.

III New challenges and opportunities

13 *Multilingual learners*

Motivation for language learning is still very much seen in terms of motivating monolingual young people to take an interest in other languages and cultures.

However, an increasingly large number of young people in formal education have two or even three first languages, without necessarily being literate in both or all of them. Many of these young people are highly motivated to maintain and further develop their bilingual or multilingual proficiency - but more often than not our education institutions and systems are not prepared for this, which is not surprising given the fact that in Europe as a whole more than 400 languages are spoken today. However, we cannot encourage Europeans to exercise their right to live and work in other Member States without reflecting on the educational implications of this policy. In other words, we have to find ways of positively responding to the motivation of children of mobile Europeans to properly learn their first language or languages.

14 *Heterogeneous classrooms and learner groups*

Migration and mobility are increasingly resulting in heterogeneous classrooms - and this both in schools and higher education institutions. Quite frequently, there are students in language classroom that have more advanced partial skills in the language in question than their peers. This is known to have a demotivating effect on all the learners in the classroom. But that does not have to be so - on the contrary. Building on examples of successful practice, methods have to be developed and implemented that can provide all learners in heterogeneous classrooms with a sense of achievement and hence stimulate motivation for the learning of the language in question.

15 *Opportunities arising from these developments*

In sum, every effort should be made to exploit the potential inherent in these developments. Above all, ways will have to be found to validate all the linguistic competences young people have; this strategy has been shown to increase motivation for language learning in general.

IV Fundamental issues

In view of the new multilingual challenge Europe is confronted with as well as the EU's new policy agenda, it is important to bear in mind that the promotion of language learning is not just a matter of enhancing learner motivation, but an issue of fundamental rights. All young people living in the European Union and in Member States of the Council of Europe must be given the opportunity to achieve literacy in their first language or languages, to achieve full competence in the language of education, to learn other languages from an early age and to continue learning these languages throughout formal education. Moreover, all young people must have the opportunity to have their linguistic competences validated, irrespective of whether these competences were acquired in formal education or through non-formal and informal learning. In this way, young people will be enabled to acquire and demonstrate skills that are becoming increasingly important in a European labour market subject to rapid changes as a result of globalisation and the emergence of new kinds of jobs.

V European co-operation

European co-operation, notably European projects in the fields of education and training continue to be of fundamental importance to innovation in our education systems and institutions. During the latter half of the MOLAN network project, there were clear indications that experts from partner institutions and organisations were – due to pressure at home – finding it increasingly difficult to fully participate in project activities. At the same time, participants expressed their firm conviction that as a result of European co-operation they had been encouraged to launch new initiatives and to pursue their own initiatives with new vigour. Clearly, the challenges described in section III call for reflection and action on a European scale, and European projects should be regarded as a major instrument in this respect.

One of the main challenges confronting European projects – and projects in general, for that matter - is the continuation of activities beyond the life of the project proper. As the MOLAN network shows, IT solutions can provide answers to this challenge; the MOLAN Information system functions as a dynamic virtual network, enabling interested parties to retrieve information in a targeted manner, and encouraging members of the languages community to upload new case studies and to update previously provided case studies.

Given the fact that cooperation and partnerships are increasingly being recognised as major drivers, it is strongly recommended that the EU – through its programmes – should seek to encourage the launch of projects involving schools, universities, education authorities, and business representative organisations/enterprises, to mention just the most important stakeholders. This would be particularly relevant for networks and projects designed to promote the requisite development of multilingual skills.

Die Reform des Fremdsprachencurriculums in der schweizerischen Volksschule aus der Perspektive der Mehrsprachigkeit: Ein Vergleich zweier Bildungsregionen[2]

Mirjam Egli Cuenat and Giuseppe Manno, CH

Abstract
Education to multilingualism implies the holistic fostering of the multilingual repertoire of the learner. The first section of the article refers to the challenges set by the reform of the curriculum for languages, which aims to ensure that all pupils will be able to express themselves equally well in two L2's by the end of compulsory schooling. The aims of the reform, which are particularly challenging in a country with four languages, can only be achieved through multilingual approaches and economic teaching and learning. Well co- ordinatied curricula and teaching materials contribute to the horizontal coherence of content, aims and methods in all language teaching and to the promotion of verticle coherence. Following an overview of the principles of multilingual teaching and learning, curricular approaches and teaching materials are presented within the whole context of the curriculum and light shed on the complexities of mutual interaction. Diverging dynamics are demonstrated through the developments in two educational regions within Switzerland. The article concludes with the role of the co-ordinated curricula and teaching materials in initial teacher education and CPD and with a look at future curricular processes and a thematically revelant research project.

1. Einleitung

Die Erziehung zur Mehrsprachigkeit beinhaltet eine ganzheitliche Förderung des mehrsprachigen Repertoires der Lernenden. Die Reform des Sprachencurriculums der *Schweizerischen Konferenz der 26 kantonalen Erziehungsdirektorinnen und -direktoren* (EDK), Teil des grossangelegten Schulharmonisierungsprojektes *HarmoS*, sieht vor, dass sich alle Schülerinnen und Schüler am Ende der obligatorischen Schulzeit in zwei Fremdsprachen gleichermassen verständigen können. Dies ist wohl nur durch sprachenübergreifendes, ökonomisches Lehren und Lernen zu erreichen. Gut koordinierte Lehrpläne und Lehrmittel tragen zur *horizontalen Kohärenz* der Inhalte, Ziele und Methoden in allen Sprachfächern und zur Förderung der stufenübergreifenden Kommunikation (*vertikale Kohärenz*) bei.

---

2 Der vorliegende Artikel basiert grösstenteils auf dem Aufsatz: Egli Cuenat, M./Manno, G./Le Pape Racine, C. (2010). Lehrpläne und Lehrmittel im Dienste der Kohärenz im Fremdsprachencurriculum der Volksschule, *Beiträge zur Lehrerbildung, 28 (1), 2010,* 109-124, wobei sowohl eine Erweiterung (Erörterung der helvetischen Besonderheiten, der Zuständigkeiten in einem föderalistischen Bildungswesen sowie erste Forschungserkenntnisse zum Tertiärsprachenerwerb von Primarschulkindern) als auch eine Reduktion (zwei Bildungsregionen im Vergleich und nicht die ganze Schweiz) vorgenommen wurden.

Dies ist angesichts der föderalistischen Bildungstradition der viersprachigen Schweiz, die im ersten Teil des Artikels beschrieben wird, kein einfaches Unterfangen. Nach einer Erläuterung der Prinzipien des mehrsprachigen Lehrens und Lernens werden Lehrpläne und Lehrmittel im Gesamtzusammenhang des Curriculums verortet und deren komplexes Wechselspiel beleuchtet. Es wird am Beispiel zweier Bildungsregionen der Schweiz gezeigt, wie unterschiedlich sich die Dynamik Lehrmittel-Lehrplan-sprachübergreifendes Curriculum in den verschiedenen Bildungsregionen gestaltet. Der Beitrag schliesst mit der Rolle der koordinierten Lehrpläne und Lehrmittel in der Aus- und Weiterbildung der Lehrkräfte im Hinblick auf die Gestaltung eines kohärenten Sprachencurriculums und einem Ausblick auf weitere curriculare Prozesse sowie ein thematisch relevantes Forschungsprojekt ab.

2. Aktuelle Fremdsprachenreformen im Kontext der mehrsprachigen und föderalistischen Schweiz

2.1. Die «mehrsprachige» Schweiz

Die Schweiz ist offiziell viersprachig – die Bundesverfassung (Art. 4) anerkennt Deutsch, Französisch, Italienisch und Rätoromanisch als Landessprachen. Die Mehrsprachigkeit der Schweiz ist aber primär eine Eigenschaft des Staates (institutionelle Mehrsprachigkeit) und nicht der Bürgerinnen und Bürger, deren Einsprachigkeit institutionell verankert ist: Es gibt in der Tat 4 klar getrennte Sprachregionen und die meisten Kantone sind grundsätzlich einsprachig. Gemäss dem sog. *Territorialprinzip* wird so die Stabilität der sprachlichen Zusammensetzung – ebenfalls durch die Bundesverfassung (Art. 70)[3] – garantiert und dadurch sind relativ stabile Sprachgrenzen gesichert. Gleichzeitig garantiert die Bundesverfassung das *Prinzip der individuellen Sprachenfreiheit*[4], das jedoch auf das öffentliche Bildungssystem einen weit geringeren Einfluss ausübt. So sind Formen der zwei- oder mehrsprachigen Erziehung in der obligatorischen Volksschule (1. – 9- Schuljahr), bei denen eine ausgeglichene Zweisprachigkeit das Ziel ist, die Ausnahme, und dies sogar in zweisprachigen Kantonen wie Fribourg oder Biel, wo nach wie vor das Primat des Territorialprinzips bestimmend wirkt (Brohy 2006).

---

3 Art. 70 Sprachen, 2 Die Kantone bestimmen ihre Amtssprachen. Um das Einvernehmen zwischen den Sprachgemeinschaften zu wahren, achten sie auf die herkömmliche sprachliche Zusammensetzung der Gebiete und nehmen Rücksicht auf die angestammten sprachlichen Minderheiten (Bundesverfassung vom 18.4.1999, Stand 2011).

4 Art. 18 Sprachenfreiheit. Die Sprachenfreiheit ist gewährleistet.

2.2. Die föderalistische Schweiz: Zuständigkeiten im Bildungswesen

Das Schweizer Bildungssystem ist von einer stark föderalistischen Tradition geprägt. Laut Bundesverfassung (Art. 62) liegt die Hauptverantwortung für die schulische Bildung bei den 26 Kantonen, bzw. Halbkantonen, soweit nicht der Bund für zuständig erklärt wird. Die Kantone mit ihren Gemeinden sind vollumfänglich zuständig für die Regelung in der obligatorischen Schule und Vorschule. Es existieren daher 26 autonome Bildungssysteme: Jeder Kanton verfügt über ein eigenes Schul- oder Bildungsgesetz (trotz grösstenteils gleicher Grundlagen und ähnlicher Zielsetzungen wie die anderen Kantone). Es gibt kein Bildungsministerium auf nationaler Ebene, wie in anderen Ländern, sondern eine nationale Koordinationsbehörde der Bildungs- und Kulturpolitik der Kantone: die *Schweizerische Konferenz der 26 kantonalen Erziehungsdirektorinnen und -direktoren* (EDK). Die EDK kann entweder rechtsverbindliche, interkantonale Vereinbarungen (Konkordate, über deren Umsetzung jedoch die Kantone in kantonalen Volksabstimmungen bestimmen können) oder Empfehlungen ohne rechtsverbindlichen Charakter erlassen. Sie äussert sich in Erklärungen zu aktuellen Bildungsfragen. Die EDK handelt stets subsidiär und erfüllt Aufgaben, die nicht von den Regionen oder Kantonen wahrgenommen werden können. Eine weitere Koordinationsebene stellen die 4 EDK-Regionalkonferenzen dar: *Conférence intercantonale de l'instruction publique de la Suisse romande et du Tessin* (CIIP), *Nordwestschweizerische Erziehungsdirektorenkonferenz* (NW EDK), *Bildungsdirektoren-Konferenz Zentralschweiz* (BKZ), *Erziehungsdirektoren-Konferenz der Ostschweizer Kantone und des Fürstentums Liechtenstein* (EDK-Ost)[5]. Ihre Funktion besteht darin, eine interkantonale Koordination auf regionaler Ebene zu fördern.

Die umfassende *HarmoS*-Reform[6] der EDK, die eine tiefgreifende landesweite Bildungskoordination im Bereich der obligatorischen Volksschule vorsieht, stellt ein Novum dar. Im Zentrum von *HarmoS* stehen die nationalen Bildungsstandards (Art. 7 Abs. 2 Bst. A des *HarmoS*-Konkordates). Diese werden seit 2005 für die Fachbereiche Schulsprache, Fremdsprachen, Mathematik und Naturwissenschaften entwickelt. Sie beschreiben *Mindestkompetenzen*, welche gemäss jetziger Zählung für die Sprachen am Ende des 6. und 9. Schuljahres erreicht werden. An diesen Minimalstandards sollen sich sprachregional koordinierte Lehrpläne (darunter die zwei grossen regionalen Rahmenlehrpläne, der *Plan d'études romand* (*PER*) und der *Lehrplan 21*), Lehrmittel und Evaluationsinstrumente ausrichten. Das *HarmoS-Konkordat*

---

5 Seit dem 1.1.2011 haben sich die EDK-Ost, NW EDK, BKZ in Teilgebieten zu einer gemeinsamen D-EDK zusammengeschlossen, bestehen aber immer noch offiziell als Bildungsregionen weiter.

6 HarmoS: *Interkantonale Vereinbarung über die Harmonisierung der obligatorischen Schule*, www.edk.ch

(2007) wurde von 15 Kantonen ratifiziert und trat am 1. 8. 2009 in Kraft. Es gilt für diejenigen Kantone, welche dem Konkordat beigetreten sind; diese haben ab Beitritt 6 Jahre Zeit, das Konkordat umzusetzen. Aufgrund des mit grosser Mehrheit vom Schweizer Stimmvolk angenommenen neuen Bildungsartikels (Artikel 62, 4) in der Bundesverfassung darf jedoch der Bund auch diejenigen Kantone zum Beitritt zwingen, die den Beitritt zu *HarmoS* abgelehnt haben (bisher 7 Kantone).

2.3. Aktuelle Reformen im Fremdsprachenunterricht in der Volksschule

Der Fremdsprachenunterricht in der schweizerischen Volksschule ist Gegenstand vielfältiger Wandlungen. Die Entwicklung der Reformen seit den 70er Jahren kann in 3 Paradigmen eingeteilt werden (Manno, im Druck):

1. bis 1975: 1. Fremdsprache (Landessprache) ab der 1. Sekundarschule (ab 6./7. Schuljahr)
2. ab 1975: 1. Fremdsprache (Landessprache) ab dem 4./5. Schuljahr; 2. Fremdsprache (Englisch oder Landessprache) ab dem 6./7. Schuljahr (EDK 1975)
3. ab 2004: 2 Fremdsprachen in der Primarschule, wovon mindestens eine Landessprache, spätestens bis 3. bzw. 5. Schuljahr (EDK 2004).

Der Strategiebeschluss der EDK vom 25. März 2004, zwei Fremdsprachen in der Primarschule spätestens ab dem 3. und dem 5. Schuljahr einzuführen, war Gegenstand hitziger politischer Debatten. Nicht weniger als 6 Jahre vergingen zwischen der Erstellung des sogenannten Gesamtsprachenkonzeptes (EDK 1998) bis zur Verabschiedung des Strategiebeschlusses; eine schier unüberwindliche Schwierigkeit stellte die Reihenfolge der Einführung der Fremdsprachen dar (Englisch oder eine erste Landessprache). Ging es lange Zeit ausschliesslich um die nationale Kohäsion, befindet man sich aktuell in einem Spannungsfeld zwischen nationaler Kohäsion und Globalisierung: Für die Binnenkommunikation stehen die Schulsprache und die Landessprachen zur Verfügung, für die internationale Kommunikation Englisch. Schliesslich wurde es im Strategiebeschluss als Kompromisslösung den Kantonen frei gestellt, mit Englisch oder einer zweiten Landessprache zu beginnen. Die Gegner der Vorverlegung des Fremdsprachenunterrichts befürchteten die Überforderung der Lernenden wie auch der Lehrpersonen. Verschiedene Volksabstimmungen sowie in der Folge das *HarmoS-Konkordat* (2007) haben die Massnahme jedoch bekräftigt.

Da sich die Kantone nicht auf die Reihenfolge der Fremdsprachen einigen konnten, entstanden drei grosse Bildungsregionen: Die Westschweiz mit Deutsch vor Englisch, die sechs «Passepartout»-Kantone entlang der frankophonen Sprachgrenze, die mit Französisch vor Englisch beginnen, und die

Ost- und Zentralschweiz mit Englisch als erster Fremdsprache.[7] Auch wenn insgesamt die EDK-Fremdsprachenreform und *HarmoS* gesamtschweizerisch zur Vorverlegung des Fremdsprachenunterrichts und zur stärkeren Koordination des Sprachenlernens geführt haben, deckt sich das Gesamtvorhaben der *HarmoS*-Reform nur teilweise mit der Sprachenstrategie von 2004.[8] Deren Umsetzung in den meisten Kantonen begann bereits lange vor dem Inkrafttreten von *HarmoS*. Die Unterschiedlichkeit der Umsetzung in den Kantonen und Bildungsregionen wird anhand von zwei Beispielen im Abschnitt 5 *Unterschiedliche Umsetzung in den Kantonen: zwei Bildungsregionen im Vergleich* erläutert.

3. Mehrsprachigkeit als curriculare Zielvorstellung und Mehrsprachigkeitsdidaktik

3.1. Koordinierte Erziehung zur Mehrsprachigkeit als Zielvorstellung in der Bildungspolitik

Die EDK strebt heute, in Übereinstimmung mit den Vorgaben des Europarates und der Europäischen Union, die *Erziehung zur funktionalen Mehrsprachigkeit* an: Alle Schülerinnen und Schüler sollen am Ende der obligatorischen Schule neben einer soliden Grundkompetenz in der lokalen Standardsprache die Fähigkeit besitzen, in mindestens zwei Fremdsprachen kommunizieren zu können (EDK 1998). Das ambitionierte Ziel von *HarmoS*, trotz ungleicher Lernzeit (in Jahren und Wochenstunden) gleiche Kompetenzen in zwei Fremdsprachen zu erreichen[9], kann wohl nur durch die Entwicklung (zeitlich und kognitiv) ökonomischer Lehr- und Lernformen, die ein sprachenübergreifendes Lehren und Lernen fördern, erreicht werden. Das bedingt die Koordination der Inhalte, Ziele und Methoden in allen Sprachfächern, inklusive Schulsprache (*horizontale Kohärenz*) und die Förderung der stufenübergreifenden Kommunikation (*vertikale Kohärenz*). Es zeichnet sich heute ab, dass gut koordinierte Lehrpläne und Lehrmittel sehr viel dazu beitragen können.

Die Fremdsprachen können sich dabei seit bald zehn Jahren auf die im *Gemeinsamen europäischen Referenzrahmen* (GER, 2001) sprachenübergreifend europaweit gültigen Beschreibungen sprachlich-kommunikativer Hand-

---

7 Die Kantone Tessin und Graubünden haben in Anbetracht ihrer besonderen Stellung ihr eigenes Sprachenkonzept entwickelt, das ebenfalls europäische und eidgenössische Richtlinien befolgt.

8 Für einen Überblick über diverse koordinierende Aktivitäten der EDK im Sprachenbereich siehe Egli Cuenat (2007) und http://www.edk.ch/dyn/11911.php.

9 HarmoS-Konkordat, Art. 4. Abs. 1. "In beiden Fremdsprachen werden per Ende der obligatorischen Schule gleichwertige Kompetenzniveaus vorgegeben."

lungskompetenz auf 6 Niveaus (A1 bis C2) abstützen. Die kompetenzorientierte Koordination mit der Schulsprache gestaltet sich schwieriger, da noch kein übergreifendes Kompetenzmodell vorhanden ist. Wir werden uns deshalb im Folgenden stärker auf die Fremdsprachen konzentrieren.

3.2. Eine neue Didaktik für sprachenübergreifendes Lernen

Ein Sprachenunterricht, der die koordinierte Förderung der Mehrsprachigkeit zum Ziel hat, braucht eine neue Didaktik. Wiater (2006) definiert die *Didaktik der Mehrsprachigkeit* wie folgt:

> «*Die Didaktik der Mehrsprachigkeit ist die Wissenschaft und Lehre vom kombinierten und koordinierten Unterrichten und Lernen mehrerer Fremdsprachen innerhalb und ausserhalb der Schule.* Ihr primäres Ziel ist die Förderung der Mehrsprachigkeit durch Erarbeitung sprachenübergreifender Konzepte zur Optimierung und Effektivierung des Lernens von Fremdsprachen sowie durch die Erfahrung des Reichtums der Sprachen und Kulturen» (Wiater, 2006, S. 60).

Wiater spricht hier nur von Fremdsprachen, wohingegen andere auch die Schulsprache (Deutsch bzw. Französisch) einbeziehen. Dieser noch junge Zweig der Sprachendidaktik hat generell mit begrifflichen Schwankungen zu kämpfen, welche die Entwicklung gemeinsamer Instrumente und Methoden nicht vereinfachen (Brohy, 2008, S. 9). Verschiedene Begriffe wurden international und national in den letzten Jahren ins Spiel gebracht: *Tertiärsprachendidaktik, integrative/integrierte/integrale Fremdsprachendidaktik* bzw. *Sprachendidaktik, integrierte Didaktik, Mehrsprachigkeitsdidaktik*, usw. Es besteht auch noch keine Einigkeit über den Umfang dieser neuen Didaktik (Le Pape Racine, 2007; Meissner, 2008; Brohy, 2009).

Erste Erkenntnisse aus der Forschung sprechen dafür, dass Lernende einer 2. oder 3. Fremdsprache wichtige Lernvorteile gegenüber Lernenden einer 1. Fremdsprache vorweisen (z. B. Dentler et al., 2000; Hufeisen, 2003). Diese «automatische» Steigerung der Leistungen wird jedoch kaum für gleiche Kompetenzen in beiden Sprachen am Ende der Volksschule reichen.

3.3. Ökonomisierung des Lernprozesses: Empirische Evidenzen

Das NFP-56-Projekt *Frühenglisch – Überforderung oder Chance?* von Haenni Hoti et al. (2009) und die Nachfolgestudie Heinzmann et al. (2009) liefern die ersten empirischen Erkenntnisse zum Tertiärsprachenerwerb von Schweizer Primarschulkindern mit der Sprachenfolge Deutsch - Englisch - Französisch. Sie zeigen entgegen den Befürchtungen der GegnerInnen von zwei Fremdsprachen auf der Primarstufe, dass am Ende der 5. Klasse die Französischlernenden mit vorangehendem Englischunterricht besser als diejenigen ohne Englisch (Hören und Lesen) abschneiden. Es wird angenommen, dass SchülerInnen, welche bereits Erfahrungen im Fremdsprachenlernen gemacht haben und dementsprechend Kompetenzen in Englisch besitzen, diese zusätzlich zu den Deutschkenntnissen als Transferquelle für das Französischlernen nützen können.

Aus der Folgestudie (Heinzmann et al. 2009) geht jedoch hervor, dass trotz Erreichung der Lernzielvorgaben für Französisch am Ende der 6. Klasse, SchülerInnen mit Englisch gleich gute Französischkompetenzen (Hören und Lesen) aufweisen wie jene ohne zusätzlichen Englischunterricht. Im Bereich der *mündlichen Interaktion* in Französisch zeigen dennoch die Lernenden mit zwei Fremdsprachen eine höhere Kompetenz. Dieses Resultat besagt immerhin, dass durch das Modell 3/5 auf der Primarstufe die SchülerInnen eine zusätzliche Fremdsprache lernen, ohne dass dies zu Lasten ihrer Französischkompetenzen oder ihrer Lesekompetenz in Deutsch geht. Dass beim Hörverständnis am Ende der 6. Klasse in Französisch kein Vorteil mehr zugunsten der Kinder mit zusätzlichem Englischunterricht erkennbar ist, könnte laut den Autorinnen darauf zurückzuführen sein, dass die Testaufgaben zu einfach waren und der Fortschritt der leistungsstärkeren SchülerInnen dadurch weniger zum Ausdruck kommen konnte. Der Ausgleich der Unterschiede in der Lesekompetenz erkläre sich hingegen dadurch, dass das sprachliche und strategische Vorwissen mit der Zeit an Einfluss verlor, da beim Französischunterricht zu wenig darauf aufgebaut wurde.

Aufgrund dieser vorläufigen Erkenntnisse muss man annehmen, dass das Ziel der Bildungsbehörden, gleiche Kompetenzen in beiden Sprachen am Ende der Volksschule zu erreichen (EDK 2004, *HarmoS* 2007), nur dann möglich ist, wenn die schon vorhandenen Kenntnisse und Fertigkeiten aus dem Erwerb des Englischen als L2 bewusst und gezielt für den Französischunterricht eingesetzt werden. Eine wachsende Zahl empirischer Studien legen in der Tat den Schluss nahe, dass die Sensibilisierung der Lernenden auf Gemeinsamkeiten zwischen Sprachen einen positiven Effekt auf die Leistungen in den weiteren Fremdsprachen haben können (z. B. Ender, 2007; Marx, 2008). Im Sinne einer Ökonomisierung und einer gegenseitigen Unterstützung sollten das Lernen und Lehren aller (Fremd-)Sprachen aufeinander bezogen (Neuner, 2003; Manno, 2009a) und vielfältige Verbindungen hergestellt werden (*Cognates*, gemeinsame Lernstrategien, sprachenübergreifende Aktivitäten usw., vgl. Manno & Klee, 2009). Auf einer Metaebene wird die Sensibilisierung und Reflexion über Sprachen gefördert, gemäss dem Konzept der *Language Awareness*. Es bedarf weiterer Studien, welche die Langzeiteffekte verschiedener Aspekte sprachenübergreifenden Lernens zwischen (Fremd-)sprachen unter die Lupe nehmen. Es steht aber bereits fest, dass es darum geht, sprachliche Vielfalt bewusst wahrzunehmen, sprachliche Vorurteile abzubauen und eine weniger ethnozentrische Haltung zur Sprache und Kultur zu entwickeln. Bei Lehrpersonen in allen Fächern sowie in allen schulischen Aktivitäten muss ein erhöhtes Bewusstsein für sprachliche Belange entstehen, denn jeder Unterricht ist Sprachunterricht. Im weitesten Sinn muss die Schule die gesellschaftlichen Veränderungen in einer mehrsprachigen plurikulturellen Umwelt aufgreifen und fruchtbar machen (Le Pape Racine, 2009).

4. Die Bedeutung von Lehrplänen und Lehrmitteln zum Erstellen curricularer Kohärenz im Sinne der Mehrsprachigkeitsdidaktik

4.1. Lehrpläne und Lehrmittel im curricularen Gesamtsystem

Ausgehend von einem breiten Verständnis des Begriffs *Curriculum* als einem «Plan für das Lernen» charakterisieren Thijs & van den Akker (2009) dieses mit der Metapher des «curricularen Spinnennetzes» als Gewebe von Komponenten, die stark mit einander vernetzt sind. Lehrpläne und Lehrmittel sind zwei wichtige Bestandteile curricularer Arbeit; sie sind in den Bereichen Zielvorgaben, Inhalte, Lernaktivitäten sowie Materialien und Ressourcen anzusiedeln.

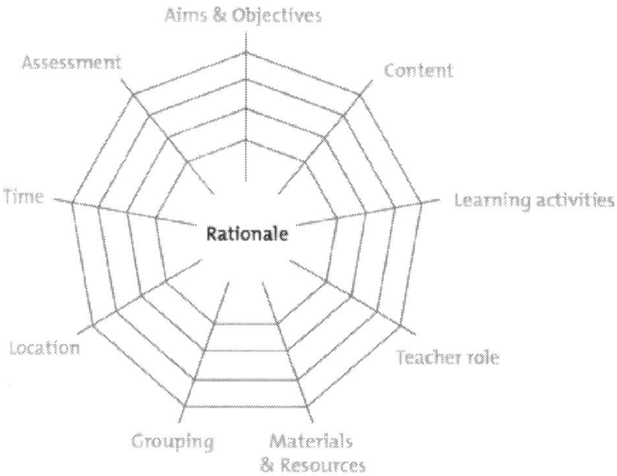

Abbildung 1: Das curriculare Spinnennetz (Thijs & van den Akker 2009, S. 12)

Zentral sind die Grundprinzipien, auf die sich sämtliche weitere Komponenten beziehen. Wird also das Sprachencurriculum als Gesamtheit aufgefasst, steht in dessen Zentrum die Erziehung der Lernenden zur Mehrsprachigkeit und Interkulturalität (vgl. auch Beacco et al. 2010). Diese Vorgabe sollte dazu führen, dass Lernziele, Inhalte, Lernaktivitäten, die Rolle der Lehrpersonen, Materialien und Ressourcen, Lerngruppen, Lernorte, Zeitgefässe wie auch die Leistungsbeurteilung aus sprachenübergreifender Perspektive überdacht und konzipiert werden. Soll eine sprachenübergreifende Sicht im Curriculum tatsächlich umgesetzt werden, setzt dies einen intensiven Kommunikationsprozess zwischen den jeweils für die verschiedenen Komponenten verantwortlichen Akteuren voraus (vgl. auch Hufeisen, 2005, S. 13).

In allen Bildungskontexten, besonders aber der viersprachigen Schweiz, die von einer starken bildungsföderalistischen Tradition geprägt ist, überlagern und widersprechen sich viele Interessen wie auch Ebenen der Koordination. In Zukunft sollen durch national verbindliche Bildungsstandards (*HarmoS*, vgl. 2.1.) klare Zielvorgaben geschaffen werden, an denen sich Lehrmittel und Lehrpläne ausrichten können, die aber den lokalen und regionalen Gegebenheiten sowie der pädagogischen Gestaltung genügend Raum lassen.

4.2. Lehrpläne und Lehrmittel als Vektoren curricularer Kohärenz

Den Lehrplänen (Makroebene) kommt eine gestaltende, ordnende Funktion zu. Sie dienen dem Kompetenzaufbau und geben verbindliche Vorgaben für die Planung des Unterrichts (Mikroebene). Daran ändert auch die Einführung von Standards nicht viel (Oelkers & Reusser, 2008, S. 335). Ein *Rahmenlehrplan* gibt das Fächerspektrum und Strukturen vor und formuliert allgemein zu erreichende Kompetenzen; *Fachlehrpläne* beschreiben Kompetenzen für ein einzelnes Fach. Es gibt Fachlehrpläne, die entweder für eine einzelne Stufe oder stufenübergreifend gelten. Im Sinne der Ausbildung von echter Mehrsprachigkeit müssen «monolingual» ausgerichtete Fach- und Stufenlehrpläne zu sprachen-, stufen- und schultypenübergreifenden Kern- bzw. Rahmenlehrplänen zusammengefasst werden (Krumm, 2007, S. 115).

Lehrmittel und -materialien können als wichtiges Bindeglied zwischen Mikro- und Makroebene für die Implementierung von curricularen Reformen fungieren, da sie einen viel direkteren Einfluss auf die alltägliche Gestaltung des Unterrichts ausüben als die Lehrpläne. Sie helfen so insbesondere Lehrpersonen den Stoff zu reduzieren und zu didaktisieren. Oft bilden sie das eigentliche Rückgrat des Unterrichts. Ihnen kommt eine wichtige Funktion bei der Umsetzung neuer Konzepte wie dem lernerzentrierten, aufgabenbasierten und sprachenübergreifenden Lernen zu, indem sie konkrete Aufgabenstellungen anbieten (Oelkers & Reusser, 2008, S. 408s.). Der konstruktive Umgang mit Lehrmitteln ist jedoch nicht selbstverständlich. So wird in der Literatur auch oft über eine unkritische Lehrmittelabhängigkeit oder im andern Extremfall über die Ablehnung von Lehrmitteln berichtet, die nicht mit eigenen Vorstellungen des Lernens übereinstimmen (für einen Überblick vgl. Schaer, 2007).

Die Komplexität der Beziehung zwischen Lehrplan und Lehrmittel ist nicht zu unterschätzen. Idealerweise setzen die Lehrmittel die Vorgaben der Lehrpläne um und konkretisieren im Dienste der curricularen Kohärenz die in den Lehrplänen beschriebenen Prinzipien, Ziele und Lernwege. In der Regel kommt es jedoch zu einer Wechselwirkung zwischen beiden. So stützen sich viele bestehende kantonale Lehrpläne im Sprachenbereich sogar explizit auf Lehrmittel ab (Ruf & Bättig, 2005). Die Abhängigkeit des Lehrplans von den Lehrmitteln erweist sich als besonders problematisch, wenn konkurrierende Lehrwerke eingesetzt werden, die unterschiedlichen Ansätzen folgen. Schliesslich greift die Wirkung des Lehrplans zu kurz, wenn das Lehrmittel als «heimlicher», ja sogar als eigentlicher Lehrplan fungiert. In diesem Sinne postuliert Schaer (2007) eine Entflechtung von Lehrplan und Lehrmittel. Es braucht eher eine Abstimmung zwischen Lehrplänen und Lehrmitteln. Diese Abstimmung ist umso notwendiger als eine Lehrplanänderung alleine noch keine Bildungsreform auslöst, wenn altgediente Lehrmittel beibehalten werden und keine oder wenig Abstimmung zwischen Lehrplan und Lehrmitteln stattfindet. *HarmoS* sieht vor, Lehrpläne, Lehrmittel und Evaluationsinstrumente auf die Bildungsstandards abzustimmen (Art. 8, 2). Dies führt zu einer begrüssenswerten Verstärkung der Bedeutung der Lehrpläne gegenüber den Lehrmitteln. Es ist auch denkbar, dass mit wachsender Integration der neuen Medien die Bedeutung der Lehrmittel zugunsten offenerer, stärker auf die Bedürfnisse der Lernenden ausgerichteten Lehr- und Lernformen in Zukunft abnimmt (Neuner 2007, S. 402).

4.3. Sprachübergreifende Koordination von Lehrplänen und Lehrmitteln

Die sprachen- und stufenübergreifende Koordination der Fremdsprachenlehrpläne wird, wie bereits eingangs erwähnt, durch die Kompetenzbeschreibungen des GER und den darauf aufbauende *HarmoS*-Standards erleichtert. Diese stellen den Erwerb der sprachlich-kommunikativen Handlungsfähigkeit in den Vordergrund; Vokabular und Grammatik sind nach wie vor wichtig, sie stehen jedoch immer im Dienste eines sinnvollen Handelns in einem konkreten Kontext, in Verbindung mit für die Lernenden attraktiven Inhalten und Themen. Zielsetzungen im Bereich der interkulturellen und der Methodenkompetenz finden sich ansatzweise im GER sowie in den *HarmoS Basis*-Standards (EDK, 2010, S. 75 ff.). Sie wurden seit dem Erscheinen des GER weiterentwickelt (s. Candelier et al., 2007). Als sprachenübergreifende Kompetenzen sind sie prädestiniert für die Stiftung von Kohärenz zwischen den Sprachen in den Lehrplänen. Die Integration dieser Kompetenzen in die Lehrpläne im Sinne eines sinnvollen, graduellen Aufbaus über die Sprachen hinweg (einschliesslich der Schulsprache) stellt zur Zeit eine der wichtigsten Herausforderungen dar.

Für die Umsetzung des handlungs- und inhaltsorientierten Ansatzes in den Lehrmitteln gibt es bereits überzeugende Beispiele (vgl. Schaer, 2007), jedoch meist in einer „monolingualen Perspektive", d.h. auf das Lernen einer einzelnen Fremdsprache beschränkt. Im Sinne einer Mehrsprachigkeitsdidaktik sollten in koordinierten Lehrmitteln Inhalte und grammatikalische Terminologie abgesprochen sein; sie sollten systematische Sprachvergleiche beinhalten, welche das Augenmerk der Lernenden auf Gemeinsamkeiten und Unterschiede zwischen den Sprachen lenken. Schliesslich sollten sie die explizite Wiederaufnahme von bereits erworbenen bzw. den gemeinsamen

Aufbau von neuen Lern- und Kommunikationsstrategien sowie interkulturellen Kompetenzen sicher stellen. Die nachträgliche Abstimmung eines neuen Lehrmittels für eine zweite Fremdsprache auf ein Lehrmittel in der ersten Fremdsprache ist zwar möglich; das *Europäische Sprachenportfolio* (*ESP*) (vgl. Abb. 2) kann dabei einen entscheidenden Beitrag leisten (wie z.B. für *envol* und *Explorers,* vgl. Achermann, 2009). In Ermangelung eines gemeinsamen Konzeptes und einer interaktiven Vorgehensweise bleibt diese Art von Koordination jedoch immer Flickwerk.

5. Unterschiedliche Umsetzung in den Kantonen: zwei Bildungsregionen im Vergleich

Postuliert man die Notwendigkeit eines sprachenübergreifenden Lehrens und Lernens, wird klar, dass eine besondere Herausforderung darin besteht, nicht nur die Lehrpläne, sondern auch die Lehrmittel in den verschiedenen Sprachen zu koordinieren. Dass dies generell kein einfaches Unterfangen ist, wurde weiter oben (vgl. Abschnitt 3.1. und 3.2.) ausführlich erörtert. Wir beleuchten im Folgenden die bereits geleisteten Arbeiten in zwei Schweizer Bildungsregionen im Hinblick auf die Aufgabe curricularer Kohärenzherstellung. Wir werden dabei eine chronologische Perspektive einnehmen. Auf die weiteren grossen Bildungsregionen (frankophone Westschweiz/italophones Tessin, Graubünden und Zentralschweiz) kann im Rahmen des vorliegenden Beitrages nicht eingegangen werden.

5.1. Ostschweiz

Die 9 Kantone der Bildungsregion Ostschweiz (EDK-Ost) wählten (wie die Zentralschweiz) «Englisch vor Französisch». Da der Französischunterricht ab der 5. Klasse beibehalten wurde, musste nur eine neue Fremdsprache in der Primarschule eingeführt werden, was in beiden Bildungsregionen schnell in Angriff genommen wurde (Abschluss des Projekts 2009).

Die EDK-Ost hat im Oktober 2004 das Konzept zur Umsetzung der EDK-Strategie genehmigt. Schwerpunkt des regionalen Umsetzungsprojektes war die koordinierte Einführung von Englisch. Am 20. Oktober 2006 wurde der erste gemeinsame Lehrplan für den Englischunterricht auf der *Primarstufe* (BDZH 2006) verabschiedet, als Ausdruck der verstärkten Koordinationsbemühungen auf gesamtschweizerischer und sprachregionaler Ebene. Am 26. Mai 2009 wurde von den Kantonen der EDK-Ost und vom Fürstentum Liechtenstein der erste gemeinsame Lehrplan für den Englischunterricht auf der *Primarstufe und der Sekundarstufe 1* verabschiedet. Dieser orientiert sich an den Basisstandards von *HarmoS* und soll langfristig einen übergeordneten, stufenübergreifenden Rahmen für den gesamten Sprachenunterricht in der ganzen Deutschschweiz vorgeben (*Lehrplan Englisch EDK-Ost,* S. 3). Damit wurde ein grosser Schritt im Hinblick auf die *vertikale Kohärenz* zwischen Primar- und Sekundarstufe I getan. Auch die *horizontale Kohärenz* wird im Lehrplan *Englisch Primar- und Sekundarstufe I* in den Leitlinien (*Sprachenübergreifender Ansatz, Sprachbewusstheit und Sprachreflexion,* S. 6), und in den *Sprachenspezifischen Strategien* (S. 11) thematisiert, wobei nie explizit die Rede von Französisch ist, sondern lediglich von «den anderen Fremdsprachen».

Trotz der Empfehlung der EDK-OST (2005), im Sinne der Lehrmittelkoordination in den Kantonen auf der Primarstufe die ilz-Lehrmittel *First Choice/Explorers* zu wählen, wurden in der Ostschweiz mehrere Englischlehrmittel eingesetzt (*First Choice/Explorers, Young World, Messages, Here comes Super Bus*) (Manno, 2009b, S. 9). Dabei galt als Begründung, *Young world 3-6* würde die stufenübergreifende Konzeption und die leichte Handhabung des Lehrmittels durch die Lehrpersonen überzeugen (vgl. *Lehrmittel Englisch Primarschule,* 2007). Der im Oktober 2006 verabschiedete Lehrplan *Englisch Primarstufe* kann allerdings nicht als Vorlage für die Autoren von *Young world* gedient haben (Band 1 : 1. Ausgabe 2005).

Man stellt ausserdem fest, dass die bestehenden Lehrmittel sehr unterschiedlich mit der *horizontalen Kohärenz* umgehen: *Young World* hat trotz einigen sprachenübergreifenden Aktivitäten und *Language Awareness* keine eigentliche Abstimmung mit dem Französischlehrmittel *envol* angestrebt (Manno, 2009b, S. 9s.). Hingegen hat *Explorers* gezielt Synergien mit *envol* hergestellt. In beiden Lehrmitteln werden z.B. praktisch die gleichen *Lernstrategien* und *Lesestrategien* (*clés magiques/reading keys*) eingeführt (Manno, 2009a; Achermann, 2009).

Da der Französischunterricht ab der 5. Klasse beibehalten wurde, bestand offenbar in beiden Bildungsregionen kein dringender Anlass, bei den Französischlehrplänen und -lehrmitteln viel zu ändern. Damit wird aber aus der Sichtweise der Mehrsprachigkeitsdidaktik die Chance zu wenig genutzt, im Unterricht der 2. Fremdsprache die in der 1. Fremdsprache aufgebauten Ressourcen gezielt einzusetzen (Manno, 2009a, b).

Bislang wurden lediglich punktuelle Massnahmen ergriffen: In Ergänzung zu den Lehrplänen wurden aber in der Ostschweiz nützliche *Hinweise für Lehrpersonen* herausgegeben. Dieses Infoblatt dient dazu, die fehlenden sprachenübergreifenden Bezüge in den jeweiligen Lehrplänen direkt in der Praxis herzustellen. In jüngster Zeit hat das Institut für Fachdidaktik Sprachen der Pädagogischen Hochschule des Kantons St. Gallen im Auftrag des St. Galler Volksschulamtes eine Broschüre mit Arbeitsmaterial und entsprechendem Weiterbildungskonzept für Französischlehrpersonen der Primarstufe erarbeitet (Klee/Egli Cuenat, im Druck). Die Broschüre trägt den Titel *Brücken zwischen Young World und envol – von Englisch zu Französisch zur Mehrsprachigkeit* und basiert auf einer vergleichenden Analyse des Englischlehrmittels *Young World* und des Französischlehrmittels *envol* in der Perspektive einer Mehrsprachigkeitsdidaktik (vgl. Manno 2009c). Die Broschüre bietet den Französischlehrpersonen ganz konkret Hand für die Integration von im Englisch bereits gelernten sprachlichen Elementen (Cognates, syntaktische Strukturen) sowie übertragbaren Lern- und Verarbeitungsstrategien. Ein darauf basierendes, punktuelles Weiterbildungsangebot im Kanton St. Gallen ist für 2012 vorgesehen; jedoch wurde bislang keine flächendeckende Weiterbildung der Französischlehrpersonen geplant. Die Ausweitung des Broschüren-Projektes auf weitere Kantone der Ostschweiz, welche andere Lehrmittel verwenden, ist aber bereits im Gange.

5.2. *Passepartout*-Kantone: ein gemeinsamer Lehrplan für Französisch und Englisch und zwei koordinierte Lehrmittel

Sechs Kantone entlang der französischen Sprachgrenze haben dieselbe Wahl wie die Westschweiz getroffen, nämlich eine Landessprache als 1. Fremdsprache vor Englisch einzuführen. Basel Stadt, Basel Land, Solothurn und jeweils der deutschsprachige Teil von Bern, Freiburg und Wallis haben sich zum Projekt *Passepartout* zusammengeschlossen, eine interkantonale Vereinbarung unterschrieben und eine gemeinsame Projektstruktur geschaffen (vgl. Mühlemann et al., 2007). Ziel des Projektes ist nicht nur die Vorverlegung, sondern eine Neukonzeption des Fremdsprachenunterrichtes mit einem gemeinsamen didaktischen Konzept, in dessen Zentrum explizit die Mehrsprachigkeit steht: Sprachen sollen aufeinander bezogen gelernt werden, nicht nur damit die Lernenden in zwei Fremdsprachen gleichermassen kommunikativ handlungsfähig werden, sondern um sie konsequent zur Sprachbewusstheit, zur kulturellen Offenheit und zum eigenständigen Sprachenlernen zu erziehen. Im Rahmen dieses Projekts wird Wert auf die gemeinsame, sprachenübergreifende Planung bezüglich Lehrplänen, Lehrmitteln, Evaluation, Stundentafel, Didaktik sowie Aus- und Weiterbildung gelegt (Le Pape Racine, 2009).

2010 erschien die Projektversion des *gemeinsamen Lehrplans Französisch-Englisch*. Gemäss didaktischem Konzept werden Lernziele für drei Kompetenzbereiche formuliert: I *Kommunikative Handlungsfähigkeit*, II *Bewusstheit für Sprachen und Kulturen* und III *Lernstrategische Kompetenzen*. Die Zielvorgaben für den Kompetenzbereich I – die sprachlich-kommunikativen Aktivitäten Sprechen, Schreiben, Lesen, Hören – werden für die beiden Sprachen getrennt, aber aufeinander abgestimmt ausgewiesen. Die Ziele nähern sich graduell aneinander an, die Grundanforderungen stützen sich jeweils auf die *HarmoS*-Basisstandards ab. Für den Kompetenzbereich II und III wurden stufenangepasste Lernziele, Aktivitäten und Inhalte neu formuliert, in Abstützung auf den *CARAP* (Candelier et al., 2007) und mit starkem Einbezug des *Europäischen Sprachenportfolios*.

Kompetenzbereich II Französisch und Englisch	BEWUSSTHEIT FÜR SPRACHE UND KULTUREN Schuljahre 9–11
Globalziel:	Durch Reflexion, Beobachtung und Spiel das Bewusstsein für Sprache und Kulturen entwickeln und positive Haltungen aufbauen.
Handlungsfelder	Lernaktivitäten und Inhalte
Savoir/Wissen: Kenntnisse zu sprachlich-kulturellen Eigenheiten und zur Vielfalt von Sprachen und Kulturen vertiefen.	• Erkennen, dass die Sprachen Regeln gehorchen, die allgemein oder sprachspezifisch sein können. *- Einige Gemeinsamkeiten und Unterschiede in Grammatik (Zeitformen), Wortschatz und Wortbildung zwischen deutscher, französischer und englischer Sprache identifizieren.* • Über die Beziehung zwischen den Sprachen reflektieren. *- Über die Herkunft von Wörtern nachdenken, z.B. den Unterschied zwischen Lehnwörtern aus anderen Sprachen und Sprachverwandtschaften verstehen, Sprachfamilien und ihre Geschichte entdecken, etc.*

Abbildung 2: Auszüge aus dem Kompetenzbereich II für die Schuljahre 9-11 (nach neuer Zählung), Lehrplan S. 61-62.

Die Kompetenzbereiche II und III werden in der 3./4. Klasse in Französisch aufgebaut und ab der heutigen 5./6. Klasse für beide Fremdsprachen gemeinsam, aber unter Berücksichtigung der Besonderheit der einzelnen Sprachen weiterentwickelt. Dabei sollen ebenfalls Bezüge zum Lernen anderer Sprachen - auch zur Schulsprache Deutsch und zu den Herkunftssprachen geschaffen werden. Insbesondere durch diese Engführung wird klar, dass die 2. Fremdsprache, in diesem Fall Englisch, auf vorhandenen Kompetenzen aufbauen kann. Die beiden Bereiche funktionieren als Vektoren der Kohärenz, nebst dem Niveausystem des GER (A1, A2 etc.) im Bereich der sprachlich-kommunikativen Kompetenzen, auf denen auch die *HarmoS*-Standards beruhen.

Im Auftrag des Projektes *Passepartout* werden auf der Basis des Lehrplans zwei Lehrmittel erarbeitet, *Mille feuilles* (schulverlag plus) für das Französische und *New World* (Klett-Verlag) für das Englische[10]. Um die notwendige inhaltliche, terminologische und pädagogisch-didaktische Abstimmung zu erreichen, werden sie von der Projektorganisation *Passepartout* unterstützt,

---

10 Die ersten *Magazines* des Französischlehrmittel (*Mille feuilles,* schulverlag plus) wurden von 2009 bis 2011 von 15 Klassen in drei Kantonen getestet. Kostproben des Lehrmittels können unter folgendem Link eingesehen werden: http://www.schulverlag.ch/page/content/index.asp?MenuID=1788&ID=2843&Menu=1&Item=1.2.15.3.8). Sie werden auf das Schuljahr 2011/12 erhältlich sein.

Die ersten *Units* des Englischlehrmittels (New World, *Klett-Verlag*) werden ab dem Schuljahr 2011/12 getestet (http://www.klett.ch/de/inentwicklung/newworld/).

beispielsweise in der Umsetzung des aufgabenbasierten Lernens oder der Integration und Evaluation der Kompetenzbereiche II (Bewusstheit für Sprachen und Kulturen) und III (Lernstrategien). Gleichzeitig haben aber die beiden Verlage und Autorenteams die Freiheit, ihr Lehrmittel gemäss ihrer eigenen Tradition zu gestalten und so auch zu einer nach wie vor wünschbaren Vielfalt des Sprachenunterrichtes beizutragen. Der Lehrplan übernimmt so klar die Funktion eines Vektors der Kohärenz zwischen den Lehrmitteln.

Fazit. Wir stellen verschiedene Ansätze in den beiden Schweizer Bildungsregionen fest. Es ist keine leichte Aufgabe, sowohl Lehrpläne als auch Lehrmittel in den verschiedenen Sprachen in der stark föderalistischen Schweiz zu koordinieren, vor allem wenn neue Lehrmittel neben seit langem bestehenden zum Einsatz kommen. Viele Wege führen zwar nach Rom. Aber nicht jede Lösung kann als ideal im Sinne einer Mehrsprachigkeitsdidaktik angesehen werden.

6. Auswirkung auf die Aus- und Weiterbildung der Lehrpersonen

Die Vorverlegung und Koordination des Fremdsprachenunterrichtes bringt einen enormen Weiterbildungsbedarf der amtierenden Lehrpersonen mit sich, sowohl was die fremdsprachlichen, als auch was die didaktischen Kompetenzen betrifft. Es ist wichtig, dass die Lehrpersonen neben einer soliden kommunikativen Kompetenz, insbesondere im mündlichen Bereich, vertiefte interkulturelle und lernstrategische Kompetenzen erwerben und die Fähigkeit zum sprachenübergreifenden Lernen trainieren (Egli Cuenat, 2010). Ebenso wichtig ist eine fundierte fachwissenschaftsgestützte fremdsprachendidaktische Weiterbildung. Die Auseinandersetzung mit den früher mehrheitlich oder sogar ausschliesslich gültigen verhaltenspsychologischen und den aktuell konstruktivistischen Lerntheorien und der Vergleich zwischen vorhandenen und neuen Lehrmitteln und Lehrplänen sollen - wo notwendig - zu nachhaltig verändertem Lehrverhalten führen (Manno & Klee, 2009, S. 27). Eine längere Begleitung und Beratung mit reflexivem Ansatz kann den Veränderungsprozess unterstützen.

Wird mit dem Ansatz der Mehrsprachigkeitsdidaktik ernst gemacht, kommt den Lehrmitteln eine grosse Bedeutung zu, denn die amtierenden Lehrpersonen sind für die Umsetzung auf konkrete Anhaltspunkte angewiesen. Es gilt, im Hinblick auf den sprachenübergreifenden Ansatz, der durch das Ziel der Mehrsprachigkeit gegeben ist, gegen viele «monolinguale Vorurteile» anzukämpfen (Le Pape Racine, 2007, S. 163s.) und «die Abgeschottetheit der sprachlichen Fächer zu durchbrechen» (Gnutzmann, 2004, S. 48). Sprachen- und stufenübergreifend angelegte Lehrmittel und Lehrpläne können insbesondere auch bei der Weiterbildung der Lehrkräfte auf der Sekundarstufe I eine entscheidende konkrete Hilfestellung leisten, denn die Lehrpersonen müssen sich auf die umfangreicheren Vorkenntnisse und die neue Lernkultur der Kinder einstellen können (Stotz, 2009).

Dasselbe gilt im Prinzip für die Grundausbildung der Lehrpersonen, jedoch kommt den Lehrmitteln und Lehrplänen eine etwas andere Bedeutung zu. Im Zuge der Reformen ist es in den Pädagogischen Hochschulen zu einer *Tertiarisierung* in der Ausbildung gekommen, was mit einer erhöhten Anforderung an das selbstständige, kritische Denken und an das autonome Handeln verbunden ist. Die Studierenden verfügen nach einem Fremdsprachenaufenthalt und nach Berufspraktika über interkulturelle und lernstrategische Erfahrungen, die sie selber für sich reflektiert haben. Sie müssen in der Lage sein, ein Lehrmittel kriterienbezogen auf ein Referenzdokument hin (z. B. Kompatibilität mit Lehrplan, GER, ESP) zu analysieren. Es geht nicht mehr in erster Linie darum, in der Fremdsprachendidaktik eine Einführung in das aktuell gültige Lehrmittel zu erhalten. Sie lernen, ihre Repräsentationen und subjektiven Theorien, wie zum Beispiel das Lernen mehrerer Sprachen als additiven, unverbundenen Prozess in Frage zu stellen; dies immer im Bemühen um Verstehen und Förderung der Idee der Mehrsprachigkeit, welche es auf vielfältige Weise ins Curriculum der Grundausbildung zu integrieren gilt (Beacco & Byram, 2007, Beacco et al. 2010, Egli Cuenat 2011).

7. Ausblick

Die EDK-Fremdsprachenreform und *HarmoS* haben Bewegung in die Schweizer Sprachlernlandschaft gebracht. Impulse aus der europäischen Sprachenpolitik sowie aus Forschung und Didaktik führten gesamtschweizerisch zur Vorverlegung des Fremdsprachenunterrichts und zur stärkeren Koordination des Sprachenlernens im Sinne der ganzheitlichen Entwicklung eines mehrsprachigen und mehrkulturellen Repertoires. Die konkrete Umsetzung dieses Bestrebens ist ein langwieriger Prozess, bei dem sich verschiedene, vom jeweiligen Bildungskontext abhängige, zum Teil zeitlich schwer koordinierbare Prozesse auf verschiedenen Ebenen des Curriculums, überlagern.

Den Sprachenlehrplänen der Deutschschweiz steht in den nächsten Jahren eine weitere Herausforderung bevor, nämlich deren Einpassung in einen gemeinsamen *Lehrplan 21* (so benannt gemäss der Anzahl der beteiligten Deutschschweizer Kantone). Die Komplexität des Unterfangens ermisst sich leicht in Anbetracht der in diesem Artikel geschilderten Prozesse und Unterschiede. Der *Lehrplan 21* birgt jedoch eine grosse Chance, denn er fasst alle Sprachen in einem Gesamtbereich zusammen. Dies könnte ein weiterer Schritt zum integrierten Gesamtsprachencurriculum sein, in dem Schulsprache und Fremdsprachen endlich nicht mehr als getrennte Entitäten wahrgenommen und gefördert werden

Ein Forschungsprojekt zur koordinierten Entwicklung der Lese-, Schreib- und Sprechfähigkeiten der Lernenden in Schulsprache und Fremdsprachen (*Fremdsprachenerwerb und Pluriliteralität am Übergang von der Primarstufe zur Sekundarstufe I in der Ost- und Nordwestschweiz*), das die beiden Autoren gemeinsam mit Christine Le Pape Racine in Kooperation zwischen der PH der FHNW und der PH SG durchführen, soll diese Entwicklung unterstützend begleiten. Das Projekt fragt nach der Entwicklung der mehrsprachigen Repertoires der SchülerInnen, insbesondere nach dem vernetzten Erwerb ausgewählter literaler Kompetenzen in Schulsprache und Fremdsprachen, unter den realen Bedingungen des Fremdsprachenunterrichts in der Deutschschweiz. Es siedelt sich am Schnittpunkt bildungspolitisch, didaktisch und erwerbstheoretisch relevanter Forschung an.

Die Studie vergleicht SchülerInnen, die nach dem neuen Modell zwei Fremdsprachen in der Primarschule erwerben (Untersuchungsgruppe) mit SchülerInnen, die nach dem alten Modell nur eine Fremdsprache in der Primarschule lernen (Kontrollgruppe). Ferner kontrastiert sie zwei Erwerbsbedingungen: die Nordwestschweiz mit Französisch vor Englisch und die Ostschweiz mit Englisch vor Französisch. Die Erhebungen mit der Kontrollgruppe in der Ostschweiz finden bereits im Frühjahr 2011 statt.

8. Literatur

Achermann, B. (2009). Sprachliche Transfers mit *Explorers* und *envol* - Begleitet und dokumentiert durch das *Europäische Sprachenportfolio, Babylonia, 4/09,* 33-39.

Amt für Volksschulbildung des Kantons Luzern (2007): *Fremdsprachen in der Primarschule. Hinweise für Lehrpersonen für den Kanton Luzern*. Luzern: AVKLU.

BDZH = Bildungsdirektion des Kantons Zürich (Hrsg., 2006). *Englisch Primarstufe. Ergänzung zum Lehrplan für die Volksschule.* Zürich: Lehrmittelverlag des Kantons Zürich.

Beacco, J. C. & Byram, M. (2007, [1]2003). *Guide pour l'élaboration des politiques linguistiques éducatives en Europe – De la diversité linguistique à l'éducation plurilingue.* Strasbourg: Conseil de l'Europe.

Beacco, J.C./Byram, M./Cavalli, M./Coste, D./Egli Cuenat, M./Goullier, F./Panthier, J. (2010). *Guide pour l'élaboration des curriculums pour une éducation plurilingue et interculturelle.* Strasbourg: Conseil de l'Europe.

Bildungsdepartement des Kantons St. Gallen (Hrsg., 2008). *Sprachenlernen in der Volksschule. Infoblatt für die Lehrpersonen.* Kantonaler Lehrmittelverlag St. Gallen.

BKZ (2004). *Lehrplan Englisch für das 3.-9. Schuljahr.* Luzern: Bildungsplanung Zentralschweiz. Brohy, C. (2006). L'enseignement bilingue en Suisse: Ubi es, quo vadis? *Babylonia 2/06,* 14-16.

Brohy, C. (2008). La didactique intégrée des langues: évolution et définitions. *Babylonia 1/2008: La didactique intégrée des langues: expériences et applications,* 9-11.

Brohy, C. (2009). "Ils vont tout mélanger" oder "L'allemand, ça aide pour l'anglais"? - Bericht aus dem Atelier Westschweiz - Deutsch vor Englisch. *Babylonia, 4/09,* 21-25.

Candelier et al. (2007). *A travers les langues et les cultures: Cadre de référence pour les approches plurielles des langues et des cultures.* Graz: CELV.

CCIP (PER). *Plan d'études romand.* Online unter: http://www.ciip.ch/index.php?m=3&sm=13&page=16 (02.06.2010)

Dentler, S. & Hufeisen, B. & Lindemann, B. (Hrsg.) (2000). *Tertiär- und Drittsprachen. Projekte und empirische Berichte.* Tübingen, Stauffenburg (Tertiärsprachen. Drei- und Mehrsprachigkeit 3).

EDK (1998) = Lüdi, G. et al. (1998). *Sprachenkonzept Schweiz. Welche Sprachen sollen die Schülerinnen und Schüler der Schweiz während der obligatorischen Schulzeit lernen?* EDK: Bern. Online unter: http://www.romsem.unibas.ch/sprachenkonzept/Konzept.html (20.02.2010).

EDK (2004). *Sprachunterricht in der obligatorischen Schule: Strategie der EDK und Arbeitsplan für die gesamtschweizerische Koordination.* Online unter: http://www.edk.ch/PDF_Downloads/Presse/REF_B_31-03-2004_d.pdf (03.05.2009)

EDK (2010). *Basis*-Standards für die Fremdsprachen, 75. Online unter: edudoc.ch/record/36466/files/Standards_L2_d.pdf (01.06.2010)

EDK OST (2009). *Lehrplan Englisch. Primarstufe und Sekundarstufe 1.* Zürich: Lehrmittelverlag des Kantons Zürich.

Egli Cuenat, M. (2007). Gezielte und koordinierte Erziehung zur Mehrsprachigkeit - Fremdsprachen in der Volksschule aus Sicht der EDK. *PH-akzente, 1/2007,* 3-6.

Egli Cuenat, M. (2010). *Konzept Berufsspezifische Sprachkurse C1* für Lehrpersonen der Primarstufe (Französisch und Englisch).* Projekt Passepartout.

Egli Cuenat, M. (2011). Curriculums pour une éducation plurilingue et interculturelle, le projet suisse *Passepartout* et la formation des enseignants, *Forum Sprache,* 43-58.

Egli Cuenat, M. & Manno, G. & Le Pape Racine, C. (2010). Lehrpläne und Lehrmittel im Dienste der Kohärenz im Fremdsprachencurriculum der

Volksschule, *Beiträge zur Lehrerbildung, 28 (1), 2010: Lehrmittel - Träger von Inhalten und didaktischen Konzepten,* 109-124.

Ender, A. (2007). *Wortschatzerwerb und Strategieeinsatz bei mehrsprachigen Lernenden. Aktivierung von Wissen und erfolgreiche Verknüpfung beim Lesen auf Verständnis in einer Fremdsprache.* Baltmannsweiler: Schneider Verlag Hohengehren.

GER = Trim, J. & North, B. & Coste, D. & Sheils, J. (2001). *Gemeinsamer europäischer Referenzrahmen: lernen lehren, beurteilen.* Berlin/München: Langenscheidt.

Gnutzmann, C. (2004). Mehrsprachigkeit als übergeordnetes Lernziel des Sprach(en)unterrichts: die «neue» kommunikative Kompetenz. In Bausch, K.-R. & Königs, F. G. & Krumm, H.-J. (Hrsg.), *Mehrsprachigkeit im Fokus* (S. 45-54). Tübingen: Narr.

Hänni Hoti, A. & Werlen, E. (2009). *Der Einfluss von Englisch auf das Französischlernen. Schlussbericht.* Nationales Forschungsprogramm 56 «Sprachenvielfalt und Sprachkompetenz in der Schweiz». Schweizerischer Nationalfonds.

HarmoS = *Interkantonale Vereinbarung über die Harmonisierung der obligatorischen Schule vom 14. Juni 2007.* Bern: Schweizerische Konferenz der kantonalen Erziehungsdirektoren.

Heinzmann, S./M. Müller/M. Oliveira/A. Haenni Hoti/W. Wicki (2009). *Englisch und Französisch auf der Primarstufe – Verlängerung des NFP-56-Projekts. Schlussbericht.* Forschungsbericht Nr. 23 der PH Zentralschweiz. Hochschule Luzern, Forschung und Entwicklung.

Hufeisen, B. (2003). Kurze Einfuhrung in die linguistische Basis. In Hufeisen B. & Neuner G. (Hrsg.) *Mehrsprachigkeitskonzept - Tertiärsprachenlernen - Deutsch nach Englisch* (S. 7-11). Graz: Council of Europe/European Center for Modern Language.

Hufeisen, B. (2005). Gesamtsprachencurriculum: Einflussfaktoren und Bedingungsgefüge. In B. Hufeisen & M. Lutjeharms (Hrsg.), *Gesamtsprachencurriculum, Integrierte Sprachendidaktik, Common Curriculum* (S. 9-18). Tübingen: Gunter Narr.

IEDK (2000). *Lehrplan Französisch 5. bis 9. Schuljahr.* Ebikon: Bildungsplanung Zentralschweiz.

Klee, P. & Egli Cuenat, M. (2011, im Druck). *Brücken zwischen und Young World und envol – von Englisch zu Französisch zur Mehrsprachigkeit.* St. Gallen: Volksschulamt des Kantons St. Gallen.

Krumm, H.-J. (2007). Funktionen des Curriculums für das Lernen fremder Sprachen. In K.-R. Bausch, H. Christ & H.-J. Krumm (Hrsg.), *Handbuch Fremdsprachenunterricht* (S. 111-121). Tübingen: Francke.

Le Pape Racine, C. (2007). Integrierte Sprachendidaktik - Immersion und das Paradoxe an ihrem Erfolg. *Beiträge zur Lehrerbildung, 25/2,* 156-167.

Le Pape Racine, C. (2009). Französisch vor Englisch. Bericht aus dem Atelier Nordwestschweiz. *Babylonia, 4/09,* 18-23.

Lehrmittel Englisch Primarschule (2007). *Informationsplattform für Schulverwaltung und Lehrpersonen* (Kanton St. Gallen). Online unter: http://www.schule.sg.ch/home/volksschule/unterricht/fachbereiche/sprachen/fremdsprachen.html (04.12.09)

Lehrplan 21. online unter: http://www.lehrplan.ch/ (02.06.2010)

Manno, G. (2009a). Französisch nach Englisch: Überlegungen zur Tertiärsprachendidaktik. In Metry, A./Steiner, E./Ritz, T. (Hrsg.), *Fremdsprachenlernen in der Schule* (S. 129-144). Bern: hep-Verlag.

Manno, G. (2009b). Tagung des *Forums Fremdsprachen Schweiz, 24.10.2009, Babylonia, 4/09,* 8-10.

Manno, G. (2009c). *Ansätze zur Implementierung der integrativen Fremdsprachendidaktik: Eine Analyse des Lehrmittels Young World.* Projektbericht Teil I. Institut für Fachdidaktik Sprachen der PHSG (40 Seiten, nicht veröffentlicht).

Manno, G. & Klee, P. (2009). Erste Erfahrungen in der Ostschweiz mit der Implementierung der integrativen Fremdsprachendidaktik: Eine Analyse des Lehrmittels *Young World.* Bericht aus dem Atelier Ostschweiz - Englisch vor Französisch. *Babylonia, 4/09,* 26-32.

Manno. G. (im Druck). L'évolution de l'enseignement du français en Suisse alémanique à l'école obligatoire: entre cohésion nationale et mondialisation. *Actes du Colloque international: Francophonie et institutions démocratiques* (Montreux, 15-16 octobre 2010). *Cahiers de l'Orient.*

Marx, N. (2008). Is the training of interlingual comprehension strategies possible?, in: Gibson, M. & B. Hufeisen & C. Personne (Hrsg.), *Le plurilinguisme : apprendre et enseigner.* Selected papers from the L3 conference in Freiburg/Switzerland 2005 (S. 135-150). Baltmannsweiler: Schneider Verlag Hohengehren.

Meissner, F.-J. (2008). Mehrsprachigkeitsdidaktik. In Tanzmeister, R. (Hrsg.). *Lehren, Lernen, Motivation. Einführung in die Fachdidaktik für Romanistinnen und Romanisten.* Wien: Praesens Verlag, 63-93.

Mühlemann, B. & Daescher, M. & Le Pape Racine, C. (2007). *Passepartout. Projektauftrag.* Online unter: http://www.passepartout-sprachen.ch/de/projekt.html (02.06.2010)

Nationale Bildungsstandards. Online unter: http://www.edk.ch/dyn/12930.php (02.06.2010)

Neuner, G. (2003). Mehrsprachigkeitskonzept und Tertiärsprachendidaktik. In Hufeisen, B. & Neuner, G. (Hrsg.), *Mehrsprachigkeitskonzept - Tertiärsprachenlernen - Deutsch nach Englisch* (S. 13-34). Graz: Council of Europe/European Center for Modern Language.

Neuner, G. (2007). Unterrichtsmittel und Medien: Überblick. In K.-R. Bausch, J H. Christ & H.-J. Krumm (Hrsg.), *Handbuch Fremdsprachenunterricht* (S. 395-402). Tübingen: Francke.

Oelkers, J. & Reusser, K. (2008). *Qualität entwickeln, Standards sichern, mit Differenzen umgehen.* Bonn: Bundesministerium für Bildung und Forschung.

Passepartout (2008). *Didaktische Grundsätze des Fremdsprachenunterrichts in der Volksschule : Neukonzeption des Fremdsprachenunterrichts im Rahmen der interkantonalen Kooperation zwischen den Kantonen BL, BS, BE, FR, SO und VS.* Online unter: http://www.passepartout-sprachen.ch/de/inhalt/didaktik.html (15.04.2010)

Passepartout (2010). *Lehrplan Französisch und Englisch.* Online unter: http://www.passepartoutsprachen.ch/de/inhalt/lehrplan.html (15.4.2010)

Ruf, B. & Bättig, B. (2005). *HarmoS, Lehrplanvergleich erste und zweite Fremdsprachen.* EDK.

Schaer, U. (2007). Source books rather than course books – Die Bildungsreform im Fremd-sprachenunterricht und die neue Rolle für die Lehrmittel. *Beiträge zur Lehrerbildung, 25/2*, 255-267.

Stotz, D. (2009). *Schlussbericht. Mehrsprachigkeit, Identität und Sprachenlernen in Schweizer Schulgemeinden.* Nationales Forschungsprogramm 56. Sprachenvielfalt und Sprachkompetenz in der Schweiz.

Thijs, A. & van den Akker, J. (2009). *Curriculum in development.* SLO Netherlands Institute for Curriculum Development: Enschede.

Wiater, W. (2006). Didaktik der Mehrsprachigkeit. In Wiater, W. (Hrsg.), *Didaktik der Mehrsprachigkeit. Theoriegrundlagen und Praxismodelle* (S. 57-72). München: E. Vögel.

A Comenius Regio Project - Primary CLIL -

Learning Languages Across the Primary Curriculum

Primary CLIL, The Project

Gerlinde Egger, Christine Lechner, Anton Prochazka, AT

Abstract

The main aim of the project was to enhance language education in two socio-economical disadvantaged regions where German/English is taught. A strong belief in CLIL formed the link between an existing co-operation of two teachers and an ongoing school pilot project in a school, where eighteen languages are spoken and English functions as a bridging language. Being taught in a language that is new to everyone enhances empathy for children whose first language is not the language of schooling. Through teacher mobility teachers and children from the partner regions got to know each other. Via video conferencing it is then possible to "meet" the partner classes on a regular basis, to bring a "virtual" native speaker teacher into each other's classroom and to exchange authentic materials. Comenius Regio opened the opportunity to get institutional support, better chances for sustainability and European funding.

CLIL is using English to learn (Maths, Science, ...)
rather than learning English to use (later).

The original idea and concept for the Regio Project developed out of a longstanding school pilot project at a multilingual and multicultural primary school in a suburb of Innsbruck. The project aimed at improving the status of the school, as parents tended to send their children to more prestigious inner-city schools. The idea was to intensify the learning of English, up to 4 (5) hours a week, interwoven across the primary curriculum, as an asset and as a bridging language for children with many different family languages and to raise cultural awareness, empathy and citizenship at the same time.

Using a language that was new to all the children for the teaching of school subjects helped to increase equal opportunities. A boy put it this way, "*When we learn it in German it is easier for my friend, but when we learn it in English it is the same for both of us.*" On the other hand, our monolingual children began to understand what it was like for their bilingual classmates to be taught in a language that was not their first one. This helped to raise empathy for each other, diminishing the monolingual habit on the one side and empowering children on the other - raising motivation and self-esteem on both sides. Parents were especially proud and happy, expatriate and autochthonous (local) ones alike, as well as parents from different socio-economic backgrounds.

Accompanying measures like the implementation of a multilingual and multimedia school library with books and media in eighteen languages (all languages spoken at school), added to the new spirit. The learning outcomes in English were amazing. Other positive effects also backed research evidence (like positive influence on the development of the pupils' first language, motivation etc.).

Phases, when English is used as a language of instruction and communication in the VS Neuarzl, are flexibly spread over the school day and week and also across the school subjects except German, as suggested in the Austrian curriculum: Maths, Science, P.E., Music, Art & Crafts. Whenever the teacher thinks it is appropriate, she changes to English. This is especially the case when hands-on work or experiments make it easy to convey the meaning, or the use of media (pictures, graphs, videos, ...) helps to create a rich learning environment and facilitate understanding. In P.E., e.g., children can imitate the teacher without understanding each word. Some subjects use more repetitive lexis like Maths or Geography, which also helps.

The teacher can support understanding by using scaffolding techniques like "adapting the linguistic input to the level of the students without compromising the actual quality of the input: Slowing down the rate of speech, increasing the pauses between phrases, including rather short sentences, or repeating and paraphrasing frequently, [...] using 'think-alouds', reinforcing contextual definitions, providing correct pronunciation [or the correct word, Anm. Egger], by repeating students' answers correctly, speaking in phrases" (Echevarría 2010), but also by using mime, gesture, tone of voice, pictures, maps, graphs, realia to help grasp the meaning. For language production, it is helpful to allow the children to use the first language, but also to provide language models and phrases or the correct word(s) when we know or can guess what the child wants to say. Just to repeat wrong things correctly instead of 'correcting' errors supports the self-concept of the learner. Learners need, in the words of Krashen: A lot of comprehensible input, stress free environment and the right to be silent - and, it must be stressed, high expectations and meaningful contexts.

New impetus was brought into the project by an enthusiastic young teacher who had been a language assistant in a comparable school in the north of England, teaching German to the pupils there. Informal links gradually became more intensive and when the Regio action was launched, the schools seized the opportunities and applied for funding.

The rationale for the project lay in the fact that schools in Europe are being encouraged to explore how they can link language learning to other subjects of the curriculum. The term given to this approach is *CLIL*. It aims at introducing students to new ideas and concepts in traditional curriculum subjects using the foreign language as a medium of communication and teaching - in other words, to enhance the pupils' learning experience by exploiting the synergies of **C**ontent AND **L**anguage **I**ntegrated **L**earning (CLIL).

The application was submitted in February, 2008 and funded from the first of August, 2009 to the thirty-first of July, 2011. In accordance with the framework of Regio the project was managed by school authorities, in this case St. Helens Council, UK and the Regional School Board for the Tyrol, Austria. The secondary partners were three primary schools (Parish, Church of England Primary and Wargrave, Church of England Primary School, St. Helens and Volksschule Neuarzl, Tirol). The project was supported by the Haydock City Learning Centre and the Pedagogical University Tirol on an academic level.

This project focused on the development of CLIL in primary schools in St Helens and Innsbruck through mutual learning, authentic resources, new technologies, mobility, cultural experience, links with the European citizenship curriculum and accompanying research enhancing the confidence, enthusiasm and linguistic skills of both teachers and pupils.

The great advantage of the project was that schools on both sides benefitted from the authentic expertise of the partner region and also from native-speaker primary school teachers who taught each others' classes both face-to-face and virtually.

The European Language Portfolio, a Council of Europe initiative, was used as a means of promoting language learning competence, language awareness and intercultural experiences and to ensure smooth transition to the next class/school.

The project idea was implemented in a very concrete way through staff mobility, meaning that the children in both countries experienced native-speaker teachers in their lessons. Job shadowing between teachers helped to improve the special language domain necessary for teaching primary school subjects in the target language and additionally brought fresh ideas and widened horizons. Altogether each school received 5-6 visits with 5 to 6 teachers participating each time. The face-to-face teaching was sustained between visits virtually through video conferencing. As teachers and pupils already knew each other personally, there was mutual understanding from the beginning and coordination was easier. Teaching staff mobility and video conferencing turned out to be an ideal combination.

Despite initial technical challenges, the conferences soon proved themselves as special opportunities for authentic interaction between the schools. They became so popular that they will be continued after the end of the project period and they certainly provided practicable, inexpensive opportunities for having a native speaker teacher in the classrooms. The video conferences, for instance, included instructions for craft explained by a teacher in Austria and carried out by the children in England, peer teaching of songs, authentic storytelling accompanied by activities in the partner classes and so forth.

The authentic teaching and learning materials acquired, developed and used during the project are additional lasting results of initiatives in e-Twinning between some classes. The exchange of Christmas boxes, cards, e-mails, etc. also helped to keep the project alive and vital.

Furthermore, the motivation of the teachers involved was enhanced throughout the project and language competences increased substantially.

For the Austrian teachers the project confirmed the concept of CLIL and its effectiveness when implemented according to the national curriculum. For the English partners, motivation for learning and teaching a modern language, in particular German, was an extraordinary experience.

Summarising, we may say, the project has shown that - without extending curriculum time - it is possible to maximise the exposure to, and use of a foreign language successfully for teaching other subjects through English/German. Learning foreign languages in a CLIL-way is therefore a new chance for our children in the 21st century:

"Through learning a language, we learn about **CULTURE**:
Through learning about culture, we learn **TOLERANCE** for others.
Through learning tolerance for others, we can hope for **PEACE.**"

(Curtain, Helena: cit. in: Baumann 2005:22)

Bibliography

eTwinning: *www.etwinning.net; www.etwinning.at; www.etwinning.de*

Baumann, Gudrun / Anton Prochazka / Sandra Prokop / Loretta Weiskopf (2005). Supermouse: Ein Lehrwerk für den cross-curricularen Englischunterricht an Grundschulen. Teacher's Book 4. Ismaning: Hueber.

Curtain, Helena / Carol Dahlberg (2010). *Languages and Children -- Making the Match: New Languages for Young Learners,* 4th Ed., Pearson Education, Inc.

European Language Portfolio – Junior Version: Revised edition (2006). London: CILT.*http://www.cilt.org.uk/home/standards_and_qualifications/european_language_portfolio.aspx*

Schimek, F. und R. Höltzer (2010) European Language Portfolio for the Central European Region: Primay Level (for pupils aged 6 to 10); German and English. Wien: Stadtschulrat für Wien. >http://www.europabuero.ssr-wien.at< → Downloads → Language Portfolios

See also Bibliography Egger, Lechner

The potential of the CLIL approach in a multicultural Austrian primary classroom - a case study

Elisabeth Rainer, AT

Abstract

This article is an extract from the author's Master Thesis. Thus, the first section of the paper is concerned with general CLIL considerations and perspectives giving a clear overview. The main part of the paper gives descriptive insights into CLIL practice at the project school, Volksschule Neuarzl, a partner in the Comenius Regio project, where the author has taught and where a CLIL project was implemented five years ago has been powerful enough to turn the school around. It was this school project that laid the basis for the COMENIUS Regio Project.

Theoretical Background

1. Defining CLIL

1.1 A Definition of CLIL

"Content and Language Integrated Learning (CLIL) is a dual-focused educational approach in which an additional language is used for the learning and teaching of both content *and* language. CLIL is content-driven, and this is where it both extends the experience of learning a language, and where it becomes different to existing language-teaching approaches."(Coyle et al. 2010) Furthermore Coyle et al. explain that "what exactly is meant by 'content' in CLIL will depend on the context of the learning institution ...".

Haataja (2007) points out that CLIL is just a covering expression for all language and content teaching done in an integrated way. The name CLIL is well chosen as it includes the word "learning" which is unlikely looking at names of other methods/approaches in language teaching: E.g. content-based language teaching, foreign language medium instruction etc. - "Furthermore, achieving this twofold aim calls for the development of a special approach to teaching in that the non-language subject is not taught *in* a foreign language but *with* and *through* a foreign language." (Eurydice 2006) Additionally, Pinter (2006) says that if young children learn holistically, it is only sensible to integrate English into other subject matters.

The "learning" aspect is very important in CLIL. Through teaching important subject matters in a different language to the children's L1, the children are active and take part constantly. As a result they are more motivated because they learn quickly due to their participation. One of the most important aspects about CLIL is that the language is meaningful to the children. Authenticity plays an important role in lessons based on CLIL. I agree with Cameron (2001) who states that "all these types of language practice should make sense to the child, as an activity and as meaningful language." This authenticity also allows children to try and play with the L2/L3 since the language is picked up naturally. "The language is used in an authentic way as the medium to solve subject- and thus task-based problems. This functional use of language allows learners to take risks when negotiating content in communicative situations." (Müller-Hartmann et al. 2009)

Wode (2004) explains that success in learning an L2 depends on how intense the contact with the foreign language will be. It relies on the constancy and continuity and the time when an L2 is introduced. Experienced CLIL teachers will confirm that the more contact the children have with the L2/L3, the better the outcome. According to Wode, the extent of contact with the L2 can only be gained through immersion, so CLIL is the ideal approach concerning language teaching and language learning.

1.2 Development of CLIL in Europe

In the last decade, CLIL has developed a special status in European education. The European Commission requires that every European citizen should speak two additional languages to their native language. (GOETHE-INSTITUT 2011)

1.3 Future Outlook

Looking at the increasing number of books about CLIL and immersion in L2/L3 from the last few years, CLIL will no doubt become more and more popular. Once it is fixed in the Austrian National Curriculum and teacher training institutions teach CLIL so that NQTs (Newly Qualified Teachers) are prepared to teach CLIL, it will work well.

Haataja (2007) says: "Es ist zu erwarten, dass der Mehrwert des CLIL für die europäische Schulbildung in den nächsten Jahren nicht zuletzt auch aus sprachbildungspolitischer Perspektive ernsthaft überprüft werden wird im Hinblick auf eine systematischere Verankerung in den europäischen Bildungssystemen." I totally agree and believe that this should have happened a long time ago.

2. Putting Theory into Practice

2.1 The Principles of CLIL in Class

In literature, many ideas and tips on how to best organise and enhance CLIL can be found. However, most of researchers are of the same opinion: There is no doubt that CLIL teachers have more demanding responsibilities. They teach the general curriculum, but are language and content teachers at the same time. This means that they need to combine methods and techniques of two subjects. (Massler et al. 2010)

Furthermore, Massler et al. (2010) and Coyle et al. (2010) are of the opinion that simply teaching content in a different language to the children's first language is not enough. They believe that effective language learning can only take place if the teacher uses techniques which support language learning.

Coyle et al. (2010) created a CLIL "Tool Kit" which is process-orientated. The Tool Kit is divided into subsequent stages which are supposed to help implement CLIL and keep it going. It includes six stages: "A shared vision for CLIL, analysing and personalizing the context, planning a unit, preparing the unit, monitoring and evaluating CLIL in action, and reflection and inquiry." Taking a close look at this Tool Kit, teachers will certainly gain a lot for their future development. There are many interesting aspects concerning language teaching and also teaching in general. One must not forget though, that most primary school teachers work full-time and are therefore very busy anyway. Planning each unit like Coyle et al. suggest, would without doubt end up with large numbers of overworked and depressed teachers.

From my five years of teaching experience, I can say that the best and only way regarding language learning in primary schools is CLIL, but what is the way to success? Children need to absorb a language in a natural way, the more natural, the better. Why would a teacher create a language learning situation which takes lots of time to prepare and on top of that, a lot of time during the actual lesson? Why is everybody so good at using their L1? The answer is simple: Your L1 is the only language you learn in an absolutely natural way. Words, phrases and grammatical structures are picked up unconsciously. Considering this: Why would any other language be acquired in any other way than your L1? Krashen (1999) points out that language acquisition in contrast to langauge learning is a far more important process. Furthermore, he asserts that "acquired language is readily available for natural, fluent communication." His evidence is that "many speakers are quite fluent without ever having learned rules, while other speakers may 'know' rules but fail to apply them..."

I strongly believe that the more natural the way in which CLIL is taught and the more authentically this is done, the better the lessons and the more the children will learn. If the teacher uses up all their energy planning, they will not be able to transfer what is essential to the class. From my own experience I understand that preparation is very important - especially language preparation (which means that the teacher knows important vocabulary needed for the certain topic) - but other than that, ordinary lessons are the best way of getting the children to develop language competence.

Dalton-Puffer (2007), sums it up perfectly by saying: "In this sense CLIL is the ultimate dream of Communicative Language Teaching (e.g. Brumfit & Johnson 1979) and Task Based Learning (e.g. Willis 1996) rolled into one: there is no need to design individual tasks in order to foster goal-directed linguistic activity with a focus on meaning above form, since CLIL itself is one huge task which ensures the use of the foreign language for 'authentic communication'."

"There are, however, techniques which can help teachers adapt their linguistic input to the level of the students without compromising the actual quality of the input. Such techniques are: slowing down the rate of speech (e.g. Zhao 1997), increasing the pauses between phrases, including rather short sentences, or repeating and paraphrasing frequently (Snow 1990, Echevarrìa et al. 2010). These techniques are especially suitable for beginners, but teachers should make sure that their use is gradually reduced with the development of students' language skills." (Massler 2010)

Mehisto et al. (2008) put together 15 aspects which can support language learning in content classes which I find useful:

2.2 Supporting Language Learning in Content Classes

(according to Mehisto 2008)

1. Create a psychologically and physically safe environment
2. Consistently use one language
3. In the beginning, it is acceptable for students to use the first language
4. Speak slowly and articulate clearly
5. Use an appropriate level of language
6. Use facial expressions, gestures and pictures to reinforce meaning
7. Repetition is required
8. Make it meaningful
9. Provide a variety of language models
10. Create a wealth of opportunities to use the language
11. Communication is of primary importance
12. Create a wide variety of opportunities to develop all four language skills – listening, speaking, reading and writing
13. Work systematically to build equal status for languages used in the school
14. Set high, but realistic expectations
15. Find ways of recognizing student effort and success

If CLIL teachers take these 15 aspects to heart, they will reach high and be very successful and excellent language teachers!

2.3 Skills Development in CLIL

When teaching CLIL many cognitive skills are learned, because of the fact that the target language is used to teach the particular curriculum, the pupils develop thinking skills in the foreign language. Holderness (1991) lists a number of cognitive skills:

Cognitive skills according to Holderness:	
describing	comparing
identifying and recognising	sequencing
matching	remembering
sorting and classifying	solving problems
making connections	testing theories

These cognitive skills support the active use of the language and help developing language skills without the children realising. It is important that the teacher gives a number of opportunities to enhance the development of these skills. Creating tasks in which the children are actively involved, the skills mentioned above will automatically be learned.

2.4 The Role of Tasks in CLIL

Many researchers have written books on TBLL (Task-Based Language Learning) and how it works out to be the best. The idea behind this is to create tasks that will foster language learning in language learning classes. In CLIL-classes, the idea is different. The tasks initiated by the teacher will automatically enforce language learning as the content is talked through in the target language, activities are done in the target language and therefore even thinking in the target language is re-enforced. In literature, most authors state that language cannot be learned by just learning subject matter through a foreign language.

3.1 Advantages

If you have a look at literature, many positive aspects about CLIL can be found, but hardly any negative ones. Bentley (2010) lists the following aims of CLIL:

- Introduce learners to new concepts through studying the curriculum in a non-native language.
- Improve learners' production of the language of curricular subjects.
- Improve learners' performance in both curricular subjects and the target language.
- Increase learners' confidence in the target language and the L1.
- Provide materials which develop thinking skills from the start.
- Encourage stronger links with values of community and citizenship.
- Make the curricular subject the main focus of classroom materials.

All of the above are without doubt positive aspects. Furthermore Bentley believes that content delivered in the foreign language also supports first language learning. "Pupils' understanding of science, for example, can be enriched and deepened when taught in another language." (Bentley 2009)

Additionally, Bentley indicates that in content-based lessons, high teacher expectations lead to high pupil motivation. This is supported by brain research which proves that cognitively pupils are more active during learning processes. Hence, being active results in good understanding which leads to high motivation.

3.2 Concerns

"The concern reflects two fears: firstly, that the foreign language may slow down proceedings so that less subject matter can be covered and secondly, that lower language proficiency may result in reduced cognitive complexity of the subject matter presented and/or learned." (Dalton-Puffer 2007) Dalton-Puffer is partially correct, in saying that teachers are concerned that they will not be able to teach as much content when teaching it through a foreign language. Certainly, this might be the case at the beginning of language learning, but as the pupils get used to the langugae and the more extended the contact time is, the better pupils will become at listening for the twists and turns of understanding, so that fairly complex subject matter can be used in the target language. This is something that I can certainly understand from my experience in the classroom.

What definitely concerns me is teacher education. Unless CLIL is fixed within the Austrian Curriculum for teacher education, the situation will probably not change and consequently CLIL cannot be implemented properly in schools - certainly not as much as it could be. Although CLIL is anchored in the curriculum (only one hour per week), it is not implemented in schools and school authorities more or less ignore this.

Furthermore, teacher education colleges are partially autonomous institutions; as a consequence, English for primary teachers differs significantly.

In my opinion there absolutely cannot be any real concerns within literature. With proper training, CLIL is the ideal approach that combines content and language learning. The results that I have seen within my own classroom are truely amazing!

4. CLIL in Austria

4.1 The Austrian National Curriculum for Primary Schools

In the Austrian National Curriculum, the term CLIL is not mentioned (as it was not used in 1998 when the curriculum was originally written), but it is clearly stated that English must be a major integrated part of all subjects taught except Literacy: "Mit Ausnahme von 'Deutsch, Lesen, Schreiben' bzw. ‚Deutsch, Lesen' eignen sich im Wesentlichen alle Unterrichtsgegenstände zur phasenweisen Verwendung der Fremdsprache als Unterrichtssprache, um einfache Sachverhalte auszudrücken."

Additionally, it is explained that the topics result from the teacher's long-term planning: "Der Fremdsprachenerwerb wird als konkrete Tätigkeit anhand von Themen, Situationen und Aktivitäten erfahren, die auf die unmittelbaren Interessen des Kindes Bezug nehmen. Die Themen des Fremdsprachenlernens ergeben sich **aus der klassenbezogenen Jahresplanung** und verstehen sich als integrierter Teilbereich des Unterrichts." Finally, there is a whole lesson in key stage 2 (Grundstufe II) which can either be taught as a separate lesson, split into smaller sessions or integrated into normal lessons: "Auf der Grundstufe II steht im Rahmen der verbindlichen Übung eine Wochenstunde zur Verfügung. Das Erlernen der Fremdsprache kann in längeren Einheiten bzw. integrativ erfolgen. Die Fremdsprache kann auch wie auf der Grundstufe I in den Pflichtgegenständen als Kommunikationsmittel verwendet werden, **ohne dass es dadurch zu einer Kürzung des Bildungsangebotes kommt**." (bm:ukk 2005) The most important aspect in this last sentence is that teaching in English does not mean that pupils end up with less time for specific subject matter, but also gain subject knowledge in language.

One interesting aspect concerning the teaching of English is that there is the option to offer a foreign language as an "unverbindliche Übung" which is the equivalent of an "afternoon club". The requirements explained above remain the same for the "verbindliche Übung".

In my opinion, the general idea of the Austrian National Curriculum for English is good, but it lacks intensity. The curriculum for all subjects taught at primary school was changed in 2005 except for English. Considering this, Austria has got a curriculum for English that has not been changed since 1998 which means that our English curriculum is 13 years old. This is far from ideal and rather outdated!

Part of this means that the curriculum for English is the only one which is not competence orientated which means that it describes what teachers are supposed to teach rather than what children are supposed to learn / the learning outcomes of the students, that is, the competences that the pupils need to acquire.

4.2 The Implementation of CLIL in Austrian Primary Schools

In my opinion there are two main problems concerning a wide spread use of CLIL in Austria:

The first problem is the lack of materials. Teaching without authentic materials is virtually impossible.

The second - and biggest problem in Austria - is teacher training. Teacher training takes place at 14 "Pädagogischen Hochschulen" (PH) in Austria. LEPP (Language Education Policy Profiling) informs us about the circumstances in Austria: "English is an obligatory subject at all PHs, ... The recent modularization of curricula has led to a reduction in the number of contact hours for languages and the disappearance of lectures on intercultural education and teaching multilingual and culturally heterogeneous classes. There is also concern that modularization may impede continuity in language learning and teaching. In most PHs foreign language teaching practice is not an obligatory part of primary teacher education." (bm:ukk 2009) ICC (Intercultural Communicative Competence) and CLIL Methodology and Didactics can only be done as additional qualification courses. In my opinion such training should be obligatory for all students.

To meet the requirements of the curriculum, teachers need high language competence and CLIL strategies. However, the teacher education at the "Pädagogische Hochschule Tirol" does not offer efficient training. According to their web site (PHT 2010), English makes up only 1,82 % of all studies and is not anchored in the teaching practice. This teacher training situation in Austria is frustrating. Unless teacher training changes, the teachers are not prepared for teaching CLIL. Pinter (2006) clearly supports my opinion concerning teacher training. She says that CLIL can only work succussfully if the government investes in teacher training. She goes a step further and also demands training for in-service teachers as well as opportunities for further development. Without qualified teachers, CLIL cannot be implemented at primary school because English cannot be integrated easily and naturally. Pinter is absolutely right. How would anybody be able to teach in a foreign language if they are not confident in this particular language themselves?

Felberbauer (2005) notes that competences for teaching CLIL cannot be gained simply by doing A-levels in the target language. Competences to be able to teach according to the CLIL approach need to be acquired within a training institution for teachers. For Felberbauer good A-level results are simply not enough. She is of the opinion that CLIL competences need to be established in class while still training.

I completely agree with Elsner (2007) who believes that visits and contact with English speaking countries have a big impact on successful language teaching. In my opinion, one semester of ERASMUS should be obligatory for all students within a teacher training institution, as it improves language competence and gives you cultural awareness, and it indeed broadens the mind.

According to Wilhem (2010) who works in the office of BM Claudia Schmied (Austria's minister of education), bilingual teaching at Austrian schools is of high importance. This statement shows how easy it is to say or write something. Making it actually work takes - of course - a lot of effort, and willpower!

This chapter gives a definition of ICC (Intercultural Communicative Competence) and then concentrates on the development of ICC in the classroom.

5.1 Definition of ICC

Intercultural communicative competence means to be able to function effectively in situations, in which speakers of several countries or regions and/ or languages are present. This presupposes respect, openness and the willingness to see culture-specific and universal aspects of a conversation. Unless the intercultural speaker finds a new place between the present and "new" culture, where he/she can formulate his/her position in the other language, intercultural competence is never completed. (Edelenbos et al. 2009)

5.2 Development of ICC through CLIL

Coyle et al. (2010) point out that "... in order for CLIL to have a cultural impact, learners need to engage in interactive and dialogic learning within the classroom and beyond. CLIL potentially offers a wide range of opportunities for intercultural interaction and has a fundamental role to play. The extent to which CLIL is successful will depend on the teacher and the intercultural ethos of the classroom."

Cultural competence has largely to do with attitude. (Edelenbos et al. 2009) It is the teacher's responsibility to encourage the children to be open to other languages and cultures. Within Europe, "[t]he integration of language and culture has become part of all regional, national, and international curricula [...]." (Müller-Hartmann et al. 2011)

I totally agree with Agar (1994) who says "Language, in all its varieties, in all the ways it appears in everyday life, builds a world of meanings. When you run into different meanings, you become aware of your own and work to build a bridge to the others, 'culture' is what you're working on. Language fills the spaces between us with sound; culture forges the human connection through them. Culture is in language, and language is loaded with culture ... whenever you hear the word language or the word culture, you might wonder about the missing half ... 'Languaculture' is a reminder, I hope, of the necessary connection between its two parts ..."

What is ICC about? In their book, Edelenbos & Kubanek (2009) list ten "dimensions" which need to be considered in order to develop ICC. In my opinion, these dimensions help the teacher to get an idea of what needs to be taken into account when planning interculural lessons/activities. To make the sub-categories of ICC clearer, I am going to give a short overview of the dimensions listed in the book:

Facts orientation	Knowing about cultural products, habits, ...
Affectivity	Interest, joy, astonishment, ...
Cognition	Read maps, decenter obersvations and opinions with collegues, ...
Language awareness	Language comparison, comparision of sounds, ...
Imagination	Picture something, look at pictures, photographs, websites, watch films, ...
The foreign language as a medium of expression	Experience language as a useful communicational tool, observing others use language, ...
Action	Inviting a guest, doing projects with people from other countries, email-friendships, ...
Values	Recognition of difference, ...
Self-image	Being proud of being able to write a short message to a pen pall, ...
Key terms	Authentic, up-to-date, age-adequat explanations, ...

Context, Principles and Methods

1. Learning Context

In this chapter I will introduce "Volksschule Neuarzl" and explain the circumstances in the area the primary school is located. Furthermore, I will discuss the school project which has been going on since 2006. Additionally, there will be a focus on my learner group and my personal principles as a CLIL teacher.

"Volksschule Neuarzl"

"Volksschule Neuarzl" is situated in the East of Innsbruck in the so called "Olympic village". Its name came from the Olympic winter games held in Innsbruck in 1964 and 1976. Then, many blocks of flats were built. Most of the pupils live in these flats.

At "Volksschule Neuarzl", there are 274 pupils altogether (as of 16.05.2011). 174 out of 274 are with migrant background. This is a percentage of 63.5%. The nationalities represented are: Turkish, Serbian, Croatian, Bosnian, Brazilian, Arabic, Polish, Hungarian, Romanian, Albanian, Chechen, Ghanaian, and Vietnamese. There are 14 classes: Two pre-school classes and three in each year, from year 1 to year 4. Out of the 12 classes, six classes are "English classes" which means that they are taught at least four lessons a week in English. Consequently, it is not a full, but partial immersion programme.

The teachers of the "English classes" had to do special training (**SPRINT** – **SPR**ach**INT**ensivierung Englisch) to be allowed to teach CLIL. This was a one semester course only 90 minutes per week which gave teachers ideas about how to teach in English.

School Project – Schulversuch

It all started in 2006 and as already explained, the school's location is not ideal. In the area of Neuarzl there live many migrant families and because of the cultural differences, many problems occurred. Media coverage was effectively 100% and in addition, the right-wing parties commented about the school. This resulted in a change of school for many non-migrant children, as their parents did not want their children to go to Volksschule Neuarzl because of the high number of migrant pupils and also other social problems that were highlighted by the media.

The regional school board realised that changes had to be made – not some day, they had to be done immediately! Thus, the idea of a language project seemed appropriate and a concept for a language project (Schulversuch) at Volksschule Neuarzl was developed. The central aspect of this concept was integrated language teaching in all subjects, excluding German (partial immersion).

Egger (2009) lists five main things that she wanted to know by doing this CLIL school project:

- Is CLIL effective at schools with a high percentage of children whose first language is not the majority language and/or children who are growing up in an area of socio-economic disadvantage in order to give all children the best education?
- Can bilingual teaching (CLIL) re-evaluate the school?
- Is it possible to convert the Austrian National Curriculum with "normal" children and "normal" teachers?
- How can all the children be supported language-wise without being over challenged?
- Is one integrated lesson of English per day enough to bring out the potential of the CLIL approach without having an extra lesson?

The head teacher was hoping to reverse the bad situation described above and get non-migrant children back to the school. Happily, the application for the "Schulversuch" was supported.

As no specially qualified teachers were employed, teachers who already taught at Volksschule Neuarzl in 2006 decided to take an English class. Since 2006 the Sprachenklasse model has worked really well. The results are very good. The Pedagogical University, Gerlinde Egger M.A., is coaching the class teachers of the English classes. It is has become evident that if more contact time with the foreign language is given, the better the results. At the moment, there are five English classes at our school.

Learner Group

I taught year 3 (2010/11). I have been teaching this class for three years (since year one). In my class there were 18 pupils, of which 12 out of 18 pupils have a migrant background. This is a percentage of 66.6%. Nine pupils have both parents with non-German background and three pupils have only one parent whose mother tongue is not German. This shows that my class is most definitely a multicultural class. Additionally, I not only have European children, one girl is Brazilian. None of the children's mother tongue is English. They speak either Turkish (largest group), Serbian, Bosnian, Polish or Portuguese as their first language. Their level of German is fairly good. Some of them speak German nearly as good as the non-migrant children, others still have problems building German sentences. Problems can mostly be found with Turkish children as the Turkish syntax appears to be very different to the German one.

Personal Principles as a CLIL Teacher

The most important thing for me is that my pupils feel good in class. There needs to be space for jokes and fun activities. This goes in line with Krashen's model which was mentioned in chapter I.

I try to speak English as much as possible as I strongly believe that the more contact time, the better the language learning results. This is also supported by literature. If needed, I speak very slowly and use mime and gestures. Repetitions are given if required.

During open working times, the children can choose between English games or read English books from our reading corner. Again and again it amazes me how well most children can read and understand English children's books.

It is very important to me that my class has the courage to take risks. Learning a language without wanting to take risks is nearly impossible.

To make the most of lessons, I try to create tasks in which cognitive skills (Holderness 1991, see section I - section 2.3) are needed.

My principles as a CLIL teacher are best described in Verhelst's model:

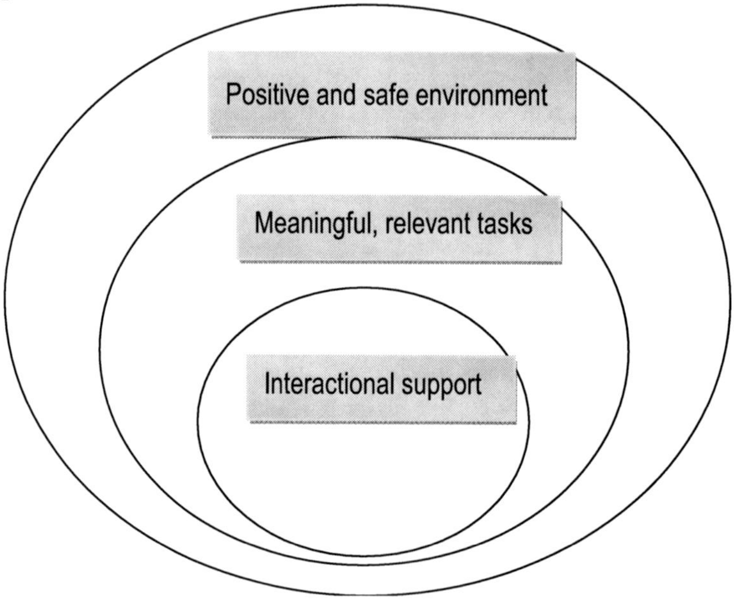

Powerful learning environments for language learning (Verhelst 2006)

A positive and safe environment builds the basis. Within this motivating environment, meaningful and relevant tasks should be set. In lessons based on CLIL, all tasks fulfil these criteria. Last but not least, interactional support is needed. It is not just the teacher's talks or just the children reading English books etc., it is a mixture of task support and task demand which makes language learning fun and productive.

According to the learning context described above and my personal interest as a CLIL teacher, the following research question arose.

2. Research Question

With respect to the title of my master thesis and the learning context in my particular situation, I have developed the following research question:

What are the language, social and cultural learning outcomes of CLIL in my class?

Based on what the literature says about CLIL, I assume that my class will reach the following goals:

2.1 Hypothesis

H1: By doing CLIL, the pupils will show much better results with respect to their language learning outcomes.

H2: By doing CLIL, the pupils will improve their social competences.

H3: By doing CLIL, the pupils will have a better cultural understanding and be more sensitive.

2.2 Indicators

1. The pupils will improve their pronunciation and intonation immensely.
2. By having CLIL, the pupils will pick up language chunks and grammar rules unconsciously.
3. The pupils will internalise formulaic chunks.
4. The children will gain confidence and therefore take risks.
5. The pupils' sense of community will improve.
6. The pupils will become more sensitive towards other languages and cultures.

3. Data Collection Methods for the Case Study

When doing research it is of high importance to choose appropriate methods in order to gain the best effect. For my research, I chose four different models: teaching journal, questionnaire, group discussion and critical friend. Teaching CLIL is something fairly new and therefore not widely spread. Consequently, I wanted to get as detailed information as possible. As my research question is a complex one, I found it important to get several opinions which is the reason why I chose to find out about pupil's, parent's views as well as a critical friend's view in addition to my own.

I chose to do a group discussion with my class, give out a questionnaire to the class parents and ask Mrs Gerlinde Egger M.A. to be my critical friend.

Findings and Results

1. Learning Outcomes

Parents' Perspective

In this section I will comment on the parents' answers to my questionnaire. All the parents took part in the questionnaire survey. Five out of six used the Turkish version. Clearly, it was essential to check strange and obscure answers in order to get useful results for my research. Happily, all the questions could be answered and to ensure that understanding is clear, I will cover each question separately:

Question 1: Are you glad that your child is in a class with focus on English?

It is very clear that parents are glad their child is in an English focus class. This proves that they do not regret their decision (roughly three years ago) when they could choose the "English class" for their child.

Question 2: Does your child enjoy learning English?

This question is a very important one for the class teacher and clearly shows that English is something positive for the children. They obviously enjoy learning English in a natural way in a pressure-free environment.

Question 3: Do you think that your child has already learned a lot of English?

The answers to question 3 are very positive. Eight parents think their child has definitely learned a lot, while ten think their child has learned a reasonable amount ("rather yes").

Question 4: Do you think that the English class provides your child with better chances later in life?

15 parents think that the English focus class is a better choice for their child. Only three ticked a reasonable amount ("rather yes").

Question 4a: Why?

Most parents think that English is a universal language and it is therefore important as it enables communication in almost any country in the world. Furthermore, they think that it is an advantage to be able to speak languages other than your L1. Many mentioned that English is important for further school education as well as for travelling and future jobs. Additionally it is pointed out that learning English to the extent we do at primary school will facilitate language learning so that learning other languages will be easier.

Question 5: Do you/ did you have children in a different English class?

Four yes, two are in Year 2, two are in Year 4.

Question 5a: If yes, which differences do you see?

One parent is of the opinion that her younger daughter (in my class) has got a larger vocabulary and can answer quicker in English than her sister (year 4). Additionally, her pronunciation is better.

In another family, the older daughter (year 4) speaks more English than her sister. One family notes that there are no differences between their two daughters (year 2 and year 3).

Question 6: Do you/ did you have children in a non-English class?

15 ticked yes. Currently, only one brother and one sister are in a "normal" non English class.

Question 6a: If yes, which differences do you see?

Many parents are of the opinion that learning English at high school was difficult for their children.
Furthermore, they believe that the earlier a language is learned, the better. One pupil's parents pointed out their other child did not know basic language knowledge, which is part of high school curriculum. However, their younger child in my class knows the basics already.
In addition, a boy's mum pointed out that her son in my class has better English than her older son in high school.

Question 7: Is your child over challenged with English?

Seven not at all, five not really, six fairly challenging.

Question 7a: Is your child overchallenged in a particular subject?

The majority of my class does not have any severe problems in any of the subjects listed. Only three children find Maths or Science demanding, another two Maths AND Science. None of the children have problems with English explanations in Art or Physical Education (PE).

Question 8: Do you think that your child can, nevertheless, also read, write and calculate well in German?

None of the parents see English as a negative aspect concerning German language acquisition. 13 parents firmly believe that the children learn to read, write and calculate well even though they are partially being taught in English. Five parents said a reasonable amount ("rather yes").

Question 9: Does your child also use English at home or during leisure time?

Out of 18 pupils, only one never tries out English at home. Two children try out English often, ten sometimes. Five pupils talk English at home rarely.

Question 9a: If yes, when and where? Could you please name some examples?

Parents' answers vary from listening to English song lyrics, abroad, or at home (with brothers and sisters), including singing songs, watching English DVDs, or homework with their older brothers and sisters, including calculating in English at friends' homes, watching children's programmes on TV, practicing English words at home so that children ask about English words ("What's ... in English?").

Question 10: Which language(s) do you speak at home?

Seven out of 18 families speak only German, one family speaks only Turkish at home. The majority communicate in two languages. Ten families use both German and their L1. The results are as follows: Five families speak German and Turkish, two families speak German and Bosnian, another two speak German and Serbian and one family speaks German and Portuguese.

Question 11: Is there anything else you would like to say? (suggestions for improvements, criticism, Anything else you recognised? What does your child tell you about learning English?)

Parents mentioned that lessons in English are sometimes exhausting for their children
Thus, one parent wishes to have a book in which she can see what her daughter has learned and can do in English.
The mother of a boy, who only came to my class in September, is amazed by her son's language skills which he has developed within only one school year.
One parent thinks that Maths tests should not be done in English.
Furthermore, since many children can pronounce English words/sentences very well, they can understand more and more words.
Many parents note their children's fun when learning English and most children really like English.

Pupils' Perspective

On the day of the group interview, 15 pupils out of 18 were present.

The pupils in my class thoroughly like English. They find it interesting, but also demanding. They are of the opinion, they can understand a lot. They believe that learning a language is more difficult when you are older. Only one child would like to do less, seven would like to do more English.

They are convinced they will need English in their future life (e.g. their jobs).

Many think that Maths is quite demanding, but good. Only one pupil thinks that Maths in English is difficult. Most of them pointed out that long word problems are sometimes hard to solve. All the children find Physical Education (PE) and Art in English easy. Science can be challenging sometimes. Ten out of 15 pupils said that Science was moderately difficult in English.

According to what the children mentioned, they sometimes wish I translated English words/sentences into German. Only four children wish this would happen often.

It helps a lot if I use mime or gestures.

Usually, when they don't understand, they ask either me, the teacher, or their colleagues.

With respect to the question what they could do in English, the children mentioned the following things: "Say the ABC, use numbers, say a prayer, answer several questions we need to ask during the morning (May I read in the reading corner?, Can I please go to the toilet? etc.), read, write sentences, recite poems, write poems, sing songs, describe the way and solve word problems".

They find it interesting, exciting and good fun to learn about other cultures. All of them would choose to go to an "English class" again.

Critical Friend's Perspective

I have observed Lisa's class often. In the CLIL lessons I see she usually only speaks English. The children don't seem to mind. They react completely normally to her English instructions and classroom discourse, e.g. to colour the fire truck red or to be careful with the water jars. She speaks clearly, but in a normal pace and intonation, in short, she speaks "motherese" (Slattery 2007) and the children react well to this. They also ask routine questions in English, like, "Can I go to the reading corner? Can I take this?" and so on. The atmosphere is relaxed and friendly.

When it comes to more difficult subject content - when she repeats, for example, the history of Innsbruck in English, and the children answer questions about the Emperor, the Earls of Andechs with their five castles, and that people had to pay toll when crossing the bridge across the Inn, travelling from north to south. (Inn-Bruck).

In these situations the children listen much more intensely, they hardly move. However, not all of the children seem as ready to answer then (language production). Thus, Lisa asks questions which require less active vocabulary, fewer why/how questions, more yes/no questions or one word questions instead. For example she asks, "Were the earls of Andechs poor people?" - "No!" Some pupils say "Rich!" - "What did they have?" - "Five castles (castle of Ambras, castle of Matrei, ...)" and so on. The teacher exploits the fact that they are able to understand a lot more than they can say. They understand, they think in English, but it is still difficult for some of them to actively build complex sentence structures. However, quite a few children answer sentences like, "To the bishop of Brixen he [the Emperor] said you can have the valley of Innsbruck." - "He [the bishop] said to the Grafen of Andechs (Teacher helps: To the Earls of Andechs, yes), to the Earls of Andechs, look after the valley of Innsbruck (T: Yes, look after the valley of Innsbruck)." All this happens in the third form with only one English lesson a week. They learn their subject matter and lots of English.

I remember a situation. They were learning the six times table in Maths. Lisa asked, "How much is five times six?" - Children: "Thirty." - She went on, "Why do we know that already?" - "Six times five equals thirty," came the spontaneous answer. This shows, they are thinking and combining and calculating in English.

She allows code switching to keep conversations going and to reduce stress. Only sometimes children answer in German, less than I thought they would. They did so more in the first form. It happened on the very first school day. Lisa had shown the children the school house, explained in English where the toilets were (the picture on the door helped the children understand) and so forth. After two hours a boy went to the toilet and, back in class, was asked by the teacher, "Did you remember to flush and wash?" accompanied by gestures. "Ja, Frau Lehrerin, I hab sogar Seife genommen", was the immediate answer, holding up his hands to show. From the first day on it is normal to them, that the teacher switches between languages.

This is completely different from traditional language teaching, where language was learned and then used. Here it is used for learning subject matter, content (for Science, History, for calculating in Maths, for Art & Craft, P.E., Music. It is a constructivist approach to language learning. The children are not told the meaning of a word and then have to learn and revise it. They explore language themselves and decode it step by step. They not only listen, they also watch the teacher, her mime and gestures, tone of the voice and they "read" the context. This way they quite literally 'grab' the meaning, they become familiar with more and more words and language chunks. This is an exciting and very motivating way of learning. The children are not shy or afraid of making mistakes.

The learning outcomes are literally amazing and far beyond the results of traditional language teaching. You simply can't compare it.

What are the prerequisites for this kind of teaching? What enables Lisa to do it? Firstly, her English language is near native, especially when it comes to pronunciation and intonation. She spent an Erasmus semester in London and after completing her studies she spent two further years in England as a foreign language assistant. This enables her to act and think in the target language, there is no need to switch to German because she can't handle a situation in English. She doesn't have to think twice before reacting to a child's wish. She hears it when pupils use German sounds in English words and she is able to help them accordingly. She can use English as a language of communication and teaching for more than five hours per week, increasing the children's contact time to language a lot while the tax payer does not have to pay for extra lessons. Lisa provides extensive, meaningful and understandable language input.

Secondly, she is helping rather than correcting or testing. Instead of switching to German she uses a lot of mime and gesture, including visual aids like pictures etc. She repeats or rephrases to help them understand.

She allows them to do things instead of saying them (matching, sequencing, pointing etc.) and she gives them tasks that are challenging both language- and content-wise. The four Cs of CLIL (content, communication, cognition and culture) form the framework of her teaching.

Moreover, being a good methodologist helps when teaching in a language that is new to the pupils. Lisa finds ways to help the students understand by breaking down complicated facts into understandable bits.

Last, but not least, she trusts the children's ability to understand and to grasp meaning, to conclude from contexts. She knows that their passive vocabulary exceeds their active vocabulary. It is very often this missing trust that prevents teachers from teaching in two languages. Lisa shows in an impressive way that it is possible to teach children in a language that is new to them and that the children learn a lot more in this natural way. Indeed, it is like growing up with two languages.

Gerlinde Egger

Personal Perspective

Schratz & Weiser (2006) from the University of Innsbruck developed a model which helps to improve teaching quality. It shows five different dimensions related to learning:

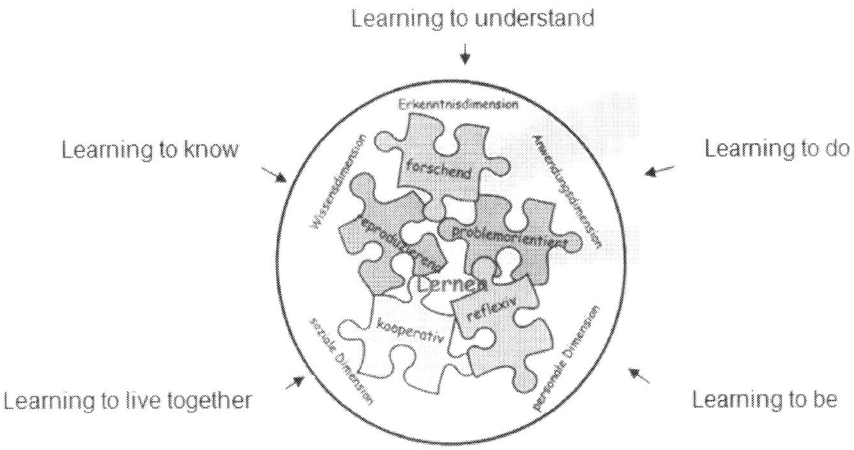

Models of the 5 Dimensions of Learning (Schratz et al. 2006)

As I strongly believe this model is very outcome orientated, I am going to explain my perspective using this model.

Learning to be

Due to CLIL children feel a lot more self-confident. They want to learn English because they know it is useful and they will need it in the future.

Learning to live together

Pupils take risks. They have an increased community feeling as the language learned (in our case English) connects cultures and makes all children equal no matter which language their L1 is. This creates a shared feeling and enhances empathy of the monolingual children and the appreciation/ understanding of each other's cultures.

Learning to know

CLIL helps to develop strategies for language learning. Through CLIL, the pupils improve their pronunciation and intonation immensely. Additionally, they pick up language chunks and grammar rules unconsciously. It can easily be seen that pupils' fluency and ability to communicate improve.

Learning to understand

The children are proud of what they can say and do in English.

Learning to do

The children can use their language skills in class and in everyday life as they internalise formulaic chunks.
Looking at the five dimensions with regard to CLIL, there is no doubt that CLIL can have a lot of power if done properly.

Conclusions

"What are the language, social and cultural learning outcomes of CLIL in my class?"

Looking at my research question again, there is no doubt that CLIL is an extremely powerful approach to language acquisition.

According to what the literature says, I assumed correctly that CLIL would have a great impact on children's language, social and cultural learning outcomes, meaning that:

- The pupils show much better results with respect to their language learning outcomes.
- The pupils have improved their social competences.

- The pupils have a better cultural understanding and are more culturally sensitive.

I think that my findings and results show that I have chosen appropriate research methods. Furthermore, it helped me to include four perspectives, rather than the3 traditionally applied three.

It was definitely important to find out what parents thought about partial language immersion in our class. Before giving out the questionnaire, I was aware of the fact that parents would not be able to tell me what their child could do. This is due to the parents not being in class with us. Thus, they can only judge from what their child tells them, or from exercise books, or other things the children sometimes take home with them. The language portfolio can help communication about language and provide information for parents.

The children's parents are generally happy with subjects partially being taught in English. I assume that this is because their children are happy about learning, and learning English in particular. This proves that CLIL – although sometimes challenging – is motivating and fun. Both parents and children have now realised how important an L2/L3 is for the future. This is almost certainly another reason why the class motivation is high. It is clear that if you know that you won't ever have a chance to use the language, why would you make an effort learning it?

My findings concerning differences with brothers and sisters in other English classes do not show any noticeable aspects, other than vocabulary knowledge and pronunciation differences. I assume that this is due to children being different. One might be talented in maths; the other one might be talented in languages. Therefore, some children find it extremely hard to pick up things like pronunciation or intonation. Most class parents do not speak much English, so consequently judgement of this by me is difficult.

Parents with children in non-English classes notice more differences. They notice that my pupils' language level differs a lot from their brothers' and sisters'. According to what parents noted, regarding basic language skills needed in high school, their children in my class have these skills already. Remarkably, one boy in my class has a language level that is better than his brother's at high school.

With respect to school subjects, I expected more children to feel over challenged in Science. It was interesting to hear from the children that generally Maths is not a problem, but long word problems are sometimes difficult and challenging.

It was not surprising for me that my class doesn't use much English at home. I feel that this is because most parents are not able to speak English. Therefore, the children are probably not motivated to use their language skills outside school as their parents generally would not be able to respond in

English. Nevertheless, the children are confronted with English songs, TV programmes, computer games etc. in their leisure time which shows that the interest is there.

Also, it is worth noting that in my class, children with migrant backgrounds are generally better at English than their non-migrant colleagues. This does not mean that non-migrant children are bad at English, but the majority of them have not developed the same language skills as their migrant classmates. This is traceable to language skills, migrant children had to learn when acquiring their L2. English is their L3, so they are drawing on skills already learned.

It is difficult to give parents up-to-date information about their children's language level. CLIL is performed in an integrated way and most things are done orally, especially in years 1 and 2. Therefore materials used in lessons cannot be taken home. I understand that parents would like to know more about their children's skills. The European Language Portfolio certainly can give an insight in what the children can do.

I was honestly amazed by the pupils' comments and answers in the group interview. They came up with ideas and things I would not have considered. When they mentioned all the things they could do, I realised that this is really widespread. It was good to see that all the children love English and believe they have learned a lot already. This is highly motivating for both pupils and their teacher.

One thing 'played on my mind', a girl in my class mentioned that she would like me to give German translations, or explanations sometimes. She is right that I hardly every give German translations, I normally stick to English. As mentioned in the literature (section I - section 2.2, Mehisto et al. 2008), staying with the target language is of great importance. The more contact time, the better. An immediate translation would slow down language acquisition. In literature it is also mentioned that it is important to create many different situations in which the language can be used. This is made much easier with the CLIL approach. Thus, I consider that I have followed the correct approach.

Project work clearly helps the class community. Additionally, language and social learning competences were developed. This was also supported by the children's comments in the group interview.

Also, I found it extremely useful and constructive to have a critical friend giving me feedback. If the teacher wants to get feedback and is willing to take advice and develop as a teacher, a critical friend can be very helpful. As a CLIL teacher it is especially essential to look at your own teaching critically and reflect on it as we don't have any role models - neither in our teacher education nor elsewhere. Consequently, I am grateful for constructive comments.

An important aspect in CLIL which must not be forgotten is ICC. During my research I found out how important intercultural learning is for the class and how much the children enjoyed it. Working with the European Language Portfolio helps the development of intercultural and communicative competences. I firmly believe that if the pupils become aware of the fact that everybody is different and that difference makes life exciting, interesting and motivation for learning another language will be high.

Looking at the different perspectives (parents, pupils, critical friend and teacher) I can definitely say that everyone is happy with partial language immersion. Indeed, many children would like to learn even more **through** English!

One thing I find essential, is the fact that teachers need to keep in mind that the more naturally CLIL is done and the more contact time is given, the better the pupils will learn the target language.

If CLIL is to be implemented in all primary schools within Austria, teacher education will without doubt, have to change. Teachers who do not have the language skills needed cannot be expected to teach CLIL. I recommend one semester with the ERASMUS programme which should be obligatory for all students. As I explained in part one, A-level skills in a language are simply not enough for a school based on partial immersion programme.

Unless teacher training in Austria changes, CLIL will never be fully implemented in primary schools although the Austrian curriculum suggests/demands it.

During my work, a new research question arose: "What is the actual language level of my class?" I would really like to find out about my class' actual language level by doing a language level test. I am well aware that this would have been a step too far for my master thesis, but it is definitely something worth looking at in further research. Thus, in the future, I would welcome the opportunity of doing such a test, with the results published elsewhere.

To conclude, in my opinion CLIL is the best way to teach languages; additionally it has the potential to improve language, social and cultural learning outcomes if done effectively.

Summing CLIL up, in my opinion the following promise good language teaching/learning:

- Effective teacher training (language competence and didactic background).
- Good classroom atmosphere.
- Usage of the target language as much as possible.

Good luck with teaching according to the CLIL approach!

Bibliography

Agar, M. Language Shock: Understanding the Culture of Conversation. New York: William Morrow, 1994.

Bentley, K. Primary Curriculum Box. Cambridge: Cambridge University Press, 2009.

—. The TKT Course CLIL Module. Cambridge: Cambridge University Press, 2010.

bm:ukk. Language and Language Education Policy in Austria - Country Profile. Herausgeber: ÖSZ - Österreichisches Sprachenkompetenz Zentrum. Bd. 4. Wien: LEPP, 2009.

—. Lehrplan für Volksschulen. Wien, 2005.

Cameron, L. Teaching Languages to Young Learners. Cambridge: Cambridge University Press, 2001.

Coyle, D./ Hood, P./ Marsh, D. CLIL. Cambridge: Cambridge University Press, 2010.

Dalton-Puffer, C. Discourse in Content and Language Integrated Learning (CLIL) Classrooms. Amsterdam: John Benjamins B.V., 2007.

Edelenbos, P./ Kubanek, A. Gute Praxis im Fremdsprachen-Frühbeginn. Braunschweig: Bildungshaus Schulbuchverlage, 2009.

Elsner, D. Hörverstehen im Englischunterricht der Grundschule. Frankfurt am Main: Peter Lang GmbH, 2007.

Eurydice. Content and Language Integrated Learning (CLIL) at School in Europe. Brussels: Eurydice, 2006.

Felberbauer, M. „Integrierter Fremdsprachenunterricht." In Kernfragen des Fremdpsrachenunterrichts in der Grundschule, von P. Doyé, 40-53. Braunschweig: Bildungshaus Schulbuchverlage, 2005.

GOETHE-INSTITUT. GOETHE-INSTITUT. 24.04.2011. http://www.goethe.de/ges/spa/dos/ifs/ceu/en2751287.htm (24.04.2011).

Haataja, K. „Der Ansatz des integrierten Sprach- und Fachlernens (CLIL) und die Förderung des schulischen "Mehrsprachenerwerbs"." Frühes Deutsch, August 2007: 4-10.

Holderness, J. „Activity-based teaching: approaches to topic-centred work." In Teaching English to Children, von C./ Moon, J./ Tongue, R. (eds.) Brumfit. Nelson ELT, 1991.

Krashen, S. „Krashen's monitor model." In How languages are learnt, von P./ Spada, N. Lightbown, 38-40. Oxford: Oxford University Press, 1999.

Marsh, D./ Maljers, A./ Hartiala, A-K. Profiling European CLIL Classrooms. Jyväskylä: University of Jyväskylä, 2001.

Massler, U./ Ioannou-Georgiou, S. Best practice: How CLIL works. Braunschweig: Bildungshaus Schulbuchverlage, 2010.

Mehisto, P./ Marsh, D./ Frigols, M. J. Uncovering CLIL. Oxford: Macmillan Education, 2008.

Müller-Hartmann, A./ Schocker-v. Ditfurth, M. Introduction to English Language Teaching. Stuttgart: Klett, 2009.

—. Teaching English: Task-Supported Language Learning. Paderborn: Schöningh, 2011.

PHT. „Pädagogische Hochschule Tirol." 25.03.2010. https://www.ph-online.ac.at/pht/wbMitteilungsblaetter.display?pNr=37744 (07. 06. 2011).

Pinter, A. Teaching Young Language Learners. Oxford: Oxford University Press, 2006.

Schratz, M./ Weiser, B. Dimensionen für die Entwicklung der Qualität von Unterricht. 2006. http://www.uibk.ac.at/ils/publikationen/qualitaetsdimensionen.pdf (03.05.2011).

Slattery, M./ Willis, J. English for primary teachers, a handbook of activities and classroom language. Oxford: Oxford University Press, 2007.

Verhelst, M. „A box full of feelings: Promoting infants' second language acquisition all day long." In Task-Based Language Education, von K. Van den Branden, 197-216. Cambridge: Cambridge University Press, 2006.

Wilhem, S. „Innovative Volksschule." Herausgeber: ECHO Zeitschriften- und Verlags GmbH. ECHO AM FREITAG (ECHO Zeitschriften- und Verlags GmbH), 12 2010.

Wode, H. „Frühes Fremdsprachenlernen. Englisch ab Kindergarten und Grundschule: WArum? Wie? WAs bringt es?" Kiel: Verein für frühe Mehrsprachigkeit an Kindertageseinrichtungen, 2004.

How it all started

Heather Bailey, UK

Abstract

The author, a teacher at Wargrave Church of England Primary School, has been directly involved in the project development since the very beginning and instrumental in the project process. This article gives personal insights into the situation of the schools in St. Helen's, Liverpool, U.K. and Neuarzl, Innsbruck, Austria at the outset of the COMENIUS Regio project and also points to what was learned as a result.

It was during the Summer of 2008 that I visited our former German Foreign Language Assistant to Wargrave CoE Primary School, Lisa Rainer. By this time she was a Primary school teacher in Innsbruck, Austria engaged in a CLIL project at her school. Together with the scientific coach, Gerlinde Egger, we decided that I would look into funding for a project to promote the use of CLIL in schools and our school partnership. Subsequently we applied for funding within the framework of COMENIUS Regio, which was new at the time.

At this time an entitlement of one hour per week of Modern Language tuition for all primary children was endorsed by the British Government. Even before the regulation, at our school all children from Nursery (aged 4) through to Year 6 (aged 11) had been receiving half an hour per week of German tuition from a native speaker, a Foreign Language Assistant, for the past five years. I am passionate that children should learn an additional language from an early age as the best time to learn a language is as early as possible and I was delighted when the Rose Report was issued and children were given more exposure to the L2.

Unfortunately, the language policy of the government changed again in May 2010. The Rose Report, hence the additional language tuition for all children, was scrapped.

As a teacher, I am always looking for new ideas and ways to teach effectively and using CLIL definitely fits this criteria. As all the children were starting out exactly at the same level and they had no inhibitions using another language, it was good to see how quickly they picked up another language and began using it. I found that teaching 'basic starters' in numeracy worked well and I also used my language skills during PE warm –ups and found this to be even more successful.

L2 teachers must be able to communicate very well in that language and correct pronunciation is extremely important.

When the teachers from St. Helens had the opportunity to visit the school in Neuarzl, Innsbruck, the high standard of English was very noticeable as teachers were able to "jump" between languages, therefore the children were hearing the English language very frequently and absorbing it. Additionally, it helps, when English is apparent all over the town. Such as in shop window displays, menus, tourist sites, timetables, etc.

The situation in St. Helens is different in that the teachers were not fluent German speakers. Thus, some of the funding from the project paid for a course at the local college to help. Moreover, our town has only English on display.

Whereas in Austria the main Modern Language is English and the majority of people are taught from a very early age, it is more difficult in the UK to decide on the languages taught, mainly using existing staff's talents. There are so many languages that it is difficult to teach just one main one.

Furthermore I really feel that for CLIL to be successful in schools in the U.K. the teaching staff need greater competences in language methodology, which means a lot more training for teachers. For sure, the partnership with the Innsbruck school helped and will go on to be a great support for language awareness and motivation.

I, for one, have seen firsthand how learning through CLIL can enhance primary education, by watching good practice in Neuarzl during the duration of the project and it is to be hoped that language learning at Primary will be guaranteed in future.

Visit by Parish CE Primary School and Wargrave Primary School (St.Helens) to Volkschule Neu-Arzl

Mark Thomas, UK

Abstract
The author is Deputy head at Parish C.E. and has thus followed the project from the genesis to consolidation and finalisation. This article focuses on the gains and benefits of the mobilities for the staff of the schools and, on a more indirect level, for the pupils.

1. Introduction

When reviewing the visit by the two schools to Volkschule Neu-Arzl (VNA), it would be too easy to focus upon the differences between the policies, structure and practices of the different institutions. In actual fact, the similarities between the fundamental character and philosophies of both institutions are compelling: both are medium-sized, mainstream schools; both lie in areas of socio-economic disadvantage; both are vibrant and stimulating in their environmental and curricular provision; both have high expectations of pupils and – more introspectively- high expectations of themselves as educational providers for 4- 11 year olds.

To paraphrase an observation by the famous educationalist Lady Plowden: it is the small differences in practice which often have the greatest impact on successful educational provision. In the spirit of this philosophy, a good starting point may be to examine some of those differences; and, in turn, discuss what we, and our Austrian counterparts, would define as 'success'.

Our observations at VNA took place over a period of 2 years. In total, 11 members of staff were involved in the delivery of lessons and the observation of teaching methodology. These school-based sessions were then debriefed and observations discussed. After our second visit in April, 2011 the combined delegation devised a list of discussion points ('The Discussion List') for further contemplation. These mainly fell into two categories: the key differences in teaching methodology; and differences in structure, management, philosophy and strategy. The following sub-headings are an attempt to add coherence to fairly informal debriefing sessions. Some of the sections reach a point reminiscent of a conclusion, whilst others leave questions dangling in the air.

2. The 'Discussion List'

2.1 The Basic Structural Differences

Firstly, to get the de facto differences out of the way, the following offers an overview of the 'vital statistics' of our 2 institutions:

	Parish CE Primary	VS Neuarzl
NoR	182	274
Age of Pupils	4-11	6 -11
Average Class Size	25	24
Number of Classes	7	14
Average adult v pupil ratio	1-8	1-17
Ethnicity	3%	Over 50%
SEN	25%	Less than 5%

2.2 Class Structure and The Curriculum

One notable difference raised by the delegation is the fact that teachers of VNA take one class through the entirety of the pupils' school lives. In terms of teacher-pupil relationships and the assessments of a pupil's ability, this has many educational virtues. Indeed, it is a structural principal adopted by many independent primary schools in Britain; however, in the state sector, this structure is adopted by less than 1% of primary schools. Less than 12% of teachers in the UK have had experience of teaching one class for two consecutive years.

Potential problems with this structure were raised by the delegation - for example, how perniciously would an under-achieving teacher affect the long-term progress of a cohort?

If the Austrian level of perceived teacher under-performance reflected that of the British system, this would seem to suggest that there could well be a problem. According to the OFSTED Annual Report (2010), it is estimated that some 7% of teachers in the British system are still deemed to be 'unsatisfactory'. Arguably, this failing minority - if projected onto the Austrian blueprint- would have catastrophic ramifications for whole cohorts of pupils.

Another obvious structural difference lay in the staffing/pupil ratios between the two schools. Taking into account teachers, learning support staff and peripatetic support, the average adult versus pupil ratio within the UK schools is 1-8; within the Austrian system, the ratio is 1:17. However, class sizes on average are smaller in Austria (1:16, as opposed to 1: 28 in the UK).

The Headteacher of VNA raised the issue that the methodologies adopted to support SEN pupils has a direct bearing on the number of additional adults needed to support learning. As the VNA system adopts informal class streaming, pupils with SEN are educated within a different class. Indeed, budgetary constraints in terms of staffing add a 'chicken and egg' dimension to this organisational practice: the informal streaming, in actual fact, reduces the necessity for large numbers of staff; however, limited staffing budgets dictate that few structural permutations are possible.

High on the 'Discussion List' was the issue of pedagogical differences between our two systems. According to Edward De Bono the British education system has 'veered between a minor galaxy of pedagogical approaches over the past 50 years ... from formalistic didactic learning, to the progressive and exploratory, to 'mind focused' ideologies'. At present he claims that the British system is 'in a period of child-centred progressivism - with brain development strategies at the centre of an individual's learning'. At VNA, the delegation noted that a significant proportion of lessons observed were formal in nature, with the whole class working towards the same objective. On many occasions the lesson was a copying and labelling activity with a strong focus upon the development of presentation and handwriting skills. The Headteacher of VNA feels that this didactic approach maximises learning and focuses the pupils on key knowledge, or key skills. It is direct and efficacious; it is also the approach adopted in the majority of Austrian schools.

It is an interesting aside at this point to discuss the relative international rankings (PISA). The following is a summary of the 2009 attainment chart:

	Over-all reading	Reading at-risk-students	Mathematics	Science
Average	493	19%	496	501
UK	494	18%	492	511
Austria	470	28%	496	494

This would seem to suggest- as a 'snapshot' comparison - that performance in Mathematics and Science, are broadly similar – and near to the international average. In reading – at least in 2009 – Austrian schools performed below the international average and below the British average. While in the UK 18% of the students belong to the group of at-risk students (average 19%), in Austria 28% percent belong to this group. Being functionally illiterate means not being able to read and write sufficiently well, so that these people are faced with immense barriers in their daily life.

2.3 Bilingual Dimensions to the Curriculum

High on the 'discussion list' was the difference in approach to the teaching of an additional language. The staff at VNA were extremely adept at integrating English into their lessons. In the lessons observed almost 100% of lessons integrated English into their introductory activities. The standard of the pupils' spoken English was exceptional.

3. Conclusions

From our brief time at Volksschule Neuarzl, the overwhelming consensus was that both schools had many shared philosophies, goals and aims. Indeed, in many respects, our visit has illuminated many aspects of excellent practice which we have adopted in line with our Austrian counterparts – at the forefront of this are the outstanding and effective strategies to develop the teaching of an additional language. These were truly inspirational.

CLIL in Primary Schools Around Europe

Twelve years of CLIL practice in multilingual Belgium

Piet Van de Craen, Jill Surmont, Katrien Mondt and Evy Ceuleers, BE

Abstract

CLIL has been an official learning and teaching approach for primary schools in French-speaking Belgium since 1998. In 2001 a number of Dutch-speaking schools in Brussels followed this example. In the first part the political issues regarding the implementation of CLIL are addressed. It is shown how feelings toward this approach differ throughout the country and why this is the case. In the second part, the practice of CLIL is examined. A number of schools teach as much as 70% of the curriculum in the target language, while others limit themselves to 20%. The didactic consequences of the different approaches are examined. In the third part the six tenets used by our research group are discussed. These are: (1) knowledge of the target language, (2) knowledge of the mother tongue, (3) knowledge of subject matter, (4) attitudes and motivation, (5) cognitive development and (6) neuroscientific aspects of the brain of bilinguals. The results indicate that CLIL is a powerful learning approach that goes far beyond language knowledge and development but reaches out to cognitive and neuroscientific aspects as well. This leads us to think of CLIL as a really innovative approach not only to language education but also to education in general.

0. Introduction

In this paper research on twelve years of CLIL in Belgium is presented. First, the organisation of education and multilingual language policies are discussed both in the Dutch-speaking and the French-speaking area. Secondly, research carried out on multilingualism by the Brussels' team is presented. Next, four aspects particularly relevant to educational practice are examined: (1) the number of hours devoted to CLIL, (2) reading, (3) cognitive and (4) neuroscientific aspects. In conclusion, it is argued that CLIL is more than just another method of language learning and teaching but that it influences the learning process itself.

1. The organization of education in Belgium

Belgium is a near-federal state and education falls under the authority of the Flemish and the French-speaking regional governments. This implies that they can independently decide on educational matters. For the monolingual territories, Flanders and Wallonia, the situation is straightforward. In the Brussels Capital Region, an officially bilingual region, the situation is more complex. The Dutch-speaking educational system falls under the authority of the Flemish community. The French educational system is organised by the French-speaking community. Two distinct monolingual educational systems thus co-exist in the Brussels Region and, counter to what one might expect, while Brussels is officially a bilingual city, bilingual education is scarce, fairly recent and limited to a small number of schools.

Yet, the demand for bilingual schools is growing especially among the French-speaking population (see Janssens 2008 for an overview). As a result, many French-speaking parents send their children to Dutch-speaking schools and, consequently, these pupils find themselves in a situation of submersion. This situation has been a matter of debate for a number of years now. An important aspect of the way in which education in Belgium is organised is the fact that Flanders' language policies also apply to the Dutch-speaking schools of Brussels and they often do not take into account the specificities of the linguistic situation that is clearly multilingual.

2. Language Policies in Belgium: a short overview

2.0. Introduction

In this section Belgian language policies with respect to multilingual education are discussed. First Wallonia then Flanders will be examined. It is felt that both cases are an interesting example of areas trying to come to grips with the newly emerged European situation.

2.1. Policies in the Walloon Region

Wallonia is a monolingual French-speaking area linguistically more oriented towards France then towards any other country. It was used to share French language policies as well, i.e. one nation, one people, one language with little or no attention paid to foreign language learning in its school system. But in the 1990s things changed drastically. The then Minister of Education pleaded for bilingualism and in 1998 administered a decree allowing schools to use the *content and language integrated learning* approach (CLIL) or, in French, EMILE (Enseignement d'une Matière par l'Intégration d'une Langue Etrangère) (enseignement d'une matière integer à une langue étrangère). The approach was locally referred to as, unofficially, *écoles d'immersion* or, officially as, *enseignement de type immersif.* The background of this approach was European inspired and aimed to change this monolingual society to a region of multilingual speakers.

The success of this initiative was instantaneous. While in 1998-1999 15 primary schools implemented a CLIL-programme, in the school year 2010-2011 more than 250 schools, both primary and secondary, offer bilingual education of which approximately 85% opt for Dutch-medium classes, the rest for English and a few for German. Bilingual education is a success story in Wallonia.

In Wallonia, the target language for CLIL programmes (Dutch, English or German) can be chosen freely. Generally, the choice of language depends on the geographical location of the school. Each individual school can also decide how these classes are organised. However, the revised decree of 2007 stipulates that the minimum should be 8 hours per week (25%), the maximum is 65% in primary school decreasing to 40 % in secondary schools.

Prior to these developments, it should be noted that an unofficial bilingual school was already established in the city of Liège in 1989. Parents and interested parties started to promote immersive language teaching methods in pre-primary education in an attempt to follow the Canadian example (cf. Chopey-Paquet 2007). This initiative should be considered as the first bilingual school in modern Belgium.

2.2. Policy in the Flanders Region

Language policy in the Flanders region is a different matter. While Wallonia experienced a steady linguistic development, i.e. early standardizing its language as in France, the sociolinguistic situation was much more complex in Flanders. Since the Middle Ages, the provinces West- and East Flanders were a fief of the French King, while Brabant and Limburg became part of territory under the rule of the Dukes of Burgundy. After 1500 these territories fell under Spanish and later Austrian Habsburg rule. French was the language of diplomacy and of the Flemish and Brabantic nobility. During the reign of Louis XIV, the prestige of French increased. Two occupations, one rather shortly in the 18th century and one after the French Revolution until 1815, strengthened the position of French even more.

The short Dutch rule just prior to the establishment of the Belgian state employed a rather aggressive Dutch language policy that was very badly received by the French-speaking nobility, industrials and bourgeoisie in Belgium. Consequently, after the Belgian independence in 1830 and although the constitution stipulated the use of languages to be free, the dominant language became French. One may say that in Flanders and Brabant a *de facto* situation of diglossia existed for centuries.

The 19th century saw the birth of the Flemish Movement. This broad and popular movement aimed at the dutchification of education, justice, the army and official administration, not only for linguistic rights but also as a means for emancipation. This struggle culminated with the dutchification of the university of Ghent in 1930. However, the standardization of the Dutch language only started fully developing from the 1950s onwards. Simultaneously, a decrease in the number of French-speaking citizens on Flemish territory occurs (see McRae 1986, Van de Craen 1986, Murphy 1988, Van Velthoven 1987, Van de Craen & Willemyns 1988, De Vriendt & Van de Craen 1990, Vandenbussche 2004).

Current language policy in Flanders cannot be fully understood without this historical background. Moreover, it should be pointed out that the struggle for linguistic rights was often considered a struggle for social rights and that, even today, a number of political parties show an aversion against French loosely based on, what they call, the unjust situation of the past where the French language was dominant.

Since 1970 Belgium has undergone a process of persistent regionalization that is mainly steered by Flemish political parties. As early as 1988 the American scholar Murphy writes"*[t]he regional developments of the twentieth century have created increasingly separate worlds for the Flemings and the Walloons. Under these circumstances it is easy for false perceptions and misunderstandings to persist*" (Murphy 1988:180). In 2011 his words sound more than prophetic since perceptions and misunderstandings do persist to such an extent that a number of Flemish policies are founded upon them (see Slembrouck & Blommaert 1995). In other words, the ongoing construction of the nation state Flanders seems to be partly based on a number of common perceptions and understandings that are at best distorted and at worst inexistent.

Misunderstanding and miscommunication on the political level peaked during the last few years between the two linguistic communities as is shown in the following examples. In the summer of 2006, Yves Leterme, then prime minister of the Flanders region, stated in an interview with the Parisian based newspaper *Libération "Mais apparemment les francophones ne sont pas en état intellectuel d'apprendre le néerlandais"* (apparently French-speaking people in Belgian are intellectually incapable of learning Dutch, *our translation)* (Libération, 17 August 2006). While many would consider that this is politically *not done* and certainly unfit for a then future Belgian prime minister, popular support for this opinion was -and we are afraid still is - substantial. On another level, one of the authors of this paper heard a Flemish sports commentator ask a Flemish basketball player, playing for a Wallonian team that had just won the Belgian Championship, whether *as a Fleming* he could really celebrate with his Walloon teammates.

Language use between members of the two communities became increasingly harsh as illustrated by the following. "Maingain [i.e. the leader of a Brussels Francophone political party] is een idiote clown met mongoloïde trekken en verschrompelde hersenkwabben" (Maingain is an idiotic clown with features of someone with Down's syndrome and shrunken brain lobes, *our translation*) (http://vl.altermedia.info/?s=lib%E9ration). In a letter sent to the mayor of the Flemish commune Lennik by the mayor of the Walloon commune Wauthier-Braine one reads *"Vous donnez une image épouvantable et fasciste de votre commune. Je viens de recevoir des habitants flamands qui veulent fuir cette commune raciste et antibelge (après la guerre, c'était, pour un tel comportement, une balle entre les deux yeux… bien méritée)"* (You are giving your commune a dreadful and fascist image. I have just received Flemish-speaking citizens who want to flee this racist and anti-Belgian commune (after the war one received a bullet in the head for this kind of behaviour and it was well deserved, *our translation*) (Le Soir, 3 August 2008).

The misunderstanding continued after the elections for a federal government in 2010. In Flanders, the winners were the nationalists with a programme aiming at the independence of Flanders. In Wallonia, the socialists with quite a different programme won the elections. At the time of writing (May 2011) no compromise has been reached and the situation is hopelessly blocked.

Until very recently the official language policy in Flemish education limited itself to the application of the Belgian language laws, which means that the language of the organising body is the only medium of instruction allowed in the schools, i.e. Dutch in Dutch-community schools and French in French-community schools. As far as the learning and teaching of foreign languages is concerned the law, dating back to 1962-1963, stipulates that in Flanders and Wallonia foreign language teaching starts at 10, i.e. grade 5 of primary school. In Brussels, second language education in both Dutch-speaking and French-speaking schools starts at 8, i.e. grade three of primary school. In secondary education in most Flemish schools French and English are studied on average about three hours per week.

However, even in Flanders and despite the strict application of the 1963 language law, a limited change occurred in 2004. A decree was administered permitting schools to voluntarily organize foreign (French) language classes in kindergarten. However, the aim is not to learn French but to *initiate* and *sensitize* pupils. This decree should be seen in the light of the on-going pressure from the European Union concerning the promotion of early language learning (see Commission 2005). In practice few schools adhere to the guidelines of the decree mostly because of lack of materials and lack of qualified teachers. Another change, also under European pressure, is the initiation of experimental CLIL programmes in nine secondary schools. These Flemish schools, geographically distant from the bilingual Brussels area, started in January 2008 and the CLIL-project ran until 2010. At the time of writing (May 2011) the report that is allegedly positive has not been published by the ministry.

Prior to the 2004 decree, an *ad hoc* organisation STIMOB, (Stimulerend meertalig onderwijs Brussel/Stimulating multilingual education Brussels), was founded in 2001 in Brussels to organize CLIL classes from pre-primary onwards and throughout primary school. The current authors of this paper have followed progress in these schools and some findings are presented below.

2.3. Conclusion

If anything, anno 2011 Belgian language policies are significantly different in Flanders and Wallonia. While Wallonia seems to adhere more to European standards, Flanders is still coming to grips with its past and ideological and nationalistic tendencies are dominating. One particular result is that while the number of bilingual schools in Wallonia is increasing, bilingual education hardly exists in Flanders. In Brussels, the situation is a reflection of the situation in the monolingual territories.

In Belgium, the current linguistic situation with respect to language policies in education can be summarized as follows. Flanders clearly leads a monolingual language policy with little or no interest in multilingualism although the importance of knowledge of foreign languages is not denied as such. Since 1998, Wallonia has led a much more open language policy paying attention to multilingualism from an early age onwards and resulting in a decree organizing its *enseignement de type immersif* as it is called. In Brussels, Dutch-speaking schools that have to follow Flanders' language policies are getting increasingly uneasy with linguistic policies that fail to take into account the complex and multilingual situation as well as the new European multilingual reality.

3. Research on language learning, multilingualism and CLIL

3.0. Introduction

In this section the learning results of CLIL education are examined more closely. First a number of Brussels' and international results are discussed. After this four aspects will be expanded on i.e. (1) the number of CLIL hours, (2) reading, (3) cognitive aspects and (4) neuroscientific aspects.

3.1. Learning results

Learning results in Belgian schools do not differ from international results described by Huybregtse (2001), Jäppinen (2005), Dalton-Puffer & Smit (2007) and Marsh & Wolff (2007) to name but these. The Brussels' team has focused on six research tenets: (1) to what extent does CLIL influence target language knowledge?, (2) to what extent does CLIL influence the mother tongue?, (3) to what extent does CLIL influence subject matter knowledge?, (4) how does multilingualism influence attitudes and motivation?, (5) how does multilingualism affect cognitive development?, and (6) how does multilingualism affect the brain and brain organisation (cf. Allain, 2004; Ceuleers, 2008; Mondt, 2007; Mondt *et al.* 2008, 2009; Van de Craen *et al.* 2007a, b,c and 2008). The following table is a summary of the results as found in these publications as well as in the international literature.

Research question	General result	Remarks
CLIL's influence on target language knowledge	Very positive	Especially regarding the pragmatic level, i.e. language use
CLIL's influence on the mother tongue	No negative influence on the development of the mother tongue	Of anything the influence is rather positive
CLIL's influence on subject matter knowledge	Positive	Results are slightly better in primary than in secondary schools
CLIL's influence on attitudes and motivation	Very positive	Also positive with adolescents
CLIL's influence on cognitive development	Remarkably positive	The younger the better
CLIL's influence on the brain	Brain organisation differs between bilinguals and monolinguals	By extrapolation this is probably also true for CLIL pupils

Table 1 Results of six research questions regarding CLIL

CLIL seems to be a powerful approach influencing many aspects of learning. It also seems to reach out beyond language. Our experience has shown that, apart from the issues mentioned in table 1, that the learning process is deeply influenced and that CLIL might be an important approach towards educational change in more general terms. In that respect CLIL might be regarded as a contribution to evidence-based education (cf. Davies 1999). This is an educational approach whereby scientific research results are used to improve learning processes. Let us now study a number of aspects more closely.

3.2. Six aspects related to CLIL learning

3.2.0. Introduction

In this section we briefly address six points that to us are crucial characteristics of CLIL education and that point to wider implications. These points are (i) the number of hours devoted to CLIL, (ii) additive bilingualism, (iii) aspects of repetition, (iv) aspects of reading, (v) cognition and (vi) brain related issues.

3.2.1. The number of CLIL hours

The number of hours devoted to CLIL is a far from trivial thing. In some Wallonian schools the target language is used for more than 70% of the curriculum. In some Brussels's schools the target language only uses 15% of the curriculum. In these cases the selection of one or the other approach heavily depends on the analysis of general sociolinguistic criteria rather than on psycholinguistic criteria. While in French-speaking Wallonia it was felt that some catching up was needed regarding language knowledge, in Dutch-speaking schools in Brussels and located in the French-speaking environment of the city it was felt that more time in French might be counterproductive to the overall goals of CLIL in this context, namely to guarantee balanced language development in both languages.

Consequently, the CLIL results in Wallonia differ substantially from those in Brussels. While in both cases the results are quite positive (cf. Lecocq *et al.* 2007; Van de Craen *et al.* 2008), in Wallonia, after three years of 70% target language teaching, the target language, i.e. Dutch in this case, seems to have become the strongest school language. This suggests that caution should be taken when deciding on the number of hours attributed to learning in the target language. In order to ensure a balanced development of the knowledge of the mother tongue and the target language, criteria such as the amount of contact with both languages depending on the sociolinguistic context should be taken into account (cf. Van de Craen *et al.* 2007a,b,c).

3.2.2. The importance of additive multilingualism

The CLIL approach and its results have also shed light in a rather difficult debate, namely how come that if you devote a number of hours to another language the mother tongue does not suffer? We knew from Canadian studies that this is indeed the case (Genesee 1987) but in order to understand this counter-intuitive aspect some discussion is needed. Suppose you are learning how to play the piano and you decide to add another instrument, say the guitar, to your repertoire. Is the study of the guitar hampering you in playing the piano? Obviously, the answer is no. Learning a second instrument will in time provide the learner with better meta-musical knowledge.

As linguists know the same is true when learning languages. The more language you learn the easier it becomes to learn another one just like with musical instruments. This is known as additive bilingualism (Baetens Beardsmore 1986) and the CLIL approach in primary schools has given ample evidence of this.

In Belgium Mousty (2011) has given evidence of this in French-speaking primary schools. Surmont & Van de Craen (in preparation) have shown this to be equally true for a vocational school in the Dutch-speaking area of Belgium, showing en passant the non-elitist aspect of the CLIL approach. If anything, the mother tongue of CLIL pupils develops in the same way as monolinguals but often the results surpass those of their monolingual counterparts.

If the CLIL approach can boost the mother tongue of majority language speaking pupils it is a legitimate question to ask whether or not this might be also true for minority language speaking children. What we mean here is could Moroccan and Turkish speaking children in Belgium benefit from a CLIL environment that uses Dutch and French as working languages? The answer to that question is a challenge for the future but we have some evidence that this is indeed the case. If this can be shown it will shed a new light on the on-going debate related to the status of the home languages in education in Europe.

3.2.3. The importance of repetition

The CLIL approach in Belgium is not officially recognized throughout the country. In Flanders it is actually not allowed since the language laws forbids teaching in another language than Dutch. In the Dutch-speaking schools of Brussels the *STIMOB* project is in its tenth year in 2011. However, since Brussels enjoys a bilingual status the language law allowed two hours for revision of repetition. Those two hours we used to implement CLIL in the beginning and we used them to repeat subject matter in the target language, namely French.

Repeating subject matter proved to be very beneficial for the pupils and this for various reasons. (i) Repetition makes sure that no comprehension problems exist, (ii) it is a highly enjoyable experience for pupils and even teachers and (iii) it creates a comfort zone where a lot of learning takes place. Of course, the word repetition is a bit misleading. Actually we should speak of variation of the same subject matter.

Today, within STIMOB repetition is a generally accepted idea. We have been exporting it to other schools with equal success. Why is it that repetition is a highly successful concept? We think that the answer is very simple. Any learning process has to do with repetitive aspects. If you want to become a good musician you will have to repeat over and over again the pieces you want to play. If you want to study the multiplication tables you will have to repeat them over and over again in order to master them. In other words, since repetition is part of any learning process it is part of CLIL learning and since CLIL is a very powerful learning tool, it is now wonder that repetition works so well in a CLIL context.

3.2.4. Reading: which language should come first?

A second aspect we want to draw attention to is the acquisition of reading. In many schools in Wallonia pupils first learn how to read in the target language, i.e. Dutch, before they learn how to read in their mother tongue, i.e. French. This approach has made raise a few eyebrows among parents, teachers and school authorities alike. They were afraid that this might negatively affect mother tongue development. At the time we could reassure them that no disasters were about to happen and as it turned out these children happily learned first to read in Dutch before learning how to read in their mother tongue. Today, we can explain this success story.

Within the framework of the European Concerted Action on Learning Disorders as a Barrier to Human Development, pupils from 14 EU countries, who had received one year of reading instruction, were asked to read a number of real and pseudo words (cf. Seymour et al. 2003). The results showed that children who were learning to read a highly consistent system, i.e. a system with a nearly one-to-one correspondence between sound and sign, for instance Greek, German, Italian, Dutch and Spanish, performed much better in reading both real and pseudo words than children who had to learn a much less consistent system, such as French, Danish, Portuguese and English (see also Goswami et al. 1998, Frith et al. 1998, Ziegler & Goswami 2006, Goswami 2008, Van der Smissen 2010, Mousty 2011).

This might explain the results obtained in Wallonian schools in Belgium. Children who have first learned a simple system such as Dutch, where the consistency between sign and sound is high, become better readers than those who have to start with a much more difficult system, such as French. It seems that the bilingual readers use their already acquired strategies for decoding a simple language, to decode a more complex one. This suggests that, if there is indeed a gap between languages for decoding sound and sign such as in the case of English, French and Portuguese, CLIL teachers should be advised to make young children read in the easiest language first, before tackling the more difficult one. This is an interesting example of how CLIL can help to overcome barriers that cannot be overcome in traditional language classes.

3.2.5. Cognitive aspects

In a recent paper, Bialystok (2009) summarizes the 'bad' effects of bilingualism as deficits in vocabulary size, as well as the 'good' ones such as enhanced capabilities in conflict resolution and executive control. She ascribes both phenomena to the superior attention control in bilinguals due to their tackling two or more active competing language systems. Aside from this, a myriad of other cognitive capacities have been attested as positively influenced by bilingualism such as creative and divergent reasoning, cognitive flexibility, and metalinguistic awareness and skills (Baker 2006; Mondt 2007). Furthermore, the concept of bilingualism as a 'cognition-enhancing experience' (Bialystok *et al.* 2007: 463) attested, for instance, in the delayed onset of neurodegenerative illness. This and the improved concept-formation skills of bilinguals is an exciting and stimulating paradigm.

The main concern with studies pointing to positive effects of bilingualism is how exactly bilingualism influences cognitive structure. This is of fundamental importance in a discussion on bilingualism since the matter of causality is at the core. Whether there is a predisposition to become fluent in two languages, be it linguistic or cognitive, has a large influence on how bilingual programmes, such as CLIL-type education, are received both in the school and home context. Additionally, the interplay of affected cognitive functions and structures need to be further investigated if a thorough understanding of the mechanisms of the 'cognition-enhancing experience' is to be achieved. Furthermore, the findings from bilingualism research have an important scientific merit in that they clearly disprove the of modular notion cognition.

The state-of-the-art regarding cognition seems to be that CLIL programmes enhance cognition as can be seen from mathematical and verbal test (cf. Jäppinen 2005, Van de Craen *et al.* 2008, Lorenzo *et al.* 2009). It seems that receiving instruction in two languages, while at the same time their concept formation increases in both languages, stimulates pupils. This, of course, is a big help in problem solving and mathematics.

3.2.6. Neuroscientific aspects of the brain of bilinguals

Whether or not two languages are processed differently within the brain of one speaker is at the heart of neurocognitive investigations of bilingualism. The complexity of this question has resulted in a wide range of research with various focuses of attention. The differential influence of contextual variables on the processing of first and second language has indicated that a convergent representation depends on the linguistic subsystem under study (Perani & Abutalebi 2005). Where grammar and syntax are under a larger influence of age of acquisition (Wartenburger *et al.* 2003; Weber-Fox & Neville 1996), lexico-semantic processing is defined by proficiency and frequency of use (Perani *et al.* 2003).

These neurocognitive effects can already be found in children (Mondt *et al.* 2009). For phonology, age of acquisition is a crucial factor. The universal phonetic capacity of the infant brain narrows as learning proceeds. The native language neural commitment (NLNC) hypothesis (Kuhl 2004) clarifies the brain-reduced attention to non-native patterns. But, more importantly, this theory exemplifies the interdependence of neuroscientific mechanisms during language acquisition. Improved neural discrimination at 7.5 months, predicts an advanced level of language acquisition at all stages (word production, sentence complexity and mean length of utterance) (Kuhl *et al.* 2008). These neuroscientific data indicate that adult's difficulties in learning a second language are not only affected by maturation but also by learning itself (Kuhl & Rivera-Gaxiola, 2008). Besides functional influences on linguistic processing, influences of bilingualism are also attested in other neurocognitive domains such as attention control and arithmetic (Mondt *et al.* 2006; Mondt *et al.* 2008 and 2011). Yet, seemingly in contrast with the previous are the results of a pronunciation test where primary CLIL children scored high (cf. Braun *et al.* 2001, 2002, 2003).

Besides the shaping of the brain by experience on the functional level, more research is currently undertaken into the structural shaping of the brain through bilingual experience (Van den Noort *et al.* in press). Two distinct aspects between bilingual brains and non-bilingual brains can be identified. First, grey matter density in the inferior parietal region is higher in bilinguals then in monolinguals, and this correlates with second language proficiency (Mechelli *et al.* 2004). Second, the anterior midbody of the corpus callosum, the fiber bundle connecting the two hemispheres, is distinctly larger in bilinguals than in monolinguals. It has been attested that fibres from the language areas in the superior temporal gyrus (Wernickes' area, planum temporale) pass through the isthmus of the corpus callosum (Von Plessen *et al.* 2002). Both observations indicate the influence of bilingualism on the brain's structure.

Key prospects are now (1) to identify how bilingualism affects structural aspects of the brain in children, and (2) to identify the interrelation and causality of functional and structural influences of bilingualism on the brain. As a better understanding of the relation between brain and bilingualism in development is acquired even more optimal bilingual learning strategies can be established. This idea perfectly coincides with evidence-based educational principles. Learning in two languages from an early age onwards affects the brain in such a way that its structure is different from that of a monolingual. If bilingual learning has such far reaching effects, it is highly likely that the implementation of CLIL in a school goes much further than a mere organizational and didactic improvement but potentially creates learners with different - or tentatively called 'better'- brains (see for the use of the term better brain Blakemore & Frith 2005).

4. Twelve years of CLIL experience in Belgium: beyond language

Twelve years of CLIL and CLIL research in Belgium has learned educationalists, researchers and authorities alike that CLIL has far reaching consequences for the educational system. CLIL seems to be an innovative approach that deeply and positively influences the learning process itself, namely (1) the language pedagogical aspect, the didactics of language teaching, (2) cognitive aspects, i.e. the way the learner digests the learned material and (3) neuroscientific aspects, i.e. the way the brain is affected by this kind of learning. We suggest that this kind of language pedagogy has implications for the whole of the learning process. CLIL might be regarded as a good example of evidence-based education (cf. Davies 1999) an educational approach whereby scientific research results are used to improve the learning processes.

In spite of these positive results, the political battle is far from won. In Belgium and other countries in Europe, many do not 'believe' in this approach. Educational change seems to be one of the most difficult changes to bring about. As research continues to deliver more evidence-based facts, the question, however, will no longer be 'will CLIL be implemented or not' but rather 'when will CLIL be implemented on a larger scale'? This is especially true for linguistically sensitive areas such as Belgium. We cannot but approvingly applaud García's words "that bilingual education is the only way to educate children in the twenty-first century" (Garcia 2009:5).

References

Allain, L. (2004). 'Meertalig onderwijs en etnografisch onderzoek in Brussel: twee uitzonderingen op de regel'. In: A. Housen, M. Pierrard & P. Van de Craen (Red.), *Taal, attitude en onderwijs in Brussel.* (pp. 145-181). Brussel: VUBPress.

Baetens Beardsmore, H. 1986. *Bilingualism: Basic Principles.* Clevedon: Multilingual Matters. Second Edition.

Baker, C. (2006). *Foundations of Bilingual Education and Bilingualism.* Clevedon: Multilingual Matters. Fourth Edition.

Bialystok, E., F. Craik & F. Freedman. (2007). 'Bilingualism as a protection against the onset of symptoms of dementia'. *Neuropsychologia 45*, 459-464;

Bialystok, E. (2009). 'Bilingualism: the good, the bad, and the indifferent'. *Language and Cognition 12 (1),* 3-11;

Blakemore, S.-J. & U. Frith. 2005. *The Learning Brain. Lessons for Education.* Oxford: Blackwell.

Braun, A, M.J. De Man-De Vriendt & S. De Vriendt. (2001). 'L'apprentissage d'une langue nouvelle par immersion. Description et évaluation de performances d'élèves de 3ème maternelle'. *Education-Formation,* mars.

Braun, A, M.J. De Man-De Vriendt & S. De Vriendt. (2002). 'L'enseignement de type immersif, tel qu'il se pratique à l'école communale de Frasnes-lez-Anvaing'. *Education-Formation,* août.

Braun, A, M.J. De Man-De Vriendt & S. De Vriendt. (2003). 'Cinq années d'enseignement de type immersif F1/N2. Performances des élèves de la première cohorte en 3ème et 4ème primaires (Frasnes-lez-Anvaing, juin 2003'). *Education-Formation,* septembre.

Ceuleers, E. (2008). 'Variable identities in Brussels. The relationship between language learning, motivation and identity in a multilingual context'. *Journal of Multilingual and Multicultural development 29 (4),* 291 - 309.

Chopey-Paquet, M. (2007). 'Belgium (French-speaking)'. In: A. Maljers, D. Marsh & D. Wolff (eds) *Windows on CLIL. Content and Language Integrated Learning in the European Spotlight.* Graz: European Centre for Modern Languages, 28-32.

Commission. 2005. *A New Framework Strategy for Multilingualism.* Brussels: European Commission.

Dalton-Puffer, C. & U. Smit (eds) (2007). *Empirical Perspectives on CLIL Classroom Discourse.* Frankfurt am Main: Peter Lang.

Davies, P. (1999). 'What is evidence-based education?' *British Journal of Educational Studies 47 (2),* 108-121;

De Vriendt, S. & P. Van de Craen. (1990). *Bilingualism in Belgium: a History and an Appraisal. Dublin: Centre for Language and Communication Studies.* Occasional Paper No. 23.

Frith, U., H. Wimmer & K. Landerl. (1998). 'Differences in phonological recoding in German- and English-speaking children'. *Scientific Studies of Reading 2(1),* 31-54.

Garcia, O. (2009). *Bilingual education in the 21st century.* Chichester: Wiley-Blackwell.

Genesee, F. 1987. *Learning Through Two Languages – Studies of Immersion and Bilingual Education.* Cambridge, Mass.: Newbury House.

Goswami, U., J. Gombert & L. de Barrera. (1998). 'Children's orthographic representations and linguistic transparency: nonsense word reading in English French and Spanish'. *Applied Psycholinguistics 19(1),* 19-52.

Goswami, U. (2008). *Cognitive development. The learning brain.* Hove & New York: Psychology Press.

Huybregtse, I. (2001). *Effecten en didactiek van tweetalig voortgezet onderwijs in Nederland.* Utrecht: IVLOS.

Janssens, R. (2008). 'Language use in Brussels and the position of Dutch. Some recent findings'. *Brusssels Studies, Issue 13.*

Jäppinen, A.-K. (2005). 'Thinking and content learning of mathematics and science as cognitional development in content and language integrated learning (Clil): teaching through a foreign language in Finland'. *Language and Education 19, (2),* 148:169;

Kuhl, P. (2004). 'Early language acquisition: cracking the speech code'. *Nature Review Neuroscience 5*, 831-843;

Kuhl, P., B. Conboy, S. Coffrey-Corina, D. Padden, M. Rivera-Gaxiola & T. Nelson (2008). 'Early phonetic perception as a gateway to language: new data and native language magnet theory expanded (NLM-e)'. *Philosophical Transactions of the Royal Society B 363*, 979-1000;

Kuhl, P. & M. Rivera-Gaxiola. (2008). 'Neural substrates of early language acquisition'. *Annual Review of Neuroscience 31*, 511-534;

Lecocq, K., P. Mousty, R. Kolinsky, V. Goetr, J. Morais & J. Alegria, J. (2008). *Évaluation de programmes d□immersion en Communauté française: une étude longitudinale comparative du développement de compétences linguistiques d□enfants francophones immergés en néerlandais*. Rapport final 2001-2007. Bruxelles, Ministère de la Communauté Française.

Lorenzo, F., S. Casal & P. Moore. 2009. 'The Effects of Content and Language Integrated Learning in European Education: Key Findings from the Andalusian Bilingual Sections Evaluation Project'. *Applied Linguistics Advance Access* published November 20th.

McRae, K. (1986). *Belgium. Waterloo*, Ont.: Wilfrid Laurier University Press.

Marsh, D & D. Wolff (eds) (2007). *Diverse Contexts – Converging Goals. CLIL in Europe*. Frankfurt am Main: Peter Lang, 185-200.

Mechelli, A., J. Crinion, U. Noppeney, J. O'Doherty, J. Ashburner, R. Frackowiak & C. Price. (2004). 'Structural plasticity in the bilingual brain'. *Nature 431*, 757;

Mondt, K., D. Balériaux, T. Metens, P. Paquier, P. Van de Craen & V. Denolin. (2006). 'Bilingual and monolingual children execute a selective attention task: an fMRI study'. *NeuroImage 31*. Suppl 1.

Mondt, K. (2007). *A Neuroscientific Developmental Investigation of Bilingualism*. Sevilla: Mure Publishing.

Mondt, K., E, Struys, D. Balériaux & P. Van de Craen (2008). 'Neurocognitive effects of multilingualism and school language on numerical cognition in a population of children'. *NeuroImage 41*, suppl 1.

Mondt, K., D. Balériaux, P. Paquier, T. Metens, P. Van de Craen & V. Denolin. (2009). 'An fMRI study of level of proficiency as predictor of neurocognitive convergence for L1/L2 during a lexico-semantic task in a pediatric population'. *Second Language Research 25 (1)*, 109-136;

Mondt, K., Struys, E., Van den Noort, M.W.M.L., Balériaux, D., Metens, T.,Paquier, P., Van de Craen, P., Bosch, M.P.C., & Denolin, V. (2011). 'Neural differences in bilingual children's arithmetic processing depending on language of instruction'. To appear in *Mind, Brain, and Education*

Mousty, Ph. 2011. 'L'immersion linguistique en communauté française. Evaluation des connaissances linguistiques acquises par les élèves de l'anseignement primaire'. Conference held at the Conseil économique et social de la Région Bruxelloise (CESRBC), 5 mai 2011.

Murphy, A. (1988). *The Regional Dynamics of Language Differentiation in Belgium.* Chicago: Committee on Geographical Studies.

Perani, D., J. Albutalebi, E. Paulesu, S. Brambati, P. Scifio, S. Cappa & F. Fazio. (2003). 'The role of age of acquisition and language usage in early, high-proficient bilinguals: an fMRI study during verbal fluency'. *Human Brain Mapping 19(3),* 170-182;

Perani, D., & J. Albutalebi. (2005). 'The neural basis of first and second language processing'. *Current Opinion in Neurobiology 15,* 202-206;

Seymour, P., M. Aro & J. Erskine. 2003. 'Foundation literacy acquisition in European orthographies'. *British Journal of Psychology 94,* 143-174.

Slembrouck, S. & J. Blommaert. (1995). 'La construction politico-thétorique d'une nation flamande'. In: A. Morelli (éd) *Les grands mythes de l'histoire de Belgique.* Bruxelles: Vie ouvrière, 263-280;

Surmont, J. & P. Van de Craen (in preparation). 'CLIL in a vocational school'.

Van de Craen, P. (1986). 'Belgium : Cooperation Versus Conflict Model'. *Canadian Review of Studies in Nationalism/Revue canadienne des études sur le nationalisme, XV, 1-2,* 19-23;

Van de Craen, P. & R. Willemyns. (1988). 'The standardization of Dutch in Flanders'. *The International Journal of the Sociology of Language 73,* 45-64;

Van de Craen, P. (2007). 'Le programme EMILE et l'éducation'. Conférence non-publiée.

Van de Craen, P., E, Ceuleers & K. Mondt. (2007a). 'Cognitive development and bilingualism in primary schools: teaching maths in a CLIL environment'. In: D. Marsh & D. Wolff (eds) Diverse Contexts - Converging Goals. CLIL in Europe. Frankfurt am Main: Peter Lang, 185-200.

Van de Craen, P., K. Lochtman, E. Ceuleers, K. Mondt & L. Allain. (2007b). CLIL An Interdisciplinary research approach to CLIL learning in primary schools in Brussels. In: C. Dalton-Puffer & U. Smit (eds) *Empirical Perspectives on CLIL Classroom Discourse.* Frankfurt am Main: Peter Lang, 253-274;

Van de Craen, P., K. Mondt, L. Allain & Y. Gao. (2007c).'Why and how Clil works'. *Vienna English Working Papers 16 (3),* 70-78;

Van de Craen, P., E. Ceuleers, K. Mondt & L. Allain. (2008). 'European multilingual language policies in Belgium and policy-driven research'. In: K.

Lauridsen & D. Toudic (eds) *Languages at Work. Festschrift in Honour of Wolfgang Mackiewicz*. Göttingen: V&R Press, 135-147.

Vandenbussche, W. (2004). 'Triglossia and pragmatic variety choice in nineteenth-century Bruges: A case study in historical sociolinguistics.' *Journal of Historical pragmatics 5(1)*, 22-47;

Van den Noort, M., T. Hadzibeganovic, P. Bosch, K. Mondt, M. Haverkort & K. Hugdahl (in press). 'Identifying the neural substrates of second language acquisition: what is the contribution from functional and structural MRI?' In: J. Arabski & A. Wojtaszek (eds) *Neurolinguistic and Psycholinguistic Perspectives on Second language Acquisition*. Clevedon; Multilingual Matters.

Vandersmissen, C. 2010. *Why French-speaking CLIL pupils should start out reading in Dutch*. Brussels: VUB. Master Thesis. Written in Dutch.

Van Velthoven, H. (1987). 'The process of language shift in Brussels: historical background and mechanism'. In: E. Witte & H. Baetens Beardsmore (eds) *The Interdisciplinary Study of Urban Bilingualism in Brussels*. Clevedon: Multilingual Matters, 15-45;

Von Plessen, K., A. Lundervold, N. Duta, E. Heiervang, F. Klauschen, A. Smievoll, L. Ersland & K. Hugdahl. (2002). 'Less developed corpus callosum in dyslexic subjects. A structural MRI study'. *Neuropsychologia 40*, 1035-1044;

Wartenburger, I., H. Heekeren, J. Abutalebi, S. Cappa, A. Villringer &. D. Perani. (2003). 'Early setting of grammatical processing in the bilingual brain'. *Neuron 37*, 159-170;

Weber-Fox, C. & H. Neville. (1996). 'Maturational constraints on functional specialisations for language processing: ERP and behavioral evidence in bilinguals speakers'. *Journal of Cognitive Neuroscience 8(3)*, 231-256;

Ziegler, J. & U. Goswami. (2006). 'Becoming literate in different languages: similar problems, different

Learning in two languages. A foreign language in primary school subjects

Heiner Böttger, DE

Abstract

The paper provides an overview of the CLIL situation in Germany referring to the range of approaches and also the range of terminology employed. There is emphasis on the justification for CLIL and on language acquisition theories linking to the aims of the CEFR. The paper presents models for implementation and stresses the necessity for solid teacher education and a meaningful framework to ensure that the potentials are realised.

I. Introduction

1. Preliminary Remarks

This publication of the BIG (*Beratung, Information, Gespräch*) study group, part of the *LERNEN* foundation, will illustrate how incorporating a foreign language into other primary school subjects contributes to the acquisition of a foreign language. "Learning in two languages" means including a foreign language in the learning subjects of primary school and enriching pure language instruction by integrating subject-related learning content. Before this goal is specified further, one should take a look at the present situation in German schools.

Foreign language instruction, which is in most cases English, has been common in all primary schools in all of the German states for years. Differences among the states exist with respect to the number of instructional hours and when instruction begins. In some states, foreign language instruction begins in the first year of primary school, while others initially conduct pilot projects and yet others start instruction at the beginning of the third year of school.

Furthermore, there are already numerous, state, public and private nurseries and kindergartens which expose children to the English language in different ways.

2. Present Situation

There are a number of ways to use a foreign language in non-language subjects, i.e. the subjects that are taught with different terminology and through different procedures.

- Following the Canadian example of immersion instruction, all subjects, with the exception of language arts, are taught in the foreign language for four years. If an attenuated form, the so called "parity model", is applied, half of all subjects are offered in the native, half in the foreign language.

Immersion instruction in primary schools nationwide is not possible in Germany at this time or in the near future for various reasons (f.e. the shortage of trained teachers, social dimensions), which, among other things, are due to the fact that immersion could currently not be continued in secondary schools: the shortage of trained teachers and social dimensions.

- One particular form of language instruction at the secondary level of German schools, predominantly in secondary schools, is referred to as "*Bilingualer Unterricht*" (*Bili, BIU*) or as "Subject-specific instruction in a foreign language". It pursues the goal of developing and expanding the intercultural as well as foreign language communicative competence in subject areas such as in history, biology and art.
- The term "CLIL – Content and Language Integrated Learning " has been established at a European and an international level. It is seen as clearly delineating the two poles of reference: subject content and the foreign language in this instructional form.

  In both primary and secondary schools topics are dealt with which do not exclusively serve the acquisition of language, but focus on acquiring knowledge and skills in non-language subjects. This acquisition process can be supplemented and given more depth in subjects which are taught in German.

3. Justification for Learning in Two Languages

The growing debate about the role of foreign languages in the fields of learning at primary school is in no way the expression of a mere trend. On the one hand, it follows the spread of this form of teaching in European and other countries; on the other hand it also incorporates the results of a great deal of research. In the large-scale *DESI* study of 2006, to mention only one of the studies conducted, ninth grade students were observed during English instruction. The researchers were able to show the following: Students who had participated in foreign language subject-specific instruction were able to show that they had acquired communication skills in English which were up to one and one-half years ahead of the students who had received monolingual instruction.

Further positive findings supporting English immersion instruction in primary school are also available. The conclusion is that even a less time-intensive form of bilingual learning presents a great opportunity for children to develop good communication skills in a foreign language as well as non-language competencies without interference in the acquisition of the first language.

This observation is very important, because the curricular learning objectives of the subjects must certainly also be met even if foreign language subject teaching is employed. Therefore, the learning objectives must remain the focus in order to ensure factual knowledge in the respective subject. The foreign language is the working language, the medium in which the subject content is taught. In contrast to foreign language instruction, where the goal of topics and content is the acquisition of communicative competences, the language itself is a mere medium for instruction in the immersion model.

The work of foreign language teachers is in many ways comparable to the CLIL approach in that they are communicating in a foreign language while performing topic-oriented work. In foreign language teaching, the topics included in the syllabus serve to develop language skills. However, in subject-specific instruction, content-related learning objectives stipulated in the curriculum are aimed solely at the acquisition of knowledge, but are taught in the foreign language.

What has to be taken into account from the very beginning for any form of foreign language instruction in primary schools, is its integration into primary school education, in which the child is the focus on which the didactic and methodological decisions have been based. This also applies to foreign language instruction in the subjects of primary school.

II. Requirements for Language Acquisition for Multilingualism

The names on our doors reveal a variety of nations, languages and cultures that was once unimaginable.

The current demographic reality and its development point to a future in which an increasingly large proportion of bilingual or multilingual children will be growing up in Germany.

1. Questions and Concerns

Learning one or more languages early is still met with suspicion. There is much talk of regression, delayed language development and negative effects on the cognitive development of children. Such concerns are especially widespread in countries in which children grow up with only one language, "Our children should learn proper German first, then there will be enough time for another language," is one much quoted sceptical objections in this country. The above-mentioned large-scale studies such as *DESI* and other recent research show the exact opposite and prove that, compared to their peers, children and young adults who grow up to be bilingual and multilingual have a significant advantage with regard to concentration, complex thinking and verbal creativity.

Thus, the question arises whether the concerns are justified.
What conditions are necessary for a child to successfully grow up to be bi- or multilingual?
In what way do our children benefit if they grow up with more than one language?
For these and other questions to be clarified, early language learning (native,

second and foreign language) should be appropriately designed, initiated and promoted.

2. Native Language Acquisition

From the beginning, the first language, usually the native language, is learned as a rough pattern, which becomes refined over time. In this context, imitation, copying and speaking play an important role. A large amount of appropriate, authentic language input is necessary, for instance in the form of patient, repeated speaking and reading out aloud.

The parents play a critical role in language acquisition. Children construct language themselves and draw conclusions very quickly and for a long time during pre-school years (*Gibt's im Restaurant Reste*?). During that period they also make very intelligent mistakes (*Hast du da gesesst*?). They experiment with their native language and have a lot of time to do just that.

Depending on the prerequisites (e.g. development of speech organs, motivation, social and communicative framework conditions), a plateau, delay or even a regression can occur for a limited time in language development.

Formal schooling for a child begins when they are approximately six years of age. At this point, the child has generally mastered the sound system and grammar of their first language in its main characteristics. The vocabulary expands dramatically when the child develops the ability to read at the age of eight or nine and from then on develops further every year.

With the acquisition of the native language, the process of concept formation takes place and can never be repeated. Thus all other languages are learned against the backdrop of the native language from this time onwards. Rules of other languages are, for example, consciously reflected and compared. From then on one becomes, loosely speaking, one's own interpreter or mediator.

The more securely the foreign languages and structures are internalized, the more automated they become, and the less time is spent translating back and forth. This is one main reason for the general foreign language teaching requirement that children should begin their second or foreign language learning in the first grade, if possible already during preschool.

3. Natural Second Language Acquisition

The natural acquisition of a second language in early childhood (under the age of six) shows strong similarities to first language acquisition and leads to so-called partial bilingualism. If two languages are learned simultaneously and are of the same importance (e.g. mother and friends are role models for German, the father's communication and school lessons are in English), one speaks of true bilingualism.

As long as the brain has not yet lost its plasticity, i.e. as long as its development is still ongoing, children can grow up bilingually just as easily as other children grow up to be monolingual.

The learning conditions must be set up in a way that the languages are spoken regularly in the child's environment and that the child itself speaks them regularly and has at least one native speaker role model for each language.

It is only under these conditions that the attempts of some parents to raise their children bilingually can be crowned with success. Linguistic inconsistency, however, quickly leads to confusion of languages.

To acquire a second language under natural conditions, the same two favourable conditions required for small children to acquire their first language are necessary: long contact times and regular use. In other words, the child has to live in and with the language, the content-related communication and, above all, be exposed to the authentic linguistic input from many speakers.

From about the age of six, language can no longer be acquired in the same manner as the native language - as easily and without systematic instruction - even if the learning occurs under natural conditions in the country in which the language is spoken.

The reason for this is the more advanced cognitive development and the constant presence of the first language (see acquisition of native language).

For children of immigrants, contact with native speakers of the country of immigration plays an important role for language acquisition. Those who are isolated, learn the language in a fragmented manner, while whoever has many linguistic contacts with native speakers, learns faster and better. This fact can be observed well in foreign citizens and their children.

In particular, the efforts of parents to learn German can have a positive impact on children's motivation to learn German as a second language.

In order to prevent the child from learning both languages incompletely, so-called semilingualism, the process of acquiring the native language must not be broken up, interrupted or neglected too early, while at the same time learning the second language must not be forced.

In this case, both a parallel and a sequential or consecutive acquisition of both languages leads to a high competence in both mother tongue and second language.

In addition, the ability to speak in two or more languages is promoted significantly if children grow up in an atmosphere of openness which welcomes multilingualism.

4. Foreign Language Acquisition in Schools

The findings of language acquisition research show that exposure to the first foreign language must take place as early as possible so that it can be acquired as naturally as possible, because schools represent a different context for learning.

The short contact time with the foreign language, in which the spoken input is largely not authentic (teacher and student talk), make learning a new foreign language especially problematic. At school, communication is predominately language-related and not content-related and it is dominated by systematic instruction. Regular opportunities to use the language do not exist.

In English instruction at schools, students receive selected language materials, including authentic materials, according to what is deemed appropriate for a particular grade and the didactic aspects of the foreign language. The input, therefore, is much more limited than if the child was in a natural second language acquisition situation in a foreign country.

Nevertheless, benefits of systematically directed learning can also be seen. The language material is structured by selection and arrangement considering specific learning objectives, thus making it easier to enter the sequence of learning objectives into existing knowledge structures.

Error correction can contribute to giving up false hypotheses. Nevertheless, successful learning requires a supplement to the learning context through numerous contacts with the foreign language – at every grade level.

5. Multilingualism

The *Gemeinsame europäische Referenzrahmen für Sprachen* (Common European Framework of Reference for Languages) states bilingualism as the goal of the Council of Europe. The Council assumes multilingualism to be normal in many European societies, including Germany. All children here learn a first foreign language at school and many have a native language other than German.

One of the goals in the European Union is to enable everyone to acquire several languages at different levels of competency and thus provide young adults with solid private and professional future prospects in a united Europe.

In this context, learning several languages is by no means an excessive demand.

In fact, it is a particular advantage for children with a migration background, who are confronted with a third language if they are taught English at a German elementary school.

All perceived difficulties connected to learning an additional foreign language are countered by one fact which, experience shows, particularly motivates these children: In contrast to when they were learning German, they are starting out at a similar level of competency as their peers since German students also have no significant prior knowledge of English.

In addition, elementary language development is driven by listening comprehension in an almost entirely monolingual, often visually-based approach to teaching. Thus, the German language plays a minor role for primary school children whose native language is not German. For their sake, it is almost imperative for English instruction to be monolingual, so that deficits in immigrant children's knowledge of German do not have an impact on foreign language instruction.

In order to facilitate this additional language acquisition, it is necessary for bilingual immigrant children in kindergarten and primary school to be supported adequately and continuously in the first and second language.

If communicative competence is to be acquired in several languages, concentrating on supporting the German language only is not sufficient. Of course, the reverse is also true: German instruction must not be reduced to make more time for a foreign language.

III. General Institutional Conditions

The institutional regulations and specifications of the individual German states on foreign language learning in primary school differ conceptually and, therefore, also in how foreign language teaching is practised.

These differences first become evident when considering that, depending on state regulations, foreign language teaching is introduced at different grade levels and allocated a different amount of instruction time. Furthermore, there are different curricula, and regulatory frameworks in the individual states as well as different requirements and directions concerning the documentation of teaching and performance development.

The differences are also visible in numerous areas of teacher training, ranging from the initial course of study for primary school teachers to the corresponding further and continuing education options, in particular those aimed at developing language and methodical-didactic competencies of teachers who have not been trained in the foreign language.

The success of language learning depends on the duration and intensity of contact with the foreign language. The level of contact can be raised exponentially if the foreign language is used as a language of instruction for other subjects and fields of learning.

If early foreign language learning is to become "learning in two languages" as opposed to simply learning a foreign language, curricular and instructional frameworks, timetable and organisational issues and the basic training and continuing professional development of teachers must be taken into consideration, as well as in the school development plan and connected materials.

Those responsible for making these decisions are the education ministries and their school inspectorates, universities and teacher training colleges, professors responsible for designing courses of study, institutions for further and continuing professional development of teachers, as well as publishers.

1. Education and Framework Plans

Foreign language instruction in primary school follows the principle of content and language integrated learning. Opportunities to do this can be found in almost all subjects and areas of learning. Thus, there is also a need for standards for elementary schools to be defined at the level of the Conference of Ministers of Education and the Arts. These standards should be based on the *Common European Frame of Reference for Languages,* which forms the basis for all curricular specifications.

These stipulations draw on the latest research findings. In their goals, content and statements on assessment, they consider not only foreign language teaching, but also "learning in two languages" – using the foreign language as a language of instruction in other subjects.

An increase in foreign language contact time is both recommended and achievable. It should be scheduled so that the foreign language is used as often as possible in as many subjects and fields of learning as possible.

2. Teacher training

The use of the foreign language in other learning areas and subjects will only become a real possibility if in the 1st and 2nd phase of teacher training it is ensured that primary school teachers are in a position to use the foreign language when teaching their specialized subjects.

This requires a sufficiently high level of proficiency in the foreign language and a general aptitude for foreign language teaching in primary school. Adequate provision should be made for both of these in the study and training requirements for primary school teachers.

"Learning in two languages" is dependent on teachers acquiring further qualifications in this area.

Further training should also prepare teachers with additional responsibilities, for instance class teachers or teachers in charge of teacher training, to include the foreign language and their expertise in their teaching.

The additional qualification is aimed at both English teachers and subject teachers alike: It includes programs and measures to develop both foreign and subject language, as well as foreign language and subject-specific didactic competences.

3. School Programme

If the foreign language is integrated into as many fields of learning and subjects as possible, it is helpful to include it in the "Schools Development Plan", as well as the school's development programme.

Such a measure influences both the distribution of teaching posts as well as timetabling. It is also taken into consideration in the school budget and in the school's continuing professional development concept.

This way, the foreign language becomes an integrated part of school life and the physical organisation of the school building. Interdisciplinary projects, special school events, as well as the induction of new students, school festivals and the providing multilingual signs, displays and presentations implement this objective.

Bringing exchange students and foreign language assistants into school life is just as beneficial to teachers as taking part in continuing professional development courses, language courses at home and abroad and international projects.

Providing parents with detailed information on the "learning in two languages" concept facilitates acceptance and promotes its successful implementation.

4. Multimedia Equipment and Other Resources

Integrated foreign language instruction, at primary school supports the use of media and materials which facilitate the authentic and effective integration of language and subject-area content. The age of the children and their needs in terms of integrated learning, the requirements and goals of the foreign language and non-linguistic teaching areas, as well as the aspect of differentiation are taken into consideration.

If an authentic experience of the English language is to be achieved, sufficient consideration must be given to the foreign language in subject-specific materials in addition to suitable supplementary reading materials in the form of foreign language children's books, non-fiction books as well as fictionalized texts.

In addition to digital media, interactive whiteboards and the appropriately equipped foreign language classrooms promote foreign-language communication among students.

Bilingual education adds topics taken from other subjects to the current contents of English language teaching at elementary schools. It therefore presents a great opportunity to not only utilize language as a mere medium for communication, but to use it in various new contexts, particularly with reference to other subject areas.

Interesting subject-related topics challenge students: they are curious and eager to ask questions and seek answers. By learning about an issue, reasons for communication arise naturally, which reinforces the desire to communicate and therefore helps children overcome their shyness to participate in a conversation in the foreign language. Engaging in an exchange about a particular topic is extremely motivating and has the potential to enhance intellectual development.

The criteria for teaching English at elementary school also apply to introducing and working on subject-related topics. However, the topics as well as the linguistic means that are necessary to discuss them are different.

5. Setting of goals

Each subject and each field of learning contributes to the development and stimulation of competences that are necessary for students to understand and shape their everyday life independently. CLIL mainly pursues the specific goals of the respective subjects, which in turn are connected with the requirements of modern language teaching. To achieve these goals, students draw on the basic linguistic means they have acquired in foreign language teaching and add the necessary subject-specific vocabulary and linguistic tools.

Teaching a subject in a foreign language has reached its goal when students are capable of successfully fulfilling the requirements posed to them in the foreign language and have comprehended the central problems of the subject area. Focus on competence, which is aimed for in all areas of instruction at primary schools, demands the return to previously acquired competences to achieve the set goals.

Subject-specific instruction in the foreign language provides a good opportunity for achieving objectives in various fields of knowledge.

In the various areas relating to subject-specific topics, children can, for example:

- Obtain knowledge about different areas
- Solve various tasks
- Collect and sort facts and data
- Identify and study plants and animals
- Draw and compare images
- Take part in theatre performances

- Design and build models
- Develop plans and implement them
- Present results of group work
- Give and execute instructions in games
- Comply with rules

In the field of foreign language the well-known skills are enhanced:

- Listening comprehension, for example by understanding instructions and the content of the texts
- Speaking, for example through imitation, reproduction and production of words and sentences and guided reporting and description
- Reading comprehension, for example by finding information and understanding instructions from texts
- Writing, for example by labelling pictures or completing sentences
- Text mediation, for example by repeating instructions and text content in their native language.

In the field of learning strategies, pupils are trained how to:

- Use scientific and popular books
- Use dictionaries
- Use tools
- Fill in tables
- Take notes
- Assess and present what they have learned
- Manage their time
- Organise the process of finding solutions

6. Thematic Planning of Lessons

The choice of topics and content that are taught in primary schools is carried out in cooperation with teachers working at the respective level. Teachers should select topics that are particularly suitable for bilingual teaching and learning.

Suggestions for physical education:

- A new game - rules
- Body and movements
- My favourite sport
- A fitness programme – let's stretch, bend and shake
- The Olympic Games
- ...

Suggestions for general and country-specific lessons:

- Road safety
- Healthy and unhealthy food
- Animals in winter
- Growing plants
- The water cycle
- Sun, moon and stars
- Weather
- …

Suggestions for mathematics lessons:

- Calculating
- Measures (estimate and measure sizes, distances, length)
- Shapes
- Making cubes; spheres
- …

Suggestions for lessons on ethics/religious studies

- Families in different countries
- Festivities / holidays in different countries
- Me and my friends
- Friendship
- Feelings
- …

Suggestions for music lessons:

- Traditional children's songs
- Names and sounds of different instruments
- Musical comedies (Peter and the Wolf)
- Noises around us
- ….

Suggestions for art lessons:

- Theory of colour (mixing colours)
- Expression of feelings through colours
- Colours of the seasons
- Making figures/puppets using different materials
- ….

Bilingual education also discusses how the topic of the subject at hand and language training can be taught in the optimal ratio within the lesson. How intense can the study of the topic of the main subject be if the foreign language is used in the lesson? The answer to this question forms the basis for the concrete planning of the lesson. It also determines the amount and intensity of work on the chosen topic. Consequently the English language teacher or English-speaking subject teacher defines the objectives to be achieved at every teaching stage.

If the goals of a bilingual lesson include both English language goals and goals of the subject that is being studied, the following aspects should be considered while planning the lesson:

- linguistic and subject-related preconditions of the group
- linguistic requirements of the topic
- linguistic preparation and support necessary for subject-related communication
- possible need for limiting the topic or content
- individual considerations: Does the English teacher conduct the lesson about a certain topic, or will be the lecturer of the specialist subject conduct the lesson in the foreign language?

In addition practical aspects of the lesson such as allocation of time, use of media, the choice of form of teaching (e.g. Curcuit training or project work across subjects), the choice of teaching methods (e.g. storyline approach), design of the learning environment (learning scenarios) etc. are included in the preparatory planning.

Once agreements have been reached, they can be included in the planning of the current school year and in the school program. Evaluating the lesson is recommendable in order to draw conclusions for further procedures.

7. The Choice of Language in the Classroom

In bilingual teaching, pupils study the content of the subject - or a selection thereof - in their native as well as a foreign language. The decision about how prominent the foreign language should be is taken by the teacher. It depends upon the students' foreign language competency, in how far the topic can be dealt with in a foreign language and what kinds of teaching materials are available.

In the teaching segments where the foreign language is employed, the largely activity-based style of teaching is conducted predominantly in the target language by the teacher. Students should be allowed to choose themselves which language they would like to use in class. Under no circumstances should they be force to express themselves in the foreign language. In the course of the lessons, students will begin to use the foreign language ever more frequently in general and subject-related situations and will be encouraged to do so by the teacher.

As a rule, the teacher's expression should match the learners' level of language and be supported by the use of as much nonverbal assistance as possible (objects, images, video, facial expressions and gestures). This ensures active and meaningful participation of all students if, due to the requirements of the topic, the language usage of the teacher is slightly above the students' level of competency.

The use of the foreign language at various stages and phases of the lesson is to be carried out with the support of linguistic activities (scaffolding). This includes, for instance, reactivating previously acquired or providing new, relevant vocabulary items (chunks) and linguistic means that are necessary for the comprehension of instructions and the content of the lesson. Teachers may, if necessary, slow the speed of their speech and separate words from each other by means of breaks as well as repeat individual statements or reformulate them in order to achieve understanding due to the redundancy of the repeated content. None of these techniques should, however, reduce the quality of language used.

In addition to furthering listening comprehension, spoken production also has to be supported. To achieve that, missing elements are carefully whispered to the student, incomprehensible or inappropriate expressions are discretely corrected, and the foreign language translation of German elements is provided. As a rule, students are to be given enough time to express themselves in the foreign language. In order to be capable of expressing oneself in the foreign language, the teacher's encouragement to do just that is necessary.

The use of linguistic mediation can be useful to explain concepts, ensure understanding and provide general support in order to achieve a solid understanding of subject-related vocabulary as well as the content in both the mother tongue and the foreign language. At the same time, the competence of linguistic mediation is being developed in a meaningful context. By means of comparing foreign language concepts and concepts in one's mother tongue, the ground for reflection about language is prepared.

IV. Teaching Design

The lessons design is in line with the normal primary school principles, using methods appropriate for children and their age. The use of the foreign language to present and process new contents of a subject is done in such a way that the children, through the use of useful and appealing foreign language input, understand new contents and can process them. This also enhances their skills in using the foreign language.

Images and objects which support the explanation of procedures and storytelling also further comprehension of the contents as well as of the foreign language. Through practical activities such as experiments, handcraft work and creative tasks, the cognitive abilities of the children, their creativity and their enjoyment of discovering new things are enhanced.

The implementation of rituals and structures into teaching introduce or prepare foreign language phrases, create a relaxed atmosphere and gives the children security while they are learning. Suitable topic-related physical exercises, songs and rhymes make the teaching less formal and facilitate intercultural and holistic learning.

1. The Learning Environment

Creating a stimulating learning environment is particularly important. The respective topic (through posters, labelled objects, images, books, magazines, etc.) as well as language content (through word groups, posters with frequently used sentence parts, dictionaries, etc.) should be available in the classroom. Thus the learners can utilize linguistic means and visualizations as well as consult available materials and reference works.

Learning locations outside the classroom also support bilingual learning as they offer many different opportunities to engage in experience-oriented acquisition of knowledge and learning. Examples of this type of activity are cycling tests, exploration of particular areas (e.g. in the supermarket when talking about healthy food, in nature when discussing plants and animals), or excursions (a visit to the zoo or other sights).

Contact with native speakers can also enrich the lesson immensely. Exchange programmes with children from other countries, the use of the English language as a means of communicating about everyday and subject-specific topics are highly motivating. Guests not only bring variety into the classroom, but also the language and culture of their country, their specialist knowledge and their experiences.

2. Media

Due to the particular features of learning in two languages, a high level of clarity is essential for success. To this end, relevant media must be selected which do justice to the thematic and language requirements and are as authentic as possible. Objects, picture cards, (learning) posters and image dictionaries help to make the subject-specific content transparent. Books that explain the content vividly are highly recommended. In order to achieve clarity, very good use can be made of a great selection of attractive English language books with excellent content and language, for instance magazines such as *National Geographic.* Instructional videos in foreign languages, a large amount of material and lesson plans are available in specialist magazines and the Internet, but may sometimes need to be adapted. By now textbooks, too, offer suitable material.

The time consuming search for materials, selection of materials and their adaptation by the teacher is made easier if the school has set up a suitable archive of, for example, images, texts, worksheets with special terms in English and the native language, as well as explanatory material, texts and worksheets in two languages and with explanations. Materials and media must correspond to the aims of the topic and those of the foreign language as well as the learning requirements of the class.

3. Tasks and Social Forms

Subject specific instruction offers many opportunities to satisfy the children's need for practical activities. Activities such as experiments, handicraft, (mini) roll plays, dialogues and sketches help them comprehend the material and use the foreign language to discuss it.

Carefully prepared tasks for language (re-)production and suitable language support such as word banks and sentence parts support the student in explaining the topic in the foreign language both orally and in writing. In tasks where they are asked to match images and sentences, they describe processes and phenomena. They can write texts according to pre-set patterns or create minibooks on a particular topic in the foreign language. In addition to short oral presentations, they present their results as fact sheets, posters, mind maps, portfolios or in a digital format.

Cognitive tasks such as ordering, listing, sorting and creating graphics and tables require minimal use of language and are particularly suitable for learning in two languages. More complex language tasks such as comparing and problem solving can be done in groups of two, in which both make a contribution. They listen and produce language.

Tasks which facilitate the non-verbal reaction of the student (e.g. *total physical response*), facilitate an active and meaningful participation even if the required level of language competence is above the students' current proficiency.

Various forms of interaction between the students, such as working in groups of two or more, cooperative learning forms and projects provide many opportunities for acting in the foreign language in the subject matter. They can be approached, for example, through group puzzles, *Kugellager* or "think-pair-share". Essential for the successful use of these social forms is good preparation and language support for the communication between the students.

4. Assessing Learning Level, Promoting and Evaluating Learning

Clearly, the curriculum of each state as well as school-specific regulations have to be considered when setting and evaluating tasks in the assessment of learning levels.

Assessing the current level of competency in the respective subject area that has been taught in a foreign language is a particular challenge for teachers and students alike, because a solid balance must be found between the content and language aspects. It must be observed and noted to what extent the pupils have reached the aims set for both the subject and the language. Whether the focus is on the subject matter or the language depends on the objectives the teacher has set for bilingual teaching.

As a rule, only the content which has in fact been taught in the foreign language should be tested in the foreign language. It must be ensured that the completion of a task does not fail on account of not understanding the formulation of the task. Therefore, extra care must be taken in creating and formulating tasks for subject content assessment in the context of CLIL.

From the foreign language perspective, constructing tasks to assess the current competency must take into consideration the appropriate relationship of skills (listening comprehension, speaking, reading comprehension, writing, text comprehension) and language levels (pronunciation, vocabulary, grammatical structures, speech). The more skills and language levels involved, the more complex it is to complete a task. It is recommended to slowly raise the difficulty level of the tasks and to begin initially with a combination of one skill and one language level.

Completing a task can for instance be simplified by making the foreign language vocabulary items needed for labelling an object partially or entirely available on the worksheet. A clear example makes it easier for students to find the correct answer. It is advisable to set a number of independent tasks to avoid difficulties resulting from tasks which are based on one another.

In addition to the final result, the learning process should be included in assessing the level of competency. In order to do that, forms for recording the teacher's observation, portfolios or learning diaries (which are ideal for evaluation purposes) can be used. The advantage of the latter is that, by documenting what happens during the teaching process - through pictures, diagrams and short texts created by the pupil - and by including self-assessment (I can do that well / I must practice that / I have not yet understood that), learning diaries testify to both the progress in language learning and acquisition of subject-related knowledge.

Assessing the current level of knowledge gives the children feedback on what they have or have not yet learned. Feedback from the teacher always praises the work of the child, confirms progress and provides stimulation and motivation to continue learning.

The above assessment also indicates to the teacher in which areas a child needs further support. It may need help in subject-related content, in which case explanations in the mother tongue may need to be given, or in the foreign language, which can be improved through further exercises.

Feedback on the current level of knowledge may also lead to the realization that the planning and organisation of the tested subject module must undergo critical revision.

5. Dealing Wirth Language Errors

The use of a foreign language by the students is characterised by experimenting, trial and error and the relaxed mixing of native and foreign language, also referred to as *code switching* or *code mixing*. Errors are unavoidable. They are always part of the learning process. Therefore they must be dealt with carefully. Too many corrections limit spontaneity of expression and demotivate more than they help students. Supportive correcting is necessary when the statement of a pupil can be misunderstood or is wrong. Through verbal "hints" (whispering, filling in) the child is given the correct word or the better phrase which it then repeats immediately and - hopefully - memorises for future work. That way, progress in foreign language abilities is supported. "Intelligent mistakes" can often be an occasion for reflection about the language.

6. Differentiation

Children learn in many different ways. Teachers have known for some time that heterogeneous learning groups - and every group is heterogeneous - must be responded to through a differentiated approach to teaching in order to do justice to the different, individual strengths and weaknesses of the student.

This is true for both learning a foreign language and for subject-specific instruction. At first glance, learning in two languages, where a subject is taught in the foreign language, seems to double the problem of differentiation. On closer inspection, providing different tasks and offers by employing the commonly known forms of differentiation is equally possible when applying this teaching method. For instance there can be a differentiation along the lines of social forms, media and methods and quantity and quality.

Learning in two languages in particular means organizing the level of language and the subject content in different ways with regard to both the content and the language. Tasks can be set in a way in which students can tackle them according to their skills, learning style and interests. In addition, offering support for language through *scaffolding* - by means of which the content is made accessible to the child - affords space for differentiated approaches. Here the individual language requirements have to be taken into account. In code switching, the children decide themselves to what extent they can communicate in the foreign language or to which extent they need the school language - German - to express themselves.

There are several possibilities for learning in two languages to take into account the individual capabilities and inclinations of the child. A strong interest in a certain topic in itself is often learning motivation enough for a child, a fact which promotes the use of the foreign language. In addition, experience shows that approaching a known topic in a foreign language makes the matter particularly attractive for the children. Thus subject matter and foreign language supplement each other and create a willingness to learn as the strengths and weaknesses of the children are distributed differently and the teacher receives more clues regarding individualised offers.

V. Concluding remarks

To be able to organise teaching and learning processes in two languages requires highly skilled teachers. The basis for this is the readiness to pursue new ways of language acquisition with one's pupils in order to avoid blocking a later access to multilingualism simply because, as a rule, the implementation and institutionalisation of consensual knowledge is subordinated to the rules and bureaucratic half-life of the school system. In this case, waiting means acting against one's better knowledge.

The BIG circle firmly supports the courage to aid teachers in learning as they progress and profiting from a possible lack of experience or expertise. Developing alongside and through the children is exciting, valuable and yields great language gains. Well-directed training, continuing and further training must accompany this process.

Through learning in two languages, foreign language teaching gains new language and inter-cultural areas of activity and is led toward opening communication and away from the danger of methodical monotony caused by continually repeating the same rituals and approaches.

In particular, it is the special dynamics and flexibility through which learning in two languages enriches both foreign language acquisition and non-language related knowledge acquisition. It is not subjected to a rigid progression and depends entirely on the individual access of the learners, which should be laid as early as possible to guarantee continuity in lifelong language acquisition.

CLIL as a Tool of Cooperation and Change: a Case Study from Szeged, Hungary

Klára Szabó, HU

Abstract

In more recent views, language provision – traditionally considered in isolation from other school subjects – is to be considered from a more holistic and an increasingly practical point of view at all educational levels. Currently, the different types of bilingual education have become increasingly popular in many countries, satisfying the new needs that members of knowledge-based society have for multi-faceted and applicable language competencies – both in education and on the job market. This paper aims at underlining the significant role CLIL plays in bringing together people from different levels of education and from different areas of work and life; furthermore, it is also emphasized in it that CLIL serves as a major tool to enhance cooperation at all levels both within and outside our schools. This feature of CLIL is of utmost significance for all of us because, undoubtedly, cooperation is a key to success, not only in contemporary education, but also in all modern societies in the world of work and in people's personal lives, as well. This paper demonstrates the daily significance and practices of CLIL-enhanced cooperation through the example of a bilingual primary school in Szeged, Hungary.

1. Introduction

Historically, bilingual education – in its original form – was first introduced in geographical regions with mixed-ethnicity populations. When first occurring in basically monolingual communities, like Hungary, bilingualism was considered a unique practice and it was rather typical of private and/or elite education, designed for the socially advantaged. In public education, at first it was viewed as a purely experimental venture, a practice – although interesting and appealing in theory – but not suitable for general use.

This latter point is seen differently today. In most European countries, including Hungary, all activities, as well as research topics in the field of languages, applied linguistics, language education and language teacher training, have more recently been driven by the notion that the promotion of multilingualism and cultural diversity need to be prioritized in educational theory and practice, as well. These values are of crucial significance to the European economy, society, education and to the individual citizens of Europe. In the post-Bologna European educational system, new methods and new topics have emerged in school contexts, and, at the same time, bilingual teaching has been transferred into the realm of the generally-accessible public education.

When discussing CLIL in its various current contexts, first of all, it is important to note that it is an umbrella term – as it was adopted by the European

Network of Administrators, Researchers and Practitioners (EUROCLIC)[11] in the mid-1990s. The importance of the new term was, and still is, that it aims at creating a terminological equilibrium; it blends in both the language and the non-language elements of education, and integrates them by not giving priority to either component. As was explained by David Marsh, "The usage of this term allows us to consider the myriad variations.....without imposing restrictions .... It does not give emphasis to either language teaching or learning, or to content teaching and learning, but sees both as integral parts of the whole."[12]

Being an umbrella term, CLIL has both a vertical and a horizontal dimension: while it is an essential part of lifelong learning (verticality), it is an extremely broad concept (horizontality), incorporating a variety of different types. Consequently, CLIL concerns different institutions from different levels of education, institutions and organizations in and outside the official school system, and also concerns people who represent a wide variety of specializations; it is capable of smoothly blending a variety of traditional and "new" teaching materials and methods, representing both the world of languages and various non-language realms. Concluding from all the above features, it is evident that all participants in CLIL education need to be aware of the fact that CLIL calls for **cooperation** at all levels and also that both the teachers' and learners' creativity and ability to adapt and **change** are also among its basic requirements.

2. Bilingual Education in Hungary

One special feature of Hungarian bilingual education is (disregarding education in minority schools) that its emergence roughly coincided with the changing of the country's political system, in 1989. Secondary bilingual programmes were the first to appear in the country; they were launched as early as 1987, upon the decision of the Hungarian Ministry of Education. It is of emblematic significance that the first bilingual programmes in Hungary's primary schools were introduced two years later, in 1989, the year of political and social change. Unlike in secondary schools, primary bilingual programmes represented a bottom-up approach, i.e. they were initiated by parents and not by decision-makers.[13] Considering the examples of good practice in several of the country's bilingual primary schools, it was, eventually in 1997 that the Ministry of Education – aiming for transparency and

---

11 www.euroclic.net

12 Quoted in: Coyle, Do: Content and Language Integrated Learning. Motivating Learners and Teachers.
www. blocs.xtec.cat//clilpractiques1/files/2008/11/slrdoyle.pdf

13 For further data see: Kovács, Judit: *Primary Bilingual Programmes in Hungarian Public Education.* Eötvös Publishing House: 2006. p.158.

higher quality in this area - set up strict requirement criteria for primary bilingual education. At the time, in the academic year of 1996/97, only 9 primary schools offered bilingual programmes; since they were successful, within five years their number increased to 51.

Academic year	All primary schools in Hungary	Number of schools running bilingual programmes	Proportion
1996/97	3765	9	0.24%
2002/03	3421	51	1.49%

(Source: Statistics of the Ministry of Education. http://www.om.hu)[14]

When looking into the geographical location of these schools, one would expect that they would be all prestigious schools, located in upper-class districts of the Hungarian capital. Interestingly, Budapest had only 8 bilingual programmes in the academic year of 2002/03, all the other bilingual schools being located in different regions, sometimes in underprivileged areas. It is evident from the above that by reaching the general school population nationwide, bilingual education has been able to initiate a major change and offer many second-rank educational institutions the opportunity to raise educational standards and join the world of educational experimentation and higher quality.

3. A Case Study from Szeged

The **Imre Madách Hungarian-English Bilingual Primary School**[15] is in Szeged, an educational centre in southeast Hungary. This school was the first in Hungary, to implement a bilingual programme outside Budapest. The Hungarian-English bilingual programme was introduced at this school in 1992, only three years after the communist system (and the dominance of Russian, as the country's first foreign language) collapsed. The Imre Madách Hungarian-English Bilingual Primary School is the third largest school of this kind in the whole country.[16] Within the school population of 666 there are 325 bilingual students, taught by a teaching staff of 43.[17]

---

14 From Kovács, Judit: *Primary Bilingual Programmes in Hungarian Public Education*. Eötvös Publishing House: 2006. p.155.

15 See: www.madach-szeged.sulinet.hu

16 From Kovács, Judit: *Primary Bilingual Programmes in Hungarian Public Education*. Eötvös Publishing House: 2006. pp. 81-85.

17 See: Pedagogical Programme. Imre Madách Hungarian-English Bilingual Primary School. Compiled by Györgyi Ezumah, director

Founded in 1873, it is also one of the oldest educational institutions in Szeged and - owing to the openness and enthusiasm of staff and learners alike - it was ready to be adapted to a brand new model of education.

The Imre Madách Hungarian-English Bilingual Primary School serves as an example of good practice, a perfect case study to illustrate our initial starting point, that - among many other beneficial characteristics - CLIL serves as a major tool of cooperation and change. In order to prove this point, this paper will overview the school's activities and achievements from a variety of points of view. It will describe CLIL cooperation at international, national, local and school level. Eventually, it will consider the relatedness of CLIL and cooperative learning and describe how this feature is explored by both the teachers and the learners of this school.

3.1. Cooperation at International Level

Undoubtedly, language acquisition is facilitated most efficiently by exposing learners to real-life, language-learning experiences - through study visits, exchange programmes and international project work. Keeping this rule in mind, the school has been organising regular study visit programmes to London and, more recently, to Malta. One year, a group of bilingual students and their teachers go to Britain, the next they visit Malta. During these visits the children not only familiarise themselves with the sights of the host country, but they meet and bond with their foreign peers, become acquainted with host families, even go to school to brush up their English skills, learn about school life in a foreign country. Since they stay with families - they acquire first-hand experience and knowledge of the most important everyday aspects of education and family life in those countries. Thus, the visiting Hungarian children have plenty of opportunities for communication - both in and outside the host school. They are also asked to hold mini-presentations on Hungary, Szeged, their own school and topics of their personal interest. In the summer of 2011, 36 children and 5 accompanying teachers will pay a visit to and benefit from their stay at their English partner school.

It is not only foreign school experience that provides the pupils of this school with a real-life situation in which to practice their communication skills and be exposed to intercultural experience. The presence of foreign pupils and native teachers in the Hungarian classroom at their home school can also motivate Hungarian learners to use their language skills and content knowledge in natural and meaningful situations. With this aim in mind, the school continuously employs native teachers to help learners improve their communicative skills and expand their knowledge of the target culture. In addition, the school community also hosts student teachers from abroad with the aim of offering children more opportunities to try out their language skills and learn about other countries and cultures.

The quality of teaching materials is also a key to the success of CLIL. The school makes use of authentic teaching materials in the teaching of both language and 'content'. These materials include Bookworm publications, as well as the Happy series, published by Oxford University Press (Happy House, Happy Street and Happy Earth). All these materials are also used by the school's international partner schools in Malta, Denmark, Slovenia, Estonia and Greece. The Imre Madách Hungarian-English Bilingual Primary School is also part of an e-twinning partnership with a school in Ireland (Scoil Samhthann Ballinelee, County Longford, Ireland). Having participated in COMENIUS school partnerships with schools from Greece, Sweden, Slovenia and Estonia, they are now working on a new project application, together with schools from the Czech Republic, England, Poland and Spain.

3.2. Cooperation at National Level

The Imre Madách Hungarian-English Bilingual Primary School is linked to several multinational companies and organizations which are currently present in Hungary and in Szeged. The most popular "external" partners include Szeged Zoo, the local Police station, the Generali Insurance Company, Challenge Travel Agency, the Local Company for Environmental Management, the Hungarian Red Cross and CORA hypermarket. These companies play a significant role in school life and contribute to the success of CLIL. In addition to regularly offering children a glimpse into the world of work during regular field trips, many of these companies, due to globalisation, employ foreigners, as well, who send their school-age children to Szeged's Hungarian-English bilingual school. By teaching the children of foreigners who live and work in Hungary's southeastern region, the bilingual classes at Imre Madách Hungarian-English Bilingual Primary School have become mixed classrooms, with mixed language groups, and this linguistic and cultural diversity of the school's classrooms is highly motivating and extremely beneficial for all learners: it is a real treasure-box to explore CLIL.

Very importantly, the school is also associated to KIE, a national organization, the Association for Bilingual Schools in Hungary. In addition to the fact that the school's administrators and teachers regularly attend meetings, workshops and conferences, KIE membership has also made it possible to share CLIL-related teaching materials and experiences. It is also worth noting that Association members represent different sectors of the Hungarian educational system: they are from primary, secondary and higher education, even teacher training, so, by working in close cooperation with the Association, a broad CLIL network for cooperation has been created.

3.3. Cooperation at Local Level

Szeged, with its student population of around 30,000, is also called a city of schools and students. The University of Szeged has 12 faculties, several of which offer full degree programs, several modules, or, at least some individual CLIL courses in foreign languages - most often in English. It is primarily the bilingual schools that are capable of preparing learners for the challenge of taking their university courses and passing their examinations in an L2 - again, most often in English. The University Faculty of Education is in charge of an English-language second-degree programme at Master's level, which prepares teachers of a variety of school subjects to teach their areas in English. The Imre Madách Hungarian-English Bilingual Primary School serves as a laboratory school for this programme by offering students the opportunity to observe and teach bilingual classes, and also by providing student teachers with mentoring services.

There is cooperation in place at lower educational levels, as well. The Imre Madách Hungarian-English Bilingual Primary School serves as a threshold to higher-level (secondary) bilingual education. In Szeged, it is the Ferenc Deák Bilingual Secondary School that primarily prepares its students for future CLIL courses at the university, by teaching history, maths, biology and chemistry in English.

Consequently, bilingual teaching is present at all levels of education in Szeged, and bilingual institutions not only rely on each other for students but also closely cooperate in the areas of teaching aims, requirements, methods and materials.

In the Imre Madách Hungarian-English Bilingual Primary School a broad range of school subjects is taught in English in order to offer learners the best possible chances for their further bilingual studies. In lower grades, it is the practical classes, like Art and PE, which are conducted in English. More communicative classes - like history and environmental studies - are taught in English beginning in the 5th grade, continuing with biology and geography from the 7th grade, thus ensuring a smooth transition for learners from primary to secondary bilingual education.

To summarize, it can be stated that through cooperation between bilingual institutions in primary, secondary and higher education, primary CLIL is able to teach the basic specialist vocabulary, provide learners with those general and special language skills, and teach them the necessary cultural background, all of which are absolutely necessary for them to carry on their studies in CLIL groups in secondary or in higher education - ideally even in schools abroad. Every academic year, about 50% of school leavers from the school's bilingual classes their studies in Szeged's bilingual secondary school, Ferenc Deák Hungarian-English Bilingual Secondary School.

3.4. Cooperation at School Level

The most visible areas of cooperation at school level are materials writing, and cooperative work and projects undertaken within the framework of teams of CLIL teachers consisting of lower-grade classroom teachers, upper-grade subject teachers and language teachers. Due to the lack of bilingual teaching materials for the youngest learners, the school's lower-primary teachers, art and language teachers have, for many years, been collaborating on developing a series of activity books and worksheets for first graders.

Classroom teachers, subject teachers and language teachers have regular meetings - both formally and informally - to discuss CLIL-related tasks, problems and achievements. They have brought together, and jointly operate, a Teacher's Resource Centre, as well. Each item in it has written notes on how to use that particular material efficiently in the classroom.

3.5. Cooperative Learning and CLIL

Classroom diversity - one of the basic features of CLIL teaching - easily lends itself to the application of cooperative learning strategies. CLIL teachers often use creative tasks and methods of cooperative learning. Within the framework of cooperative learning, students use a variety of learning activities to improve not only their language, but also to enhance their understanding of the "content" part of the subject in question. In these small groups - so typical of CLIL classes - each member is responsible not only for himself or herself, but also for the whole group, and for the achievement of each individual group member. In addition, CLIL is, basically, learning by doing: and many tasks may be fulfilled in a cooperative classroom, including writing tasks, research tasks, doing projects and reporting learning problems and learning outcomes. It is also noteworthy that through cooperation within the group, students' social skills will also improve and their skills in oral communication (including language skills and subject knowledge) will develop proportionately and naturally. Learners have the opportunity to acquire different roles while performing cooperative tasks, including the role of group leader, reporter and checker. They are taught and have the possibility to improve their leadership, communication, decision-making and conflict-management skills. In the cooperative classroom, cooperation means cooperation at various levels: cooperation between individual group members, cooperation between individual groups within the class, cooperation and interaction between the teacher as facilitator and the class/the groups/the individual learners.

In most CLIL classrooms, learners are engaged in pair- or small-group work - especially when a new CLIL topic is introduced, practised or expanded. The most successful examples of cooperative learning the learners of the Imre Madách Hungarian-English Bilingual Primary School's bilingual classes were engaged in, included a number of drama performances, storytelling events, preparing and exhibiting posters which highlighted environmental issues, and designing T-shirt logos to promote environmental protection. All these activities were not only calling for learner-learner and learner-teacher cooperation, but they successfully integrated language and content, provided the necessary cross-cultural input and -at the same time - placed the acquired language, content and cultural information into meaningful, practice-based context.

4. Conclusion

As we have seen through the example of the Imre Madách Hungarian-English Bilingual Primary School in Szeged, Hungary, CLIL can only be successfully applied if its everyday practice is built on cooperation at all levels. If progressed continually and properly, as exemplified by this school, through international, national and school-level networks and systematic cooperation, CLIL can and will become a true catalyst for change: it will educate and prepare children for lifelong learning, meaningful and creative work, promote intercultural understanding, and, at the same time, it makes younger and more mature learners alike become aware of and learn to control their own learning and understanding.

Bibliography

Coyle, Do: Content and Language Integrated Learning. Motivating Learners and Teachers.
www.blocs.xtec.cat//clilpractiques1/files/2008/11slrdoyle.pdf

Ezumah, Györgyi: Pedagogical Programme: Imre Madách Hungarian-English Bilingual Primary School. Szeged: 2005.

Kovács, Judit: Primary Bilingual Programmes in Hungarian Public Education. Eötvös Publishing House: 2006.

Marsh, David: CLIL Milestones supported by the European Commission. Online: http://www.clilcompendium.com/miles.htm

Slibar, Neva: Synthesis Report. http://www.fu-berlin.de/tnp3

Szabó, Klára: On Modular Teaching and CLIL: the Benefits for Young Learners. In: Acta Technica Napocensis. Series for Languages for Specific Purposes. Vol. 7. Nr. 1-2.

Cluj-Napoca: 2007?

Websites consulted:
www.euroclic.net, www.eurydice.org,
www.om.hu, www.madach.sulinet.hu

Template for an Example of good practice (MOLAN Network)
CASE STUDY KECSKEMÉTI REFORMÁTUS ÁLTALÁNOS ISKOLA, HUNGARY

Ildiko Szabo, HU

Abstract
Working from the basis of a study of good practice in a Primary school in Kecskemet, the article gives broad insights into Primary L2 practice in Hungary and shows how the introduction and implementation of CLIL approaches have contributed to progress and advancement. The first section gives an overview of the school project whereby the paper concludes with the broader implications of such initiatives.

1. Description of the Good Practice Case

1.1 Scope of the initiative

- The initiative is undertaken at local level.
- Target group: primary students of grades 1-4 (6-10 year old)
- The project involved cooperation with the University of Amsterdam. The University asked us to become one of its practice institutions where graduate students can do their final teaching practice. Since the graduate students were involved in teaching CLIL, they were looking for schools abroad, where an L2 could be the language used in other subject lessons. Two graduate students of University of Amsterdam have completed their practice in our school, mainly in lower primary classes (6-10 year old).
- CLIL was also the focus of an Erasmus programme, CulTiFoLa. The school was asked by Gáspár Károli University (the Hungarian partner of the programme) to function as the practice school for the international students involved in the programme.
- The initiative is broadened and now teachers of the schools are involved as well. A teaching material has also been developed.
- An exchange programme for teachers and students is to be launced next year.

1.2 Range of languages studied

- Language(s) covered: English and German.
- The free choice of languages is guaranteed. However, it can be influenced by the availability of teaching staff. English is much more popular than German. If a student hesitates or is not determined to learn English,

we try to persuade him/her to learn German. In this way choice of language may be influenced in some cases.

1.3 Learning outcomes

- A 'real' motivation for students to learn an L2 has been achieved by creating an authentic communicative demand.
- Communicative competences have been developed. Students' listening skills have improved, their oral competence is better; they are more willing to initiate communication in an L2.
- There is no written input during the project. The focus is on improving communication skills. Students are encouraged to talk, use the language in spoken language. Their mistakes are not corrected all the time. In this way a peaceful, relaxed learning atmosphere has been created which promotes students' self-concept as a learner.
- The language learning process is connected to other, more general learning processes like
  - cooperative learning
  - working with peers
  - making projects
  - learning to learn strategies
  - achieving intercultural awareness

1.4 Practical realisation

- Specific structure of the initiative: a group of teachers; the initiative is not officially monitored.
- Project aim: to improve students' competences in an L2, create and maintain their motivation to learn languages.
- The project is outside the official curriculum. Students of 6-10 years, have a 15-minute lesson in L2 every day, usually in the afternoon, in their free time. Their attendance is voluntary, but everybody has equal chances to be present in the lessons. There is no formal assessment. Students do not write or read in the L2 during these lessons. There are modules that are close to their interests (family, animals, colours, home, weather and seasons, holidays, sports, clothes) and students recite rhymes, sing songs, do craftwork activities connected to the module. There are, of course, references to their subjects and material already covered (e.g. they practice numbers they have learnt in Maths) in these language lessons. The language lessons have a separate corner in the classroom; without a formal seating arrangement. There is a carpet where students can sit. Their projects, drawings etc. are displayed on the classroom noticeboard.

- In Hungary an L2 as a subject in introduced in year 4. The project goes along in that year with the official national curriculum. The afternoon classes are related to the topics, modules of the official lessons that are in the morning. Students are not assessed in that lesson.
- Extra pedagogical and financial support is given to programme in the school. Since students are put into small groups (not based on their achivement, usually following alphabetical order), an extra teacher is provided to take care of the others. Teachers are paid for these lessons; plus those who start further studies to be qualified for this job, are also supported.
- An exchange programme for teachers and students with a school in Ireland is to be launced next year.
- Specific structure of the intititave: □ the project was inititated by the University of Amsterdam; then 3 teachers started to introduce it in the school, one of them is a lecturer at Kecskemét Teacher Training College. Through the constant presence of a researcher, a close interaction with international trends in teaching L2 has been created. □CulTiFoLa and Pri-Sec-Co are the EU-programmes in which our project was featured as a good practice example. Now 13 teachers (one third of the staff) are involved in the project teaching English/German. The initiative is so popular and has such a high prestige that more and more teachers want to work in it.

2. Background to the Initiative

2.1 Context

The traditions of language learning at primary and secondary level - the languages most frequently taught, approaches to language learning

According to a recent survey (*Europeans and their Languages, 2006*), 24% of European citizens acquired their first L2 in primary education, 59% of them in secondary, 17% in vocational education. In Hungary 34% of citizens acquired their first L2 in primary, 45% in secondary and 8% in vocational schools. The data suggests that in Hungary L2 teaching and learning is very influential and important in primary education.

In the second half of the 1990s, several research projects showed that a new, varied language teaching system had developed in Hungary, ensuring several ways of learning an L2. In 2000 a survey showed that L2 competences in those grades (6th, 8th and 10th grades) that are to be assessed according to the law, met the reqiurements, standards and aims defined in the National Curriculum. This fact proves that language teaching in primary education in Hungary is efficient.

There are great individual differences in L2 competences. One of them is the difference in achievements in different languages. Since the language to be learned is not stipulated, students and their parents can choose the language they want to learn. Hungary meets the EU recommendation to provide a wide selection of languages in primary education. Students can choose to learn English, German, French, Latin, Italian and Russian in primary schools. However, this variety is guaranteed only in larger towns. In most schools English and German are taught, and these are the languages students can choose from. As a conclusion, in Hungary at the moment the free choice of languages means the choice between English and German. More than half of the students in primary schools decide to learn English.

Analysing the motivating factors for choosing one language or the other, in primary education many times the choice is not voluntary or conscious. About half of the students in primary schools do not learn the language they want to, but the one that is offered by the school. If there is no teacher to teach that language or there are not enough students choosing that language to form a group, students have to learn another language. The more educated students' parents are, the more conscious their language choice is. Moreover, there are great differences in the circumstances of language learning depending on the choice of language. Students learn English for a longer period of time, in higher numbers of lessons and they are much more motivated than those who learn (or have to learn) German. This difference can also be noticed in students' achievements. 65% of students learning German did not choose this language voluntarily. Since English has higher prestige among students, those who choose this language are usually the higher achievers. Therefore, they are the ones who continue their studies in more prestigous secondary schools, in the secondary grammar schools. As a summary we can state that students with better socio-cultural background can choose the language they want to learn (and it is English) and they are more likely to continue their studies in more qualified secondary schools. This fact also raises the question of equal chances in language learning.

Motivating factors in language learning tend to become practical and related to professional mobility; whereas intrinsic motivation (getting to know other cultures and nations) is descreasing. In Hungary students in the last grade of primary education (grade 8) prove to be highly motivated.

The attitudes and degree of openness of the community to language learning, and / or to the learning of particular languages

Although an L2 as a subject is introduced in primary schools in the 4th grade (age of 10), early language learning is becoming a priority. The number of students taking part in early languae learning has increased by 10-15% in the last 20 years, and now about one third of students in grades 1-2, and more than half of them in grade 3 learn one L2 at school. (A second L2 is learnt only by 1-2% of students in lower, and 5-7% in upper primary section. It means that only the most outstanding students with motivated parents learn two languages in primary schools.) The Ministry of Education clearly defines the aim of early language teaching: besides improving comprehension and speaking skills the most important aspect is to develop a positive attitude towards learning a language. Mainly well-educated parents insist on their children's early language learning. Although we would expect a correlation between the facility of early language learning and the type of the settlement, there is no big difference between towns and villages in this aspect. In Budapest, the capital, 62% of children learn a language in grades 1-3, in small towns this rate is 50%, in villages 43%. The reason why small settlements and schools introduce foreign language as a subject in the 1st grade is that they want to keep these students and be chosen by the parents instead of a school in a bigger town

As early foreign language teaching is becoming more and more popular and wide-spread, those who are excluded get into a disadvantageous situation. This group of students mainly live in small settlements and their number is 40% of this population.

Based on the above-mentioned facts, the length of the period of foreign language learning is also very varied. As a conclusion, we can state that in primary education most students learn one L2 for a longer period than the one described by the National Curriculum. This favourable situtation is due to the fact that schools want to meet parents' needs who want their children to start learning a language as soon as possible. It also includes extra financial support from local municipalities and schools. According to the law a student has to have 984 language lessons during those nine years of compulsory L2 learning. In practice, most students have more lessons than this number. This number is much higher than in most EU countries. However, the Hungarian students' achievement is not better than the ones in other EU countries. This fact shows that classroom work is not efficient enough in Hungary. Some research has shown that in primary schools teacher-centred work dominates; rarely do we see group or pair work activites. Very often, the grammar-translation method and drilling exercises (reading aloud, translation, grammar exercises) are more relevant than watching videos, acting out situations or communicative activities. The situation is slightly better in English lessons where usually all the five skills are developed; in Geramn lessons it is not the case. Primary school students do not use the target language in a language lesson only during the classroom activities.

A special feature of Hungarian laguage teaching is that students are put into groups. Students with similar achievement form a group. Usually groups of better students have more lessons in the language. It leads to the development that the better ones improve, and those with originally lower achievements are neglected.

Although there is a legal background now to ease the transition between lower and upper primary grades, nothing like this can be seen between primary and secondary education. In Hungary students can continue their studies in eight-grade or six-grade secondary schools as well, which means that they start a new type of school at the age of 10 or 12. In these cases students have to meet the challenge of totally different teaching methods and learning atmosphere. Teachers in secondary schools tend to ignore what and how students learn in primary schools. This tendency also can be noticed in four-grade secondary schools. About two-third of students restart learning the language they have learnt in primary schools in secondary schools. Most of the students have claimed that the level is too low in secondary schools comparing it to their previously acquired knowledge. There is a lack of continuity in L2 teaching methods and programmes in secondary schools. Although students learn the language for 5-8 years when they enter secondary schools, many complain that they have to start from the beginning.

Even the marks students attain prove that secondary schools do not take students' previous knowledge into consideration. Students usually tend to get lower marks in every subject in the first term in secondary schools than they did in primary schools. The only exception is in L2 classes. This fact shows that secondary schools introduce the language from a starter level, and do not build on the primary achievements.

2.2 The strategic goals of the initiative

1. The initiative is undertaken at the level of our lower primary section partly to promote early language learning and to boost language learning in general.
2. The initiative originally aimed at implementing new learning strategies, especially CLIL. That was the method the University of Amsterdam asked us to implement and allow their students to practice. The more general aim was to implement early language learning and applying new learning approaches (cross-curricular actvities, competence-based teaching).
3. Development of general communicative skills in the L2;
4. Promoting language competences; especially oral skills, communicative competences.
5. Motivating pupils and teachers to undertake further language learning, whether in-depth learning of a known language or the learning of a new language

II. Cultural openness (CulTiFoLa)

6. Development of pupils' autonomy with a view to lifelong language learning

7. The initiative is undertaken at the level of our lower primary section partly to promote early language learning and to boost language learning in general.
8. The initiative originally aimed at implementing new learning strategies, especially CLIL. That was the method the University of Amsterdam asked us to implement and allow their students to practice. The more general aim was to implement early language learning and applying new learning approaches (cross-curricular actvities, competence-based teaching).
9. Development of general communicative skills in the L2;
10. Promoting language competences; especially oral skills, communicative competences.
11. Motivating pupils and teachers to undertake further language learning, whether in-depth learning of a known language or the learning of a new language

3. Success Indicators

- The initiative has proved to be successful since the intensity of learning L2 has inreased.
- The number of students involved has been increasing year by year.
- Better test results;
- Enhanced classroom interaction; students are much more willing to use L2 inside and outside the classroom (e.g. more and more student find pen-friends in other countries).
- Since students are becoming familiar with an L2 earlier than before the initiative, their previous knowledge is wider when the L2 is introduced as a subject. Therefore we were able to adopt a more demanding course book; students meet higher requirements in language lessons.
- A new type of formal assessment is initiated as well. In the upper primary section year exam is introduced. The structure of the exam follows the one of ECL exams. In the exam students are asked to give a short description of a picture, then talk about the topic the picture reminds them of. Their assessment is based on CEFR criteria. The achievement of those who were already involved in the project in their lower primary years is higher than the ones who had been not.
- The number of subscriptions to magazines in L2 has increased
- The sustainability of the initiative: in September bilingual classes are to be introduced for the incoming first year students. A new curriculum is written based on the results of the initiative.

4. Success Factors

- Strong institutional support for the language
- The pedagogical skills and motivation of the language teaching staff; teachers are committed to the success of the intiative and highly motivated. They regulary do take part in training courses on the most recent expectations in teaching L2 (e.g. creative thinking).
- The range of learning possibilities on offer has increased: self-study facilities are provided in the library where readers, picture dictionaries, stories in L2 can be found. Their purchase has been financed by the school. Students like these books and read extra-curricular materials in their free-time.
- The continuity of the initiative.

5. Lessons to be Learned

5.1 Lessons to be learned at institutional level

Introducing early language teaching was a good decision. The number of applicants to the school has increased since there is such a high demand for learning an L2 in Hungary. Both students and the teaching staff value the inititave. However, we have to look for a better timing for the project. Our experience shows that morning slots are more effective than afternoon slots. Therefore we intend to shift them and incorporate them into students' lessons in the morning. It means that 15-minute sessions are included in Maths, Science, Art and PE lessons in L2. This change requires a higher number of qualified teachers.

5.2 Broader implications

Our intitative is a good example of an informal way of language teaching. As we know, young students are highly motivated to learn, and we take advantage of this fact. By creating a relaxed learning atmosphere, we make students confident in L2. They are not made aware of the fact that they learn; they seem to pick up the language without realising it. No direct teaching of grammar or vocabulary is involved. The teaching material (songs, rhymes, TPR activites) meet the interests of this age group. Since they like playing with their peers, we let them do it in the L2. They are very creative, so they can draw, cut and stick, colour following instructions in L2. This way the students'motivation for learning an L2 is enhanced.

As a result of my participation in the project, language teaching has really become an issue in the primary school described in the report. A year after this report had been written, bilingual education was introduced in that school. I think this is a qualitative result. We started to teach art, music, PE in English (so instead of teaching the language we teach something else in the language). This initiative is so successful that this school has become the largest one in the town (which is a county capital and the 7th biggest town in Hungary), and the school has officially become a bilingual school. This position means higher funding by the state and needed a legal procedure. Students involved in this education are highly motivated, parents compete for the places. This increase in the number of students required staff recruitment. I have also been able to arouse greater interest in the topic amongst my tertiary students and four of them applied for Erasmus grants, spent a term in Austria and Ireland visiting schools there and looking for good practice examples. Now there are teachers in this bilingual project who have had experience in teaching a bilingual school in Krems, Austria and are familiar with CLIL methodologies. The initiative started in September, 2009, so we are in the second year.

Because of the good reputation of the initiative, two other schools have also started a similar programme. I do know that three more are planning to introduce it, since they have inquired about the structure of our bilingual education and have asked for the documents to become familiar with its content.

We also have trainees from teacher training colleges and Erasmus students who can observe these lessons. Maybe by them and through them further impact can be reached.

Primary CLIL in Slovakia: Developments - Experiences - Case Studies - (2005-2010)

Zdenka Gadušová and Silvia Pokrivčáková, SK

Abstract

The article gives insights into CLIL in the setting of innovations within Slovak education. The paper provides an overview of existing CLIL practice in Slovakia and steps to development through E.U. and national projects and also describes dissemination through conferences, publications, teaching handbooks and teacher education.

1. Introduction

Language teaching is **the** theme that has not lost its topicality in Slovakia. There is unusual agreement in that L2 education is considered a priority among parents, pupils/students, as well as teachers, school managements and school legislation bodies. The aim of all stakeholders is to ensure that students and adult participants of lifelong education courses learn languages in the fastest possible way and without unnecessary stress. The result of this joint effort is the development and application of many innovative and reforming teaching methods and approaches. The issue has been given much attention at national levels of all EU member states as well as in international context. Even though individual national or group "strategies" of dealing with the issue differ, it may be said that the approaches based on pupil/tutor (*learner-centred approaches*), observing the requirement of the pupil/tutor personal autonomy are a common denominator for all of them. From these many expectations are associated with the method of the integrated teaching of both subject and language - CLIL (*content language integrated learning*), which was recommended by the European bodies as the most appropriate method of language education and of the development of European plurilinguism already in 1995 (in the document *The White Paper: "Teaching and Learning - Towards the Learning Society"*, 1995), and repeatedly in 2003 in the Action Plan for 2004-2006. Integrated approaches to language teaching - including CLIL - are a result of more than a hundred years´ evolution of various approaches, methodologies and methods, through which humankind has been trying to reach the objective of a fast and effective language acquisition. The development was progressing from methodologies putting the teacher and their aims at the centre (teacher-centred methodologies), with a slight digression to materialistic methodologies aimed at the amount of studied material (content-centred methodologies), through methodologies stressing the pupil and their needs (learner-centred methodology), to integrated approaches attempting to choose the best features from the mentioned approaches, and thus to create a new, more functional and humanistic approach.

As for the general context, CLIL brings revolutionary changes to an existing educational system. It creates space for an introduction of innovative procedures, which, in turn, provoke resistance from some conservative stakeholders. However, there is no question about CLIL and the fact that nowadays it represents the most effective preparation of graduates to meet the requirements of the multilingual European labour market as well as international study opportunities. Therefore this methodology has been given its space in the current concept of language teaching in Slovakia (Koncepcia vyučovania cudzích jazykov v základných a stredných školách. Bratislava: MŠ SR a ŠPÚ, 2007).

The concept of CLIL thus covers all forms of teaching academic, artistic, technical and vocational subjects teaching through a language which is not the mother tongue for most pupils, i.e. the teaching of subject content (e. g. mathematics) is integrated within the teaching of a (working) language (for a detailed description and concrete examples of analyses, see Pokrivčáková, 2007, 2008).

The confirmed didactic positives of CLIL in language teaching may be summarised as follows:

- pupils are involved in contextualised tasks;
- they use the L2 in meaningful communication and in natural conditions (they really communicate, they do not use language in artificially elicited situations);
- primary attention of pupils is focused on the content of communication, not on the language which they want to use for communication (this significantly removes pupils´ fear of errors), which brings them closer to real life conditions of communication;
- application of integrated approaches requires that pupils must use their life and school experience (including interdisciplinary knowledge);
- intensive development of other than just the language communication competences (intercultural, aesthetic, etc.).

In Slovakia those pre-school institutions, primary schools as well as lower secondary schools which have applied CLIL as an L2 teaching method, use so-called immersion CLIL programme. The first language of education is the pupils´ mother tongue, whilst an L2 is used only in some lessons, for teaching some topics or some subjects.

Johnson and Swain (1997) define immersion programmes as follows:

- The L2 is a medium of instruction.
- The immersion curriculum parallels the local L1 curriculum.

- Overt support exists for the L1.
- The program aims for additive bilingualism.
- Exposure to the L2 is largely confined to the classroom.
- Students enter the programme with similar (and limited) levels of L2 proficiency.
- The teachers are bilingual.
- The classroom culture is that of the local L1 community.

Here the emphasis is placed on the development of mother tongue and culture, L2 language in this case having a function of secondary, added, additional, developing language. The aim of the immersion type of teaching is preparation for an additive programme.

The additive programme of language teaching through CLIL is aimed at teaching a language, but without endangering the dominant position of the mother tongue. The objective of the additive programme is to educate a bilingual person who can communicate in two (or several) languages fluently and in various communication situations, being always aware of their linguistic and cultural belonging.

The subtractive programme of language teaching through CLIL, i.e. the case when the working language is used at the expense of the mother tongue and national cultural values remain unnoticed (but they are not suppressed), is not carried out in Slovak state run schools.

2. Projects

Most of the activities aimed at introduction, establishment and development of CLIL methodology at Slovak schools were organized and carried out within numerous projects funded either by the Slovak Ministry of Education, Research and Sport or from the European Union funds. Here we introduce the selection of them which have had the most significant impact on the teaching practice at Slovak schools.

Activities of Comenius *1.1 Project: Primary CLIL* (2005-2007) were based on cooperation of primary schools from 8 countries: Germany, Italy, Latvia, Lithuania, Poland, Slovakia, Spain, and Romania. The outcomes of the project included professional development courses for in-service teachers, CLIL-based methodology courses and workshops for pre-service teachers, teacher conferences, and final DVD "CLIL Collage" documenting the most significant activities developed during the three years of the project life. In the published reports and papers project partners reflected on the outcomes of the project regarding the quality of the schools involvement, the teaching units and materials produced, new skills acquired by the project participants and the evaluation of linguistic and content outcomes. As pupils were involved in the evaluation process through self-assessment tools, the teachers from the partner schools (under the supervision of researchers from Daugavpils University, Latvia, Warsaw University, Poland, and Constantine the Philosopher University, Slovakia verified the the number of benefits of the CLIL methodology and teaching tools used. It was proved that „the pupils:

- acquired better knowledge of the topics included;
- asked more questions during the lessons;
- were more active and motivated;
- improved their knowledge of the partner countries culture;
- became aware of the variety of European languages;
- were actively involved in the project planning process;
- developed collaborative skills;
- improved the four language skills;
- spoke more often in the language in the classroom;
- were willing to communicate and exchange materials with the partner schools;
- were able to compare the data from the partner schools through finding similarities and differences;
- were more confident in the use of new technologies."

(Final Report, Comenius 1.1 Project: Primary CLIL, 2007).

The main objectives of the two research projects funded by the Slovak Ministry of Education, Research and Sport - KEGA 3/3036/05 ***Innovations in Training of Foreign Language Teachers: CLIL and LLIL*** (2005-2007) *and* KEGA 3/6308/08 ***Content Reform and Modernisation of Teaching Foreign Languages in Primary and Secondary Schools: Creating Conditions for Effective Application of the CLIL Methodology*** (2008-2010) included provision of teachers with the updated information on recent trends and procedures as well as development of teaching materials which have proved as an inevitable starting point for efficient implementation of CLIL methodology at Slovak primary and secondary schools and publishing a set of scholarly works and teaching handbooks for language teachers and trainee teachers aimed at theoretical and practical aspects of the CLIL methodology. Both projects were evaluated and certified by the Slovak Ministry of Education as the ones completed with excellent results.

The outcomes of the above mentioned projects have been further developed by the activities of the project KEGA 094-024UKF-4/2010 ***Integration of foreign language teaching methodology CA-CLIL into continuous teacher development at secondary vocational schools*** (2010-2011) which verifies efficiency of combining CLIL methodology with CALL approach.

In order to ensure the quality of teaching techniques and procedures as well as the newly developed teaching materials for the CLIL methodology, we welcomed an opportunity to join the project of experimental verification of the CLIL methodology under the name ***Didactic Efficiency of the CLIL Methodology at Primary Schools in Teaching Foreign Languages***, which was approved by the Ministry of Education of the Slovak Republic on 20 May 2008 under the number CD-2008-9077 (for more see Menzlová, Farkašová, Pokrivčáková, 2008).

Experimental schools: 14 primary and lower secondary schools (i.e. pupils aged 6-15) entered the project

The verification of the experimental introduction of CLIL into the first grade of primary schools for all pupils was based on the functions of language as a means not only of communication, but also of knowledge and thinking. This verification should define suitable ways for the application of an L2 into subject teaching, find suitable contents, prove its influence on pupils´ motivation and learning outcomes, design and develop teaching and didactic materials for languages – English, German, Russian and French (potentially, based on conditions, also Spanish and Italian). Another objective is to help pupils become aware of the importance of an L2 as a communication device and, at the same time, of its cognitive function, which will support the importance of interdisciplinary relations in the educational process.

The main objectives of the experimental verification were defined as follows:

- to increase the motivation of students to study languages as well as other subjects,
- to increase the quality of primary school pupils´ language skills in ordinary classes,
- to increase the motivation of teachers, to increase cooperation of teachers at the school,
- to improve interdisciplinary communication and strengthen interdisciplinary relations,
- to establish new contacts with schools abroad as well as with other schools in Slovakia,
- to involve other pupils, through integration of teaching contents, into contextualised tasks, to allow them to use language meaningfully and in real life conditions,
- to increase number of lessons for a language without having to increase the number of lessons allocated to teaching a language as a subject (L2 within other subjects),
- to acquire intercultural knowledge and ensure links with other subjects,

- in agreement with ITV principles to facilitate the integration of all senses and various teaching styles into language teaching.

The team responsible for the experimental verification formulated the following hypotheses:

1. We expect that at the end of the 4th grade pupils from experimental classes will achieve a higher score in motivation than the control group pupils.
2. We expect that at the end of the 2nd grade pupils from experimental classes will achieve better results in listening comprehension skill than the control group pupils.
3. We expect that at the end of the 4th grade pupils from experimental classes will achieve better results in all communication skills (listening comprehension, reading comprehension, speaking and writing) than the control group pupils.
4. We expect that at the end of the 4th grade pupils from experimental classes will have wider scope of active vocabulary than the control group pupils.

To obtain the necessary data, the team will use a combination of the following research tools:

- motivation measuring questionnaire (for 2nd and 4th grade pupils),
- achievement test measuring the achieved level of the listening comprehension skill (for the 2nd grade pupils),
- achievement test measuring the achieved level of all four skills (for the 4th grade pupils),
- analysis and evaluation of the research data about the pupils involved,
- psychological tests (for 1st, 2nd and 4th grade pupils which will be used at the beginning of the first year and in the 2nd and 4th year).

So far the first measurement of the achieved level of the listening comprehension skill has been carried out by testing a group of 220 pupils (189 pupils were tested in English language, 31 pupils in German language). The testing was carried out in June 2010. The test tasks were designed, selected and validated by the participating teachers. All test tasks were aimed at assessing pupils´ communication skill in listening comprehension.

The pilot results obtained (for detailed analysis see Pokrivčáková, Menzlová, Farkašová, 2010) showed very good educational achievements of those pupils whose teachers used CLIL methodology to teach them. They also showed very good quality of the acquired skills in the area of listening comprehension. At this stage, however, it is not possible to provide a complex evaluation of any of the set hypotheses, since the project objectives as well as methodology of the evaluation of the success rate should be based on the comparison of the achievements of pupils in 2nd and 4th year of the experimental verification. Therefore the first synthesising conclusions and recommendations may be formulated only after the 4th year of the project is over. The first achieved results and collected data will serve later in the evaluation stage as a starting point for the subsequent comparison.

Though the data obtained from experimental classrooms are only informative, they bring to light several areas to which more attention is to be paid. It especially is, the content and methodological side of teaching with implementation of CLIL methodology, as well as the necessity of further guidance for teachers - the class as well as „language" teachers, on how and what kind of materials to prepare and what techniques and procedures to use.

3. CLIL Publications in Slovakia

Team members participating in all the above-mentioned projects have disseminated, promoted and compared their project outcomes with the achievements and experiences of other scholars. The projects outcomes include monographs (Pokrivčáková et al., 2008a, 2008b, 2009a, 2010), studies, research papers and teaching handbooks. They summarise the latest Slovak and international information and examples of good teaching practice in the area of content and didactic reform using CLIL methodology and provide L2 teachers and teacher trainees with ready-made teaching materials.

The publications paid attention to various questions of CLIL methodology application at primary schools. General, pedagogical, and didactic questions were addressed by several authors in their studies (e.g. Luprichová, 2010, Miština - Kozík, 2010). The other studies deal with such questions as the need to increase creativity (Filo, 2008), emotional status (Valábik, 2009a), increase of younger learners´ motivation (Pokrivčáková, 2008c), effective use of learning strategies of pupils during L2 acquisition (Horváthová, 2009c). Much attention was also paid to CLIL and the development of intercultural competences of pupils (Benčič, 2009; Kuklová, Malá, 2008; Reid, 2009a, 2009b, 2010; Winklerová, 2009b; Žemberová, 2009a, 2009b).

The team members were also concerned with the question of increasing the language teaching effectivity through a joint application of CLIL and literature texts (Pokrivčáková, 2009c; Žemberová, 2008, 2009c, 2010b; Winklerová, 2009a). The linking of CLIL to modern textbooks and information-communication technologies was treated in the papers by Hurajová (2007), Filo (2008b), Horváthová (2009a, 2009b) and Veselá (2009b).

The authors also touched the inevitability of continuous professional development of school teachers and the use of creativity in the area of language teaching (de Jaegher, Pokrivčáková, 2008). An interesting view at the overlap of neurodidactics, psycholinguistics and the theory of teaching languages, with special emphasis on CLIL methodology, was brought in the studies and monographs written by Valábik (2008a, 2008b, 2009b) and Stranovská (2010), and, in the last year, also to specific questions of using CLIL in teaching languages to pupils with special educational needs (Pokrivčáková, 2009d; Reid, Stranovská, Horváthová, 2010).

4. Conferences and Workshops

Most of the research and teacher training activities considering application of CLIL methodology in Slovak schools have been organized by the Department of Language Pedagogy and Intercultural Studies at Faculty of Education, Constantine the Philosopher University in Nitra (Slovakia). Annually, the Department organizes the joined international conference and methodology workshop (for teachers from primary and secondary schools) *Foreign Languages and Cultures at School* with CLIL methodology as one of its constant and regular focal topics. The conference papers and workshop presentations are periodically published in conference proceedings (available both as CD publications and on-line publications available on the departmental website www.klis.pf.ukf.sk).

An increasing interest in CLIL at all levels of education of English teacher trainees from Slovakia and abroad was repeatedly manifested in the international conferences of student research works *Foreign Languages and Cultures 2009* and *2010* (see Žemberová, Veselá, 2009; Žemberová, 2010a) organized by the Department of Language Pedagogy and Intercultural Studies at Faculty of Education, Constantine the Philosopher University in Nitra.

The possibilities of using CLIL in the development of intercultural and multicultural competences of pupils were the subject of the international conference *Ianua ad Linguas Hominesque Resetata II*, which took place in Paris on 4 September 2009 (organised in cooperation with the institute INALCO Paris). The presented papers are available in the conference proceedings *Ianua ad Linguas Hominesque Reserata II* (2009) edited by Benčič, Melušová and Jamborová.

5. Teaching handbooks

During the three years of the project life the team cooperated with teachers from primary and lower secondary schools and as the result of their joint effort was development and publishing of teaching materials for CLIL (worksheets, lesson plans, teaching instructions). The series of Teaching Materials for Teaching of Pupils at Primary Schools, based on CLIL, was published and made available online at the website of the Department of Language Pedagogy and Intercultural Studies (www.klis.pf.ukf.sk) in 2010.

The series consists of the following teaching handbooks:

Science for 1st grade pupils (ISBN 978-80-8094-757-6)

Science for 2nd grade pupils (ISBN 978-80-8094-758-3)

Science for 3rd grade pupils (ISBN 978-80-8094-750-0)

Science for 4th grade pupils (ISBN 978-80-8094-760-6)

Informatics for 1st grade pupils (ISBN 978-80-8094-761-3)

Informatics for 2nd grade pupils (ISBN 978-80-8094-762-0)

Informatics for 3rd grade pupils (ISBN 978-80-8094-763-7)

Informatics for 4th grade pupils (ISBN 978-80-8094-764-4)

Mathematics for 1st grade pupils (ISBN 978-80-8094-765-1)

Mathematics for 2nd grade pupils (ISBN 978-80-8094-766-8)

Mathematics for 3rd grade pupils (ISBN 978-80-8094-767-5)

Mathematics for 4th grade pupils (ISBN 978-80-8094-768-2)

In 2011 Geography (for 3rd and 4th grade pupils) and Arts (for 1st – 4th grade pupils) teaching handbooks are about to be published and distributed.

6. Risks and weaknesses

Despite the sustained political support, growing number of teachers and schools interested in CLIL methodology, as well as usually very positive attitude among parents towards this way of teaching languages and its proved positives and achieved improvements in some aspects of learners´ language skills, we are still aware of some risks and possible drawbacks of CLIL methodology and its wide application in Slovak schools:

- some aspects of CLIL methodology have remained "unpolished" (vague assessment procedures, lack of standardized evaluation instruments);
- psychological and cognitive effects of CLIL have not been studied appropriately and we still miss reasonable empirical research findings;
- teachers and schools find it difficult to set the balance between teaching an L2 and content teaching and learning in the L2;
- the lack of teachers able to apply CLIL (CLIL is easiest to apply for subject teachers with appropriate language competencies to teach a subject using an L2; there are not many of such teachers and some researchers predict we will have to wait for at least 10 years before universities will be able to educate enough teachers with high language competences and a subject knowledge).

7. Primary School Teacher (Re)training

The new concept of teaching L2's in primary and secondary schools in Slovakia approved by the government in September 2007 and introduced to schools in September 2008 has recently become a major challenge for Slovak teachers. One of the biggest changes in the system of teaching languages is their compulsory teaching and learning from the third class (8-year-old learners) of the school attendance (instead of starting their teaching from the fifth class). This means that primary school teachers should be able and competent to teach - except of other school subjects - also an L2, and possibly to apply CLIL methodology in its teaching.

As most of primary school teachers have never been trained as language teachers, this has become an issue for their further education. The challenge has been how to retrain them in the shortest possible time to become competent language teachers. The lack of language teachers in primary schools has been solved by the Ministry of Education of the Slovak Republic in co-operation with the State Institute for Education in Bratislava which has become a leading body for the national training project *Education of Primary School Teachers in the Field of Foreign Languages in Connection with the New Concept of Teaching Foreign Languages in Primary and Secondary Schools.* The aim of the project is to increase quality of pre-service teacher training as well as further (life-long) education of teachers. The outputs of the project should bridge the gap in the system of languages teacher education and introduce training of qualified language teachers for primary schools into the system. Furthermore, the project should ensure the number of qualified language teachers needed in primary schools in the transition period and then, in the long-term period, it should contribute to the change of the traditional school into a modern one.

The project has been developed and submitted for financing within the Operational Programme *Education* approved by the European commission for the years 2007-2013. The global objective of the programme is to ensure long-term competitiveness of Slovakia by adapting the educational system to the needs of the knowledge society. The managing authority of this OP is the Ministry of Education of the Slovak Republic and the programme is co-financed by the ESF. The programme contributes to the adaptability of working labour through the increase of the quality and accessibility of life-long education in all institutions of the system of education, i.e. regional schools, higher and further education institutions. The contribution is provided in the form of design and implementation of reforms into the system of education and special training.

Further education of primary and lower secondary teachers in the field of L's is one of the direct assignments of the programme and its coordinator has become the State Institute for Education in Bratislava. Experts from the Institute in co-operation with experts from higher education institutions in

Slovakia have developed a national project which is basically aimed at language teaching to primary school teachers in order for them to achieve the level B2 of language competence according to CEFR and to acquire psychological and educational knowledge necessary for teaching languages to young learners (primary school pupils). The participants of the courses have been allowed to choose one of the six languages: English, German, Russian, French Spanish, Italian.

This national project has covered in-service education and training for three groups of teachers:

- qualified primary school teachers with no or just elementary level of L2 proficiency;
- qualified primary school teachers with intermediate level of L2 language proficiency;
- qualified lower secondary school language teachers.

The first two target groups are qualified primary school teachers without qualification for language teaching. The length of their training has been designed for either 8 or 4 semesters depending on their level of language proficiency. Eight-semester education has been designed for the first group of primary school teachers whose level of language competence is 0 or A1 according to CEFR. Four-semester education has been developed for the second group of primary school teachers whose level of language competence is A2 or B1 according to CEFR. Teachers have been placed into these groups on the basis of testing of their language skills. Testing was carried on on-line and teachers were given the responsibility to decide which group they fit and would like to be in.

Four-semester language courses with a total number of 552 lessons (96 lessons per semester plus 168 lessons within two intensive summer language courses) have been developed for primary school teachers with 0 or A1 of language proficiency to achieve level A2. These courses are based on teaching various topics (such as: family, home, nature, free time activities, eating, fashion, shopping, health, sports, travelling, services, education, holidays, multicultural society, and others) and they are delivered in a combined form of contact teaching and e-learning. The recommended teaching methods and approaches are: presentation techniques, discussions, practical language exercises, model situations, project work, team work, video training, case studies, use of ICT software. The maximum number of participants in each group is 15. All the course participants use the relevant level course books with CDs which they have received free.

The following four semesters are more specialised. The curriculum for these four semesters has been designed so that both groups of primary school teachers (those who first have to undergo language training to achieve A2 level of proficiency as well as those who already are level A2) get the same training (552 lessons) consisting of the study of theoretical subjects (360 lessons) and practical language training (192 lessons) – see Table 1. This number of teaching lessons has been planned to be split into 144 lessons for each out of first three semesters and 120 lessons for the last (fourth) semester. The recommended teaching methods and approaches are: lectures, presentation and participation techniques, discussions, practical language exercises, model situations, team work, video training, case studies, use of ICT software, observations and study stays. The study will be finalized by passing the level B2 test and by the defence of a diploma thesis.

Type of subject	**Subject**	**Number of lessons**	**Description of the subject content**
Theoretical	Methodology of teaching languages to young learners	84	terminology of the methodology of teaching languages to young learners; analysis of basic school documents used in Slovak schools and documents recommended by the Council of Europe and European Commission; methods and forms of language education; CLIL; evaluation and assessment of language performance and teaching
	Language system	96	comparative grammar of a language (on the level of phonetics and phonology, morphology, lexicology and syntax)
	Intercultural communication	156	social and philosophical system of the country of the target language; culture and arts, aesthetics; child as another culture recipient; dialogue of another culture with the native culture
	Diploma seminar	24	fundamentals of educational research; methodology of educational sciences; writing of diploma thesis
Practical	Development of language competencies	192	development of all communicative skills in the studied language; achievement of the level B2 according to CEFR
TOTAL		**552**	

Table 1: *Curriculum for special four-semester in-service language training course for primary school teachers*

The third target group are qualified language teachers who work in lower secondary schools. For them, a special programme has been developed to extend their education and improve their skills in order for them to be able to teach languages to primary school pupils. The training course has been designed in such a way that they extend their psychological and educational knowledge, teaching competencies and skills to teach languages to young learners. For this group of teachers the education lasts just two semesters (192 lessons) – see Table 2. As these participants of the courses are proficient language speakers their study is finalized just by the defence of a final written thesis. To deliver the courses the same methods and forms of teaching as mentioned above are used. The maximum number of participants in each group is 15. All the course participants have received course books with CDs and a set of methodology books for teaching languages to young learners.

There was, however, one restriction for this group of teachers which says that they could apply for the training only if the headmaster of a particular primary school could not send any qualified primary school teacher to be trained as a teacher of a language (because of the retirement age of teachers, lack of primary school teachers, etc.).

Type of subject	**Subject**	**Number of lessons**	**Description of the subject content**
Theoretical	Methodology of teaching languages to young learners	120	psychological characteristics and differences of young learners; analysis of new school documents used in Slovak schools and documents recommended by the Council of Europe and European Commission; methods and forms of languages education; CLIL; evaluation and assessment of language performance and teaching
	Intercultural communication	72	social and philosophical system of the country of the target language; culture and arts, aesthetics; child as an intercultural recipient; dialogue between cultures
TOTAL		**192**	

Table 2: *Curriculum for special two-semester in-service training course of lower secondary school languages teachers*

L2 education as well as education and training in methodology of language teaching to young learners is delivered by teaching staff from teacher training faculties of universities. The course is delivered in different forms of education and training: language courses, intensive summer language courses, language placements, and study visits abroad, including placements in EU schools.

The courses are provided throughout Slovakia. The place where participants are assigned for education has been determined on the basis of their permanent address of living or on the basis of the preference stated in their application form. Expenses connected with the courses are covered from the European Social Fund. The same Fund covers also the expenses connected with the replacement of participants of education by the other teachers during their absence at schools.

For the life of the project an electronic educational communication web-site has been established (www.educj.sk) where the course participants have for their disposal all the necessary information connected with the delivery of the educational courses, timetables of courses, list of places where the education is provided, list of participants with their placement for education, etc.

Participation of teachers in the educational activities of the project ensures not only their education in languages and training in methodology of language teaching but also provision of modern didactic technology for the participants and their schools. Each teacher - participant of the course, has received one laptop with software, which they make use of during the education courses and in teaching process in their schools. After the education is finished the notebook will become part of a school property. Each primary school has also received a data projector with a screen and an interactive board.

As the education provided within the project is expensive and as there is a lack of qualified teachers of languages the following measures have been accepted:

- each teacher involved in the language education within the project signed up to finish the education;
- he also will have to stay and work in his school the following four years after completing his course; if he decides to quit the teaching profession he will be asked to cover a certain amount of money invested; the headmaster will then have to use this money for language training of another teacher in order to replace the teacher who left the position.

The teachers willing to participate in this training could apply for the courses during the summer 2008. Then they signed the agreements with the State Institute for Education in Bratislava and tested their language proficiency using the tests announced as links on the official web page of the project. The educational activities started at the end of February 2009.

As the State Institute for Education is not an educational institution, it can deliver the project educational courses only in a very close co-operation with higher education institutions. Another reason for this close co-operation is also the fact that only education provided by higher education institutions can be recognized as a certain level of higher education qualification which is required for teachers to teach. Other types of education are not recognized as a relevant qualification to teach languages in primary and lower secondary schools.

The aim of the project is to achieve 100% qualification of primary school teachers to teach languages in a long term perspective. That is why it has been planned within the project to design and submit for accreditation two substantial pedagogical documents, outputs of the project. One document - accredited study programme for life-long language education of teachers, should be used for running the courses within the life of the project. It should ensure the necessary number of qualified language teachers in primary schools in the transition period. The other document - accredited innovated description of the study field pre-school and elementary pedagogy, which is the required qualification for primary school teachers and should then comprise also teaching a language, should bridge the gap in the system of language teacher training and introduce training of qualified language teachers for primary schools into the system.

This is in compliance with one of the consequences of Slovakia´s entering the European education area - the diversification of teacher training. New legislation copying the Bologna principles has introduced three-year bachelor study programmes and two-year master study programmes for future teachers. Experts in education, however, find it vital to introduce changes also into the existing teacher training curricula and the teacher training graduates' profile which should reflect changes in professional attitudes, skills and abilities. As "teachers in the European Union not only educate future citizens of their particular member country, but also support them in becoming future generations of European citizens. ... Thus a European teacher should see himself or herself as someone with roots in one particular country, but at the same time belonging to a greater European whole. ... In addition, a European teacher should speak more than one European language and be able to teach subjects in languages other than their first language, which enables them to teach in any European country, to exchange curricular content and methodologies with colleagues from other European countries, to pay attention to and learn from different teaching and learning traditions." (Gadušová, Z. - Malá E. - Zelenický, Ľ., 2008; 321-322)

Involvement of universities in the language education is connected to the fact that universities have been involved in and contributed to the design of the *New Concept of Teaching Foreign Languages in Primary and Secondary Schools in Slovakia.* 23 higher education institutions have applied to deliver the language courses. All these institutions have departments of languages, institutes of languages or centres for language education. As it was expected that more than 5000 teachers (see Table 3) would take part in this education, universities have subcontracted some other state or private institutions with a long tradition and experience in teaching languages to do some of the training. These institutions are responsible for the appropriateness of education to the national co-ordinator of special activities and to the guarantor of the project in the State Institute for Education in Bratislava.

Language	**Primary school teachers**	**Lower second. school teachers**	**TOTAL**
English	4418	62	**4480**
German	892	84	**976**
French	40	16	**56**
Russian	98	64	**162**
Spanish	22	1	**23**
Italian	21	0	**21**
TOTAL	**5491**	**227**	**5718**

Table 3: *The number of applicants for the educational courses according to the languages*

The language education is being provided by qualified teachers of languages with a university degree authorising them to teach these languages. Methodology of teaching languages as well as psychology and education courses and training is being provided by university teachers with at least the PhD. title.

Broad geographical diversification of the project creates the area for cooperation not only on national level among institutions in different regions in Slovakia but also for international co-operation. As the number of experts for that particular field of studies in Slovakia is not sufficient, the project managers co-operate with some international institutions, such as the British Council, Goethe Institute, Austrian Institute, French Institute. A special role is played by the French public institution CIEP (Centre international d'études pédagogiques) located in Sèvres (outside of Paris) the experts of which train Slovak testing team in test writing and development of test tasks for the course participants to test their achieved language proficiency at different levels (A1, A2, B1, B2) of the *Common European Framework of Reference for Languages.*

Co-operation with international publishing houses (Oxford University Press, Cambridge University Press, Didier, Langenscheidt, Hueber and others) has been established not only to purchase course books for participants but also to hire lecturers who would organize methodology seminars on how to work with these course books. During the life of the project close bi-lateral co-operation with different embassies and with the Language Policy Division of the Council of Europe should also contribute to the quality of project activities.

As stated above, the project has been designed and submitted for approval by the State Institute for Education in Bratislava. It is the competence of this Institute to coordinate and control project activities during the whole life of the project. The authors of the project are members of the Managerial Team, employed in the Institute as well as external experts representing different educational institutions. The Managerial Team is responsible for coordination of the activities of the project and for communication with partner organizations. All the Team members work at the Institute and are supervised by the expert co-ordinator specialized in co-ordination of national projects and by project manager who communicates with the Expert Team and checks how project activities are carried out and implemented. The guarantor of the project is responsible for the quality of project activities. All the special educational activities are co-ordinated and controlled by the Expert Team members who are renowned experts and academics in the field. They all have long-term experience of working with the target groups as well as of coordination of all kind of educational and research projects and international cooperation activities within such projects as Comenius, Socrates, Lingua and who also hold leading or decision making posts in their respective institutions. To ensure high efficiency of the project activities, intensive communication among the project participants of education, higher education institutions and European institutions is also supported.

As lack of qualified language teachers is a common issue in several member states of the EU and represents a global social problem which has not yet been solved, after the project is finished, the results of the project will be shared with EU institutions. Positive aspects of the project achievements can offer some solutions for dealing with this problem not only on a national but also on a European level and contribute to the increase of quality of teaching L 2's in primary schools.

Literature

BENČIČ, S.: Pojmoslovie interkultúrnej komunikácie pre výchovu a prax. In: Benčič, S., Melušová, E. (eds.): Ianua ad Linguas Hominesque Resetata II. Prais: INALCO, 2009. ISBN 978-2-91525596.

DEJAEGHER, D., POKRIVČÁKOVÁ, S.: Vzdelávanie učiteľov ZŠ v oblasti cudzích jazykov ako predpoklad uplatňovania Koncepcie vyučovania cudzích jazykov v základných a stredných školách. In: Pokrivčáková, S., Filo, J. (eds.): Cudzie jazyky v škole 5. Nitra: UKF, 2008, s. 17-21. ISBN 978-80-8094-416-2.

FILO, J.: The Issue of Creativity in Foreign Language Education. In: Pokrivčáková, S., Filo, J. (eds.): Cudzie jazyky v škole 5. Nitra: UKF, 2008, s. 237-242. ISBN 978-80-8094-416-2.

FILO, J.: IKT v cudzojazyčnom vzdelávaní mladších žiakov. In: Pokrivčáková S. (ed.): Inovácie a trendy vo vyučovaní cudzích jazykov u žiakov mladšieho školského veku. Nitra: UKF, 2008b, s. 160-170. ISBN 978-80-8094-417-9.

GADUŠOVÁ, Z. - MALÁ E. - ZELENICKÝ, Ľ. New Competencies in Slovak Teacher Training Programmes In: Teacher Education Policy in Europe A voice of Higher Education Institutions. Edited by Hudson, B. and Zgaga, P. Umea 2008, s. 313 - 323. ISBN 978-91-7264-600-1

GADUŠOVÁ, Z. - ŽILOVÁ, R.: Current Challenges for Primary School Teachers in Slovakia. In: Creativity and Innovation : Proceedings. IWE 2009, 6th International Week of ESEC. Celebration of 2009, European Year of Creativity and Innovation. - Coimbra: Escola Superior de Educação de Coimbra, 2009. ISBN 978 972-95072-8-1. - P. 75-82.

HORVÁTHOVÁ, B.: Aspekty metodiky CLIL vo vyučovaní cudzieho jazyka pomocou e-learningu spojené s rozvojom učebných stratégií študentov. In: Pokrivčáková, S. (ed.): Cudzie jazyky a kultúry v modernej škole. Brno: Masarykova univerzita, 2009a, s. 107-141. ISBN 978-80-210-4974-1.

HORVÁTHOVÁ, B.: Stratégie rozvíjania receptívnych zručností počúvanie a čítanie
v e-learningu. In: Media 4u Magazine. 1/2009b, s. 23-25. ISSN 1214-9187.

HORVÁTHOVÁ, B.: Využitie učebných stratégií pri osvojovaní si cudzieho jazyka
v klasickom vyučovaní. In: Veselá, K. (ed.): Cudzie jazyky v škole 6. Nitra: UKF, 2009c, s. 38 – 45. ISBN 978-80-8094-549-7.

HURAJOVÁ, Ľ.: Jazykové učebnice podporujúce integrované metódy učenia sa cudzích jazykov. In: POKRIVČÁKOVÁ, S. - FILO, J.: Cudzie jazyky v škole 4: Integrované prístupy k vyučovaniu cudzích jazykov (CLIL a LLIL). Nitra: UKF, 2007, s. 53 - 55. ISBN 978-80-8094-225-0.

Ianua ad Linguas Hominesque Reserata II. Paríž: Asiathéque - Maison des Langues du Monde 2009. ISBN 978-2-91525596-9

JOHNSON, R. K. - SWAIN, M. (eds.): Immersion Education: International Perspectives. Cambridge: Cambridge University Press, 1997.

Koncepcia vyučovania cudzích jazykov v základných a stredných školách. Bratislava: MŠ SR a ŠPÚ, 2007.

KUKLOVÁ, M. - MALÁ, E.: Experimentálne overovanie bilingválnej formy výučby na primárnom stupni vzdelávania. In: Pokrivčáková, S. - Filo, J. (eds.): Cudzie jazyky v škole 5. Nitra: UKF, 2008, s. 110 - 111. ISBN 978-80-8094-416-2.

LUPRICHOVÁ, J.: Modernization of Teaching Foreign Languages through CLIL Methodology. In: POKRIVČÁKOVÁ, S. et al.: Modernization of Teaching Foreign Languages: CLIL, Inclusive and Intercultural Education. Brno: MU, 2010, s. 21 - 37. ISBN 978-80-210-5294-9

MELUŠOVÁ, E. - BENČIČ, S. - JAMBOROVÁ, D. (ed.): Brána jazykov k ľuďom otvorená II: La porte des langues s'ouvre aux hommes II: Ianua ad Linguas Hominesque Reserata II. Paris : Asiathèque - Maison des Langues du Monde, 2009. ISBN 978-2-91525596.

MENZLOVÁ, B. - FARKAŠOVÁ, E. - POKRIVČÁKOVÁ, S.: Didaktická efektívnosť metódy CLIL na prvom stupni ZŠ vo vyučovaní cudzích jazykov: Projekt experimentálneho overovania. Bratislava: ŠPÚ, 2008. Available on:

MIŠTINA, J. - KOZÍK, T.: Odborne zameraná jazyková príprava ako súčasť univerzitného technického vzdelávania. In: POKRIVČÁKOVÁ, S. et al.: Modernization of Teaching Foreign Languages: CLIL, Inclusive and Intercultural Education. Brno: MU, 2010, s. 38 - 68. ISBN 978-80-210-5294-9

POKRIVČÁKOVÁ, S. a kol.: CLIL, plurilingvizmus a bilingválne vzdelávanie. Nitra: ASPA, 2007. ISBN 978-80-969641-0-9.

POKRIVČÁKOVÁ, S. et al.: CLIL, plurilingvizmus a bilingválne vzdelávanie. 2. doplnené a prepracované vydanie. Nitra: ASPA, 2008a. ISBN 978-80-969641-2-3.

POKRIVČÁKOVÁ S. (ed.): Inovácie a trendy vo vyučovaní cudzích jazykov u žiakov mladšieho školského veku. Nitra: UKF, 2008b. ISBN 978-80-8094-417-9.

POKRIVČÁKOVÁ, S.: Zvyšovanie motivácie mladších žiakov do učenia sa cudzieho jazyka prostredníctvom integrovaného vyučovania. In: Pokrivčáková S. (ed.): Inovácie a trendy vo vyučovaní cudzích jazykov u žiakov mladšieho školského veku. Nitra: UKF, 2008c, s. 55-66. ISBN 978-80-8094-417-9.

POKRIVČÁKOVÁ, S., FILO, J. (eds.): Cudzie jazyky v škole 5. Nitra: UKF, 2008. ISBN 978-80-8094-416-2.

POKRIVČÁKOVÁ, S. et al.: Cudzie jazyky a kultúry v modernej škole. Brno: Masarykova univerzita, 2009a. ISBN 978-80-210-4974-1.

POKRIVČÁKOVÁ, S.: Vyučovanie cudzích jazykov v triedach s integrovanými žiakmi (žiaci so špeciálnymi edukačnými potrebami a žiaci s poruchami učenia).

POKRIVČÁKOVÁ, S. (ed.): Cudzie jazyky a kultúry v modernej škole. Brno: Masarykova univerzita, 2009b, s. 29 - 42. ISBN 978-80-210-4974-1.

POKRIVČÁKOVÁ, S.: Stories and Narratives in Integrated Foreign Language Learning (CLIL). In: Collins, R., Němec, M. (eds).: Stories and Narratives in Foreign Language Teaching. Brno: MU, 2009c, s. 12 - 39. ISBN 978-80-210-4861-4.

POKRIVČÁKOVÁ, S., Menzlová, B., Farkašová, E.: Creating Conditions for Effective Application of CLIL Methodology in Slovakia. In: Pokrivčáková, S. et al.: Modernization of Teaching Foreign Languages: CLIL, Inclusive and Intercultural Education. Brno: MU, 2010, pp. 7-20. ISBN 978-80-210-5294-9.

POKRIVČÁKOVÁ, S. et al.: Modernization of Teaching Foreign Languages: CLIL, Inclusive and Intercultural Education. Brno: MU, 2010. ISBN 978-80-210-5294-9.

REID, E.: Kurikulárna reforma na Slovensku - Interkultúrne aspekty výučby anglického jazyka v pedagogickej dokumentácii. In: Pokrivčáková, S. (ed.): Cudzie jazyky a kultúry v modernej škole. Brno: Masarykova univerzita, 2009a, s. 41 - 62. ISBN 978-80-210-4974-1. s. 41 - 42.

REID, E.: Using authentic materials as an effective method of language learning accompanied with intercultural understanding. In: Veselá, K. (ed.): Cudzie jazyky v škole 6. Nitra: UKF, 2009b, s. 90-94. ISBN 978-80-8094-549-7.

REID, E.: Kurikulum a kurikulárna reforma jazykového vzdelávania na Slovensku. In: XLinguae.eu / A Trimestrial European Scientific Language Review. ISSN 1337-8384, Vol. 2, No. 2 (2010), p. 6.

REID, E., STRANOVSKÁ, E., HORVÁTHOVÁ, B.: Možnosti edukácie nadaných detí na Slovensku. In: Talent a nadání ve vzdělávání. Brno: Masarykova univerzita, 2010, s. 16, ISBN 978-80-210-5274-1.

STRANOVSKÁ, E.: Perspektívy psycholingvistiky a pragmalingvistiky vo vyučovaní cudzích jazykov. In: XLinguae.eu/A Trimestrial European Scientific Language Review. ISSN 1337-8384, Vol. 2, No. 1 (2010), p. 27-32.

STRANOVSKÁ, E.: Psycholingvistické aspekty vo vyučovaní cudzích jazykov. In: Osobnosť v kontexte kognícií, emocionality a motivácií II. Bratislava: Univerzita Komenského, 2010, s. 607 - 615. ISBN 978-80-89236-93-0.

VALÁBIK, D.: Emocionalizácia vyučovania. In: X-linguae/A Trimestrial European Scientific Language Review. ISSN 1337-8384, Vol. 2, No 4 (2009a), s. 12 - 19.

VALÁBIK, D.: Neurodidaktika a jej uplatnenie vo výučbe cudzích jazykov vo vyučovaní cudzích jazykov. In: Pokrivčáková, S., Filo, J. (eds.): Cudzie jazyky v škole 5. Nitra: UKF, 2008a, s. 151 - 153. ISBN 978-80-8094-416-2.

VALÁBIK, D.: Učenie versus osvojovanie si vedomostí pri výučbe cudzích jazykov. In: Pokrivčáková, S., Filo, J. (eds.): Cudzie jazyky v škole 5. Nitra: UKF, 2008b, s. 112 - 113. ISBN 978-80-8094-416-2.

VALÁBIK, D.: Mozgovo kompatibilné vyučovanie cudzích jazykov. In: Benčič, S., Melušová, E. (eds.): Ianua ad Linguas Hominesque Resetata II. Prais: INALCO, 2009b, s. 136-159. ISBN 978-2-91525596-6.

VESELÁ, K. (ed.): Cudzie jazyky v škole 6. Nitra: UKF, 2009a. ISBN 978-80-8094-549-7.

VESELÁ, K.: Internet - brána jazykov otvorená = Internet - la porte des langues toujours ouverte. In: Melušová, E., Benčič, S. (eds.): Ianua ad linguas hominesque reserata II = Brána jazykov k ľuďom otvorená II. Paris: Asiathéque: Maison des langues du Monde, 2009b, pp. 160-180. ISBN 978-2-91525596-6.

VESELÁ, K. (ed.): Cudzie jazyky a kultúry v škole 7. Nitra: UKF, 2010. ISBN 978-80-8094-775-0.

WINKLEROVÁ, L.: Children´s Songs in teaching English as a Foreign Language by CLIL or HDEE. In: Pokrivčáková, S. (ed.): Cudzie jazyky a kultúry v modernej škole. Brno: Masarykova univerzita, 2009a. ISBN 978-80-210-4974-1.

WINKLEROVÁ, L.: Reflexia axiologických princípov obdobia schematizmu vo vybraných detských periodikách a ich interkultúrny dopad na detského čitateľa. In: Benčič, S., Melušová, E. (eds.): Ianua ad Linguas Hominesque Resetata II. Prais: INALCO, 2009b, s. 181 - 216. ISBN 978-2-91525596-6.

ŽEMBEROVÁ, I.: Teaching Language through Literature in Young Learners´ Classroom. In: Pokrivčáková S. (ed.): Inovácie a trendy vo vyučovaní cudzích jazykov u žiakov mladšieho školského veku. Nitra: UKF, 2008, s. 139-159. ISBN 978-80-8094-417-9.

ŽEMBEROVÁ, I.: Detská literatúra v rozvoji interkultúrnej kompetencie. In: Benčič, S., Melušová, E. (ed.): Ianua ad Linguas Hominesque Resetata II. Prais: INALCO, 2009a, s. 262 - 285. ISBN 978-2-91525596-6.

ŽEMBEROVÁ, I.: Alternatívne metódy vo vyučovaní britských historických reálií. In Notes. ISSN 1336-1651, 2008, roč. 10, č. 3 (2009b), s. 30 - 33.

ŽEMBEROVÁ, I.: Stories in Language Teaching. In: Collins, R., Němec, M. (eds).: Stories and Narratives in Foreign Language Teaching. Brno: MU, 2009c, s. 33 - 40. ISBN 978-80-210-4861-4.

ŽEMBEROVÁ, I. - VESELÁ, K. (eds.): Foreign Languages and Cultures 2009. Nitra: UKF, 2009. ISBN 978-80-8094-539-8.

ŽEMBEROVÁ, I. (ed.): Foreign Languages and Cultures 2010. Nitra: UKF, 2010a. ISBN 978-80-8094-716-3.

ŽEMBEROVÁ, I.: Teaching English Through Children´s Literature. Nitra: ASPA, 2010b. ISBN 978-80-89477-02-9.

http://www.statpedu.sk/documents//31/clil.pdf

http://www.educj.sk/ Akreditačné spisy vzdelávacích aktivít

CLIL In Worcestershire, UK

Helen Leigh, UK

Abstract

As a Primary MFL (Modern Foreign Languages) consultant, the author has had opportunities to gain broad insights into MFL and CLIL developments at different educational levels. Thus, the article is concerned with CLIL perceptions pertinent to the educational situation and with initiatives specifically in Primary education in the county of Worcestershire. The article also refers to educational chances facilitated by the LinkedUp scheme.

1. CLIL: Perceptions

CLIL, or Content and Language Integrated Learning, refers to teaching subjects such as science, history and geography to students through the medium of a foreign language.

The term itself was coined by David Marsh of the University of Jyväskylä in Finland (1994): "*CLIL refers to situations where subjects, or parts of subjects, are taught through a foreign language with dual-focused aims, namely the learning of content and the simultaneous learning of a foreign language.*"

While the term itself is relatively new, CLIL methodology has been practised in schools, particularly in bi-lingual ones, for a long time. English-speaking pupils who attend schools in Wales, for example, often face a total immersion programme in the Welsh language from the moment they arrive on their first day. While it is initially confusing, teachers and parents testify to the fact that within a few short months, the children are able to switch happily from one language to the other according to the situation – once inside the school gates, Welsh is used for communication both within the classroom and outside in the playground but away from the confines of the school, they will switch back to English. The same can be applied to schools in Canada with French and indeed to many others around the world. Furthermore, with primary schools returning to a topic-based curriculum and the likelihood of an increase in skills-based, cross-curricular learning CLIL has a stronger rationale than ever.

2. How has CLIL developed in Worcestershire?

In Worcestershire, both the linguistic competence and confidence of teachers in primary schools have increased considerably over the years, largely due to the provision of a wide range of training opportunities including a successful CPD programme run in conjunction with the Local Authority and the University of Worcester. However, many teachers, if asked, would still probably say that they do not feel secure enough in the foreign language to be able to deliver CLIL lessons. Where successful lessons have taken place, it is usually because the teachers concerned are either language specialists themselves or else have worked closely with others who are. This has not necessarily meant working with colleagues from within their own schools. In some instances, secondary teachers have worked with staff from their feeder primary schools to coach and support them in order to develop the necessary vocabulary and language structures. In other cases, where the CLIL lesson has been delivered by a visiting teacher from the pyramid high school, it has been the role of the primary colleague to coach the secondary teacher in the subject content and general primary pedagogy. This mutual support has helped strengthen the links within the pyramid and has also been an invaluable aid in transition.

3. CLIL and the Integrated Learning Network Project - The University of Worcester

Within the Local Authority, there have been two major initiatives which have taken place to encourage teachers to teach CLIL lessons. The first one has been concerned with the training of student teachers at the University of Worcester.

In the revised Modern Foreign Languages (MFL) Key Stage 3 National Curriculum (2008), teachers are encouraged to make "use of the target language in connection with topics and issues that are engaging and may be related to other areas of the curriculum" (National Curriculum, 2008).

As a result of this statement, Isabelle Schaefer (senior lecturer in secondary education - MFL) together with Heather Crabtree (senior lecturer in primary education - MFL) reviewed the university's Initial Teacher Training Programme for Modern Languages and submitted a successful bid to take part in the Integrated Learning Network Project funded by the TDA in September 2008. Isabelle had previously taught French at Tile Hill Wood School & Language College in Coventry where CLIL lessons are a normal part of the school curriculum.Not only has the school gained national recognition for its CLIL work but it has also become involved in a CLIL teaching training partnership with Lorraine, France. Consequently, Isabelle has brought a wealth of experience and expertise to draw upon.

The rationale behind the project was to attempt to adopt a CLIL approach to language teaching and to give all the Secondary PGCE student teachers in Modern Languages the opportunity to experiment with the CLIL methodology.

The main objectives of the project were to enable student teachers to develop their awareness and understanding of the pedagogical benefits and challenges of CLIL and to use a CLIL approach to teach Year 6 and Year 7 pupil with some input from Final Year Primary students in Modern Languages.

A number of subject and training sessions led by outside speakers, together with a planning session was organised to help address these objectives and their impact on the student teachers' attitudes to CLIL was monitored and evaluated throughout the project.

Funding from the TDA was used to support an event at the University of Worcester for the students concerned and speakers from the Local Authority as well as experienced CLIL practitioners were called upon to deliver appropriate training. The benefits of collaborative working both cross-phase and cross-subject were highlighted as well as the opportunities offered by the new Key Stage 3 curriculum and the positive impact on pupils' learning that teaching in context can have.

Follow-up sessions were organised in the Spring Term focusing on teaching Personal, Social and Health Education (PSHE) through a Modern Language. The student teachers then used CLIL methodology to plan an appropriate lesson and were encouraged to consider how to use visuals, semi-cognates, speaking and writing frames etc. to enable learners to access the subject content. A Drama workshop led by an outside speaker also provided the students with ideas on how to put a different slant on language teaching. Throughout their second placement, some students had the opportunity to experiment with CLIL in schools.

Additional funding from the TDA also enabled the university to organise cross-curricular workshops in a local Language College. Student teachers in Modern Languages and some Final Year Primary students, working with Year 7 pupils and Year 6 pupils from two feeder schools, taught CLIL lessons in Drama, Music, Geography and Art. Each workshop was the introduction to a topic so the emphasis was very much on language teaching with some cross-curricular links. The students recognised the importance of collaborative working between the Modern Languages teachers and subject specific teachers in order to deliver the subject content through the medium of a modern language. As linguists, the student teachers found it hard to pitch the subject content at the correct level, having to learn the subject matter first of all and then find ways of delivering this material using language and activities that were appropriate but at the same time accessible to the pupils. However, despite these challenges, the students agreed that the experience had been enjoyable and worthwhile, recognising the positive impact it had had on the children. The pupils too, were very positive about what they had done.

From this successful trial, the project has now become an integral part of the students' training with the university working closely with local schools to promote the use of CLIL and to develop the pedagogy of our future teachers.

Using CLIL To Tackle Transition Issues

In 2009, Links Into Languages launched LinkedUp - a scheme that provided funding for schools to work collaboratively on a specific project, the results of which were uploaded on to the Links Into Languages website so that other schools throughout the country could benefit from their findings and use their resources. Primary and secondary schools in Worcestershire and the neighbouring county of Warwickshire joined together for one such project with four secondary schools each teamed up with a partner primary to form mini-clusters. Their project, entitled 'Using CLIL (Content and Language Integrated Learning) to tackle transition issues: developing capacity within the partnership' was designed to look at ways of helping facilitate a successful transition in language learning for pupils. It was again led by Isabelle Schaefer and Heather Crabtree at the University of Worcester and also involved school teachers in acting as mentors for trainee language teachers at the university.

The aim of the project was to give partnership schools the opportunity to consider a different approach to teaching and to experiment with the CLIL methodology as well as enabling primary and secondary school mentors to develop their awareness of CLIL. In turn, these CLIL trained mentors then helped the student teachers to plan CLIL lessons over the course of the project.

Four secondary schools and four feeder primary schools were involved in the project, which gave them the opportunity to work collaboratively if they wished. They had to design and teach a unit of work of four PSHE lessons for Key Stage 2 and Key Stage 3 and to analyse the impact of the CLIL methodology on their practice and on pupils' learning. PSHE was chosen as it does not always require input from a specialist. Around 30 pupils were involved from each school, with each mini-cluster choosing a theme around which the lessons were developed. These included tolerance, roles and responsibilities and bullying, all taught in French.

The actual project began in June 2010 with the school mentors attended a training session at the University of Worcester in order to an overview of the project. The training consisted of two presentations lead by a primary school teacher and a secondary school teacher with extensive CLIL teaching experience who highlighted the benefits of having a CLIL approach and stressed the importance of not sacrificing the content, of using visuals, authentic materials, speaking frames and writing frames.

During the Autumn term, partners began planning their four PSHE lessons. Then during the Spring term, the two lead tutors from the University of Worcester were invited by school partners to watch some lessons. They also visited partners to evaluate the project. A celebration evening was held at the University in June 2011 to mark the end of the project. This evening enabled the schools to present the outcomes of the project to the school mentors who worked in partnership with the University of Worcester and also to PGCE students.

Partners who taught the unit of work in the Autumn term said that the project had been a very valuable experience. They agreed that the training they had received prior to starting had been extremely helpful in informing their planning and their teaching and they were mindful of striking a balance between language and content. They had found the experience enjoyable and recognised that a stronger focus on content was not detrimental to pupils' linguistic progress. The partners also said that using a CLIL approach had a positive impact on pupils' motivation and also in their ability to work independently and collaboratively. The vast majority of the pupils enjoyed being taught PSHE through French. Although many had said in their evaluations that they had found the lessons in French difficult, they also added positive comments such as: "it can make them [lessons] more interesting and you can improve your French", "found it more interesting but harder", "I learned more French than I usually would".

You can read a more detailed account of this project and access the resources made by the teachers at:
http://www.linksintolanguages.ac.uk/resources/2463

My thanks go to Isabelle Schaefer from the University of Worcester and to Laura Crassus from Baxter College, Kidderminster for allowing me to use their experiences and CLIL reports to form the basis for this document.

Sprechhandlungen und Sprachkultur. CLIL-Unterricht in Situationen von Mehrsprachigkeit

Renata Zanin, IT

Abstract
The article provides deep insights into the special situation in South Tyrol, a region with three official languages. The specific political situation means that schools of the region had a long established and well structured "CLIL" tradition before the genesis of the term CLIL. The article draws on research into the implications and functions of language learning in a bi-trilingual society.

Bilingualer Sach-Fach-Unterricht in Südtirol

Die Autonomie der Schule und der einzelnen Schulen hat in den letzten Jahren in der Bildungslandschaft Südtirol zu Versuchen und Neuansätzen geführt, die vor allem dem Unterricht der Zweitsprache zugute kamen. Die Zweitsprache ist seit Langem ein heikles Thema. Allzu bekannt sind die unzufriedenstellenden Ergebnisse nach 2.300-2.500 Stunden Sprachunterricht. Kritische Stimmen aus allen Bereichen der Gesellschaft, zuletzt mit großer Autorität von den Spitzen der Wirtschaftskammer vorgetragen, zeugen von der Unzufriedenheit nicht nur der Absolventen der Schule, sondern auch der Eltern, der Lehrpersonen und der Öffentlichkeit.

Man darf sich Schulversuche nicht als Wildwuchs persönlicher Initiativen vorstellen, denn an der italienischen Schule ist seit Jahrzehnten der Weg der „corsi sperimentali" fest etabliert und es mangelt auch nicht an Best-Practice-Beispielen im Bereich des Fremd- und Zweitsprachunterrichts. CLIL (Content and Language Integrated Learning) spielt in vielen dieser Schulversuche in Italien eine prägende Rolle, so dass sich nicht nur eine Diskursgemeinschaft („comunità di pratica") mit lokalen Schwerpunkten, sondern eine umfassende Diskursgemeinschaft zum Thema CLIL gebildet hat, die als nachhaltigen Erfolg verbuchen kann, dass im neuen italienischen Schulgesetz CLIL obligatorisch in der Oberstufe vorgeschrieben ist.

Deutsch als Zweitsprache betrifft in der Autonomen Provinz Bozen auch die italienische Schule. Die Schulsysteme im Land sind getrennt. Neben der ladinischen Schule mit ihrem Sonderstatus gibt es die italienische und die deutsche Schule, die jeweils ein Eigenleben führen. Die Schulen sind getrennt, um das Prinzip des muttersprachlichen Unterrichts für die deutsche Sprachgruppe zu garantieren. Das Prinzip und der damit gegebene „Schutz" der deutschen Sprache sind im Autonomiestatut der Provinz Bozen verankert. Die deutsche Sprache hat demnach den Status einer offiziellen Landessprache mit einer Garantie, die dem Grundgesetz entspricht, also eine Position, die nicht einmal der deutschen Sprache in der Bundesrepublik Deutschland zukommt. Der Begriff „Muttersprache" hat im Bereich der deutschen Schule Südtirols einen besonderen juridischen Status, so dass nur schwer Vergleiche mit schulischen Situationen in Österreich, der Schweiz und in der BRD möglich sind, auch nicht mit Italien.

Das neue Gesetz zur Schulreform (Gelmini) sieht für die letzte Klasse der Oberstufe obligatorisch den Unterricht in einer Fremdsprache vor. Dieser Passus wurde bei der Übernahme des Gesetzes in die Gesetze des Landes, das die sekundäre Gesetzgebungsbefugnis in Sachen Schule innehat, nicht übernommen. Unterricht in einer anderen Sprache als der Landessprache widerspricht - so die geltende Deutung - dem Artikel 19 des Autonomiestatuts. Südtiroler Schüler müssen die Möglichkeit haben, an den öffentlichen Schulen alle Sach-Fächer in ihrer Muttersprache zu lernen und die Prüfungen im ihrer Muttersprache abzulegen. An vielen Schulen mit italienischer Unterrichtssprache in Südtirol werden hingegen Sachfächer in konsolidierter Praxis in einer anderen Sprache als der Muttersprache der Schüler unterrichtet und geprüft. Der Aspekt des „Schutzes" der deutschen Sprache wird in der öffentlichen Diskussion nur selten kritisch analysiert und vertieft. So wird das Problem des Schutzes nicht auf der Ebene der genuin sprachlichen Probleme, der Diglossie von Dialekt-Hochsprache diskutiert, sondern global als politisch verankerter Anspruch, dem keine Beweislast auferlegt werden muss. Es ist also nicht nachzuweisen, dass und auf welche Weise ein Schutz der deutschen Sprache tatsächlich stattfindet oder garantiert werden kann. Und es wird auch nicht gefragt, auf welche Weise die Kompetenz der jungen Südtiroler in der Hochsprache, und in erster Linie in der Bildungssprache Deutsch gefördert und gestärkt werden kann und soll. Eine solche Förderung ist zweifellos vonnöten. Der Dialekt hat in den letzten Jahren Bereiche der Schriftlichkeit erobert, SMS und Mails werden sehr oft im Dialekt und in Sonderformen auf der Grundlage der Dialekte verfasst, der steigende Gebrauch des Telefons stärkt den mündlichen Gebrauch des Dialekts auch in Gesprächen über wirtschaftliche Probleme, Verwaltung und Technik. Der Dialekt ist die vorherrschende Kommunikationsform in vielen Schulen, vom Schulhof bis zum Konferenzraum der Schule und manchmal im Klassenzimmer selbst.

Die offene Frage ist, ob der „Schutz" der deutschen Sprache nicht gerade dann besonders effizient in Kraft treten würde, wenn die Sprachkompetenz in der Zweitsprache ein hohes Niveau erreicht, wenn die Aufmerksamkeit für den Sprachgebrauch in allen Sprachen steigt und wenn die Sprachaufmerksamkeit und die Pflege der Sprachen in der täglichen Praxis an Gewicht gewinnen. (Brizic, 2007)

Der Schlüsselbegriff dieses Beitrags, der zugleich einen Schlüsselbegriff für die Diskussion um den Schutz der deutschen Sprache in Südtirol darstellt, ist nicht die sprachliche Exzellenz und die Sonderleistung, sondern die „Normalität" des Sprachgebrauchs in privaten und öffentlichen Bereichen des Alltags. In sprachwissenschaftlicher Sicht geht es dabei um theoretische Modelle der „normalen" Sprache und ihren Gebrauch, in didaktischer Hinsicht besonders um „fluency and native-like selection" - um einen einflussreichen Aufsatz (Pawley & Syder, 1983) zu zitieren -, also um die ganz normalen Parameter für kompetente Sprecher und diese so schwer erreichbaren Ziele beim Erlernen der Zweitsprache. In diesem thematischen Rahmen sollen nun methodisch relevante Aspekte von CLIL als Unterrichtsmodell diskutiert werden.

Situationen des Lernens

Traditionell didaktische oder pädagogische Überlegungen zur Situation des Unterrichtens und des Lernens wurden in Folge der kognitiven Wende der Psychologie ergänzt, erweitert, wenn nicht gar ersetzt durch Befunde, Beschreibungen und Hypothesen, die aus einem Blick in die „black-box" gewonnen wurden, hin zu den Verarbeitungsprozessen selbst beim Lernen. Es sei an die Formulierung erinnert, mit der George Miller, ein Pionier der Kognitionswissenschaft, den neuen Ansatz auf dem Gebiet der Linguistik definiert: „The grammatical rules that govern phrases and sentences are not behavior. They are mentalistic hypotheses about the cognitive processes responsible for the verbal behaviors we observe" (Miller, 2003:142). Eine Fülle von Einzelstudien gestattet, einen hypothetischen Überblick über neue wie alte Fragen zum Lernen zu stellen und zum Teil auch zu beantworten. Eine zielgerichtete Zusammenfassung dieser Einzelergebnisse führt zu einem Gesamtbild, in dem das Sprechen über Themen des Sachfachunterrichts in einer nur rudimentär beherrschten Sprache, die in solchen Momenten ebenso gelernt werden soll wie die Inhalte selbst, zum Angelpunkt wird für die pädagogisch-didaktischen Arbeitsstrategien in der Klasse. Teresa Yen-Ting, die sich sowohl dem Bereich der Neurologie als dem des CLIL-Unterrichts widmet, hat die Momente des Lernens auf die kognitiven Faktoren „fear, motivation and executive control" zurückgeführt, die zusammen darüber entscheiden, ob es im Einzelfall zu „sustained deep learning"-Prozessen kommt oder nicht. Ihre Sicht „von außen" (Ergebnisse der Kognitionsforschung) nach innen (Lernen) ist hervorragend dokumentiert, führt zu beachtenswerten Erkenntnissen, die direkte Rückschlüsse auf das Verhalten der Schüler in der Klasse ermöglichen. Entscheidend ist nach Yen-Ting die Funktion der Amygdala (Schumann, 1997; Schumann et al., 2006; Damasio, 1994) in Momenten der Gefahr: „in activating a flight response, the amygdala turns off higher-level cognitive processing" (Yen-Ting, 2010: 9).

> Therefore, while the primitive Limbic System supports fight-or-flight behaviours, in non-life-threatening situations, such as a science lesson, emotive responses are governed by the prefrontal cortex which enables us to muster up enough „cerebral etiquette" to sit upright, look interested (maybe), hope for a good grade and plan for a brighter and better future, even if the relation between (current agony) and (brilliant future) is unclear. Unfortunately for education, the prefrontal cortex also manages short-term working

> memory which enables us to attend to new input long enough so it has a chance to become long-term memory. However, if the prefrontal cortex is busy mustering up etiquette to not flee the classroom, working memory is compromised.

Die beschränkten kognitiven Ressourcen zwingen zur Auswahl unter verschiedenen Aufgaben. Langeweile, nicht-authentisches Sprechen und Handeln verlangen nach Kompensationen, für die keine zusätzlichen Ressourcen zur Verfügung stehen. Auf jeden Fall sind keine Ressourcen für diese Aufgaben vorgesehen. Es ist aber bekannt, dass die profunde Verarbeitung neuer Inhalte keineswegs die spontane, natürliche Antwort von Schülern auf die ihnen vorliegenden Aufgaben darstellt: „sustained deep learning is never inevitable and therefore is highly dependent on affect, emotion and motivation" (Schumann, 1997: 35). Aus empirischen wie spekulativen Erkenntnissen lassen sich mehrere Filterungsprozesse ansetzen, die an der Schwelle zum Lernen ihre Wirkung entfalten:

1. The novelty filter: is this information new?
2. The pleasantness filter: is this input enjoyable?
3. The relevance filter: what does this have to do with my goals - do I need it - is it significant?
4. The cope-ability filter: can I understand this?
5. The self/social-image filter: will knowing this make me ‚cool'? (Yen-Ling, 2010: 11).

Diese Faktoren können in weiterer Folge bis zur Analyse der „comfort zone" von Lernenden und Lehrenden geführt werden und zur - wichtigen - Beobachtung führen, dass das Lernen eines neuen Unterrichtsstoffes mit Hilfe einer zu lernenden Sprache, die alteingefahrenen Bahnen der spezifischen „comfort-zone" von Lernenden und Lehrpersonen (was dem einen nützt, schadet dem anderen) aufzubrechen imstande ist, und neue Formen des positiv erfahrenen Lernens ermöglicht und unterstützt.

Damit ist eine umfassende Darstellung der „externen" Faktoren gegeben, die aus kognitiver Sicht in Situationen gesteuerten Lernens eine Rolle spielen (vgl. dazu auch Roth, 2011; Spitzer, 2002). Extern sind diese Faktoren im Hinblick auf die kommunikativen Akte, die den Lernprozessen zugrunde liegen. Werden die „externen" Erkenntnisse zur kognitiven Verarbeitung näher betrachtet, führen sie zur Frage nach der inneren Struktur der Tätigkeiten, die von den beschriebenen äußeren Faktoren beeinflusst und gesteuert werden. Eigentlich sind die Fragen „von außen" nur unter der Voraussetzung gültig, dass die Verarbeitung „von innen", das heißt der Aufbau und die Form des sprachlichen Handelns in der Klasse „normal" abläuft, das heißt unter den Bedingungen des normalen Sprechens zwischen den Mitgliedern einer Sprachgemeinschaft.

Konventionen des Sprechens und des Verstehens

„Wir ‚müssen' mit unseren Worten meinen, was diese Worte *gewöhnlich* (*ordinarily*) meinen" schreibt Stanley Cavell, in seinem Buch „Must We Mean What We Say?" aus dem Jahr 1969. (Clavell, 1969:19; Bronfen, 2009: 77-78). Aus dieser Erkenntnis, die an Wittgenstein anknüpft, ergibt sich eine komplexe Rekonstruktion für das Gelingen von Sprechakten. „Die Verantwortung für das eigene Sprechen zu übernehmen heißt nicht, sich einen Gebrauch von Sprache vorschreiben zu lassen (*you must say*). Es heißt vielmehr, richtig einzuschätzen, welche Wörter wann verwendet werden sollten, weil man die Umstände der Sprechsituation im Hinblick auf den Anderen, an den man sein Sprechen richtet, in angemessener Weise würdigt. Sprachregeln sind somit zwar nicht präskriptiv, können aber durchaus beschreiben, was ein Kontext normativ voraussetzt". (Bronfen 2009: 79).

Lernen von Sprache kommt „einem Hineinwachsen in Lebensformen gleich, also in jene Handlungssituationen, die für den Gebrauch von Sprache relevant sind", (Bronfen 2009: 94), und die Sprache, die man gelernt hat, ermöglicht das Leben in einer Gemeinschaft in der genau diese Spielregeln des Sprechens gelten, die man sich angeeignet hat und die in jedem Moment des Sprechens aktualisiert und konsolidiert werden.

Diese Spielregel besagt, dass Sprechen nur dann erfolgreich ist, wenn der Sprechende verstanden wird. Dieses Verstandenwerden ist aber kein Zufall und auch kein Geschenk sondern das Ergebnis einer Leistung des Sprechers. Eine Anpassungs-Leistung an die Erwartungen, an die durch Konventionen begründeten Beschränkungen des Sagbaren unter der Ägide des Verstehens. Helmut Feilke, spricht in diesem Zusammenhang von einer „Verstehenskonstanz" (Feilke, 1993: Anm. 16) und rekonstruiert auf überzeugende Weise die Funktionalität des Verstehens in ihrer Einbettung in das, was den Teilnehmern einer Sprachgemeinschaft vertraut ist, das womit sie „rechnen", weil es ihren Erwartungen entspricht und ihren Handlungsabsichten in erlebten Situationen der sprachlichen Bewältigung der Welt. Feilke wählt für dieses Verhalten in einem Bezugsraum des Bekannten und Vertrauten den Terminus der „Common-Sense-Kompetenz", die nichts mit oberflächlich Gedachtem oder Gemeintem zu tun hat, sehr viel hingegen mit dem Grundproblem sprachlichen Verstehens und des Gebrauchs von Sprache, wie es Wittgenstein am Beginn des § 116 der *Philosophischen Untersuchungen* als Frage ausgesprochen hat:

> Wenn die Philosophen ein Wort gebrauchen (...), muß man sich immer fragen: Wird denn dieses Wort in der Sprache, in der es seine Heimat hat, je tatsächlich so gebraucht?

Feilke findet die Antwort auf diese Frage im Merkmal der ‚idiomatischen Geprägtheit' von Sprache, dem „kommunikationstheoretisch notwendigen Genus proximum für den Begriff der Sprache" (Feilke, 1996: 313). Nicht um fertige idiomatische Ausdrücke handelt es sich dabei, sondern um eine Art Prägungsleistung *in fieri* im Moment des Sprachgebrauchs, bei dem unterschiedlich vorgeformte Elemente zu einer neuen Synthese zusammengeführt werden. Besonders auffällig sind dabei jene Formen, die an der Oberfläche völlig transparent gebildet sind, auch semantisch im Bereich der Wortbedeutung erfahrbar sind, und über die dennoch nicht frei verfügt werden kann. Unsichtbar aber rigoros wird die Anwendbarkeit dieser Formen durch Konventionen festgelegt und eingeschränkt. Kompetente Sprecher verwenden die Ausdrücke nicht am falschen Ort - und machen sich aber auch kaum Gedanken darüber, wie solche Gebrauchsbeschränkungen entstehen und wie sie ins Gesamtbild der Sprache und der Sprachkompetenz einzuordnen sind. Sie haben dieses sprachliche Wissen, die pragmatische Kompetenz oder - systemimmanent in der Terminologie von Feilke - die „Common-Sense-Kompetenz", die auf der Vereinbarung der Sprecher beruht, die sich in Präferenzen in der Auswahl möglicher Formen und Strukturen äußert.

Als Beispiel mögen Fälle von ‚semantischer Prägung' dienen, die aus der Sicht von Lernenden leichter zu erkennen und zu verarbeiten sind, da es sich nicht um konventionelle vielmehr aber um Ausdrücke handelt, die nur als Bestandteile von Sprechhandlungen fungieren. Man kann sie also leicht in Listen zusammenfassen und nach grammatischen Kriterien ordnen:

- nominative Einheiten: ein gepflegtes Äußeres, eine schwere Krankheit, ein entfernter Verwandter, ein alter Freund, ein hohes Alter, reiner Zufall, ein heißer Tip, ein starkes Stück, eine harte Zeit, eine kleine Überraschung, persönliche Gründe;

- prädikative Einheiten: ins Bett gehen, das Bett machen, ins Bett machen, etwas zu bedenken geben, einer geregelten Arbeit nachgehen, in guter Gesellschaft sein;

- adverbiale Einheiten: früher oder später, von Anfang an, in absehbarer Zeit, in der Sonne, vor Ort, am Rande, mit Recht, zu keiner Zeit, immer und immer wieder, nicht zuletzt, nach besten Kräften, mit reinem Gewissen, in guter Absicht;

- attributive Einheiten: sehr gut, frisch verliebt, jung verheiratet, lebensgefährlich verletzt, hoch begabt (Feilke 1996: 243).

Sozial ausgehandelt werden dabei nicht nur die lexikalischen und die strukturellen Präferenzen der jeweiligen Ausdrücke, sondern auch die Anwendungsbeschränkungen hinsichtlich bestimmter Gebrauchssituationen. Auch die sozial ausgehandelten Restriktionen des Gebrauchs „normal" gebildeter Ausdrücke müssen gelernt werden. Das geschieht beim ungesteuerten Spracherwerb als spontanes Lernen in authentischen sprachlichen Interaktionen bei denen Sprachliches und Außersprachliches zusammen „ein Bild" ergeben, ohne dass die Lernenden sich der gelernten Inhalte bewusst werden. Diese Fülle von unvorhersehbaren Präferenzen beim Zusammenstellen und Anwenden sprachlicher Elemente – die ‚geprägten Formen' – einzeln, ohne Planung und ohne jede Aussicht, an ein Ende zu kommen, zu „lernen", scheint ein hoffnungsloses Unterfangen. Die Hoffnungslosigkeit eines solchen Unterfangens, die jedem kompetenten Sprecher einleuchtet, kann unsere Haltung zu diesen Phänomenen vielleicht in eine neue Richtung lenken. Was beim spontanen Spracherwerb geschieht, ist vielleicht nicht so sehr oder nicht allein das Erlernen einzelner geprägter Formen in spezifischen Gebrauchssituationen, sondern die Vorbereitung darauf, dass jedes Sprechen im Kontext mit Hilfe solcher Formen und solcher Formeln vor sich geht, so dass die bei diesem Lernen erreichte Kompetenz auch darin besteht, genau diese Erwartungshaltung aufzubauen und einzuüben, die in den unvorhersehbaren Einzelfällen notwendig ist, um die jeweils anstehenden kommunikativen Akte erfolgreich durchzuführen.

Sprachen lernen, gebrauchen, gebrauchen lernen

Sprachliche Kommunikation (*sensu* Feilke 1994, 1996) verlangt nach sprachlichem Wissen nicht nur von Formen und Strukturen, sondern auch von Anwendungen in typischen Gebrauchskontexten. Konvention ist die Verbindung von Formen mit bereits erfolgten Momenten geglückter Kommunikation mit Hilfe eben dieser Formen. Wenn das Erlernen einer neuen Sprache, noch dazu einer Sprache, die von Mitmenschen im selben Raum im Alltag gesprochen wird, einem Erlernen der in dieser Sprachgemeinschaft gültigen Konventionen entspricht, so ist jeder Moment des Lernens als Moment des Gebrauchs zu sehen und zu definieren und jeder Moment des Gebrauchs der Sprache als ein Moment des Übens und des erprobenden Lernens. Konventionen müssen beachtet werden und sie haben daher obligatorisch die Eigenschaft der Erkennbarkeit. Konventionen können erkannt werden, das Erkennen verlangt aber nach Aufmerksamkeit, die im Probehandeln mit eventuell notwendiger Spontankorrektur weiter geführt wird.

Diese Situation des Lernens und des Spracherwerbs in Situationen des gelebten Sprachkontakts steht in entschiedener Gegnerschaft zu Trägheit, zu Unaufmerksamkeit und zu sprachlichem Laissez-faire – drei Aspekte, die schulisches Sprachenlernen oft prägen.

Auf den Punkt gebracht, ist eine Didaktik zu fordern – oder zu wünschen –, die Ausdruck einer Haltung ist, so dass die Sprecher/Lerner mit jedem Akt des Sprechens etwas „wirklich wollen". Kein Lernen „auf Vorrat", sondern ein Lernen, das sich im Moment des Lernens als sinnhaftes Tun bewährt und auf genau diese Weise seine Wirkung im Hinblick auf den Spracherwerb, auf das Sprachenlernen entfalten kann.

Das Erlernen einer Sprache gleichsam „von innen", als Lernende, die bereits den Weg gefunden haben, zu Mitgliedern der Sprachgemeinschaft zu werden, deren Sprache sie zu lernen begonnen haben, gleicht Momenten, in denen ein Bedürfnis gestillt wird.

In konkreten Lernsituationen muss man sich diese Momente als Momente angestrengter Arbeitsleistung vorstellen, deren Zielrichtung aber nicht allein das Ansammeln von Wissen, die Bereicherung des Lernenden ist, sondern ein Sprachhandeln, das gezielt das Glücken des kommunikativen Aktes anstrebt. Eine Anstrengung, die zum Glücken eines Sprechaktes führen soll und führen kann.

Don Milani, die große italienische Leitfigur intensiver Spracherziehung und Sprachkultur als Grundlegung der Schule für Situationen eklatanter sozialer und kultureller Ungleichheit, hat diese Arbeitsanstrengung als Prozess des Lernens und des Sprachgebrauchs für das Schreiben, als eine Theorie des Schreibens und Lesens skizziert, die wie eine selbstständige Wittgenstein-Aneignung gelesen werden kann: (Drumbl 2004, 2007)

> Chiunque se vuole può avere la grazia di misurare le parole, riordinarle, eliminare le ripetizioni, le contraddizioni, le cose inutili, scegliere il vocabolo più vero, più logico, più efficace, rifiutare ogni considerazione di tatto, di interesse, di educazione borghese, di convenienza, chiedere consiglio a molta gente (sull'efficacia non sulla convenienza). Alla fine la cosa diventa chiara per chi la scrive e per chi la legge.
>
> Jeder kann, wenn er will, die Gnade erhalten, die Wörter abzuwägen, sie umzuordnen, die Wiederholungen, die Widersprüche, das Unnötige zu streichen, das echteste Wort zu wählen, das logischste, das treffendste, jede Erwägung von Takt, von Interesse, von bürgerlicher Erziehung, von Konvenienz abzulehnen, viele Menschen um Rat zu bitten (zur Wirksamkeit, nicht zur Konvenienz). Am Ende wird die Sache klar sein für denjenigen, der sie schreibt, und für denjenigen, der sie liest.

Dieser Moment der Gleichzeitigkeit des Verstehens bei Sprecher/Autor und Zuhörer/Leser ist der Moment der ideellen Identität von Meinen und Verstehen unter der Schutzherrschaft einer für beide/alle verbindlichen Konventionalität des Sprechens, die entdeckt werden muss, gefunden (und nicht erfunden) und die dem falschen Sprechen, das leeren Aussagen, Euphemismen und Rücksichtnahmen verpflichtet ist, mühsam erst abgerungen werden muss.

Die Rücksichtnahme auf den Hörer/Leser ist demnach keine Voraussetzung geglückter Sprechakte, sondern ihr Ergebnis. Sie ist das Ziel, nicht die bereits vorhandene Ausstattung des Sprechers, sie muss in jedem Moment neu erarbeitet werden, sie wird einem nicht geschenkt und sie ist kein Besitz.

Man kann sie sich nicht aneignen, nicht für später und schon gar nicht für immer. Mit einem Wort: Tendenzen einer Haltung, die wir von der Schule gewohnt sind, an die uns die Schule gewöhnt hat, spielen beim Erlernen von Sprachen keine Rolle.

Eine geringe Rolle spielt auch die Verfügbarkeit (availability bias) von Sprache und von Texten durch die physische Nähe der „fremden" Sprachgemeinschaft, wie zum Beispiel in Südtirol. Nähe ist auch durch Begrenzung, als Abgrenzen erfahrbar, also zugleich ein Moment der Trennung. Auch die Nähe ist daher als Aufforderung zur Arbeit der Annäherung zu verstehen. Lernen ist Arbeit, ist Üben, Beachten, Vergleichen, Sammeln, Erkennen.

Dazu ein aktuelles Beispiel:

In den Nahverkehrszügen in Südtirol war in den letzten Monaten ein Plakat einer Gewerkschaft verbreitet, auf dem ein italienischer Text mit der dazugehörigen Übersetzung ins Deutsche zu lesen war:

La CISL unisce le generazioni guardando al FUTURO	Der SGBCISL verbindet Generationen und schaut der Zukunft ein

Das war nun doch zu viel, das deutsche Plakat wurde eingestampft und nach wenigen Tagen durch eine neue Version ersetzt:

Der SGBCISL verbindet
Generationen und schaut
der Zukunft entgegen

Durch die Korrektur des Fehlers ist aber noch kein kohärenter und akzeptabler deutscher Text entstanden. Der neue deutsche Text ist ungewohnt, er klingt „falsch", denn im italienischen Text ist ein unerkannter und unerkennbarer „Fehler" enthalten. Es handelt sich dabei um Abweichungen vom konventionellen Sprachgebrauch, die in Situationen des täglichen Sprachgebrauchs in Südtirol immer wieder anzutreffen sind und die nicht mehr auffallen. Hier handelt es sich um einen Hiat zwischen dem Denken und Meinen auf der einen Seite und dem sprachlichem Ausdruck auf der anderen Seite. Die Verfasser des Plakats sprechen nicht so, wie andere Sprecher der Sprachgemeinschaft sprechen würden. Sie weichen von der Konventionalität des Sprechens und des Verstehens ab, die sie bei den Lesern voraussetzen müssten. Mit einem Wort, der konventionelle Unterbau des Sprechens im Alltag wird missachtet.

Der Gedanke, der dem Werbespruch zugrunde liegt, ist wohl folgender:

Die Gewerkschaft schaut gemeinsam mit den Menschen unterschiedlicher Generationen in die Zukunft. Dieser Grundgedanke ist im Italienischen aber auf eine Weise ausgedrückt, die von den Teilnehmern der Sprachgemeinschaft nicht geteilt wird.

Die Google-Suche (02.06.2011) nach dem N-Gram „guarda al futuro unendo" ergibt drei Treffer:

1. Butazzi colpisce con battute fulminanti e una forma letteraria eccellente, che sembra appartenere a un altro secolo per quanto è sofisticata, ma che guarda al futuro unendo la tradizione letteraria italiana con la comicità surreale di stampo alleniano. (= di Woody Allen R.Z.)
2. Una politica che guarda al futuro, unendo idealità e concretezza.
3. Coop adriatica guarda al futuro: unendo capacità imprenditoriali e coscienza dei propri valori di sempre, ma puntando su giovani, innovazione e sviluppo.

Es sind semantische Präferenzen zu erkennen: Was vereint werden kann, wenn jemand in die Zukunft blickt, sind bevorzugt Abstrakta. Die propagandistische Formel auf dem Plakat ist daher als peripher zum „normalen" Sprachgebrauch einzustufen. Dagegen ist nichts einzuwenden, denn in solchen Innovationen liegt ja die Chance von Werbetexten.

Wir haben aber nicht die Formel des Plakats dokumentiert, sondern die korrigierte Form, die wir als Ausdruck des tatsächlich Gemeinten rekonstruiert haben. Auf dem Plakat steht nicht „guarda unendo", sondern der Ausdruck in umgekehrter Strukturierung, die dem N-Gram „unisce guardando" entspricht. Syntaktisch vereint, allerdings intransitiv gebraucht, ist das Bi-gram in Google (02.06.2011) nur einmal belegt. Der zweite Beleg dient als Kontrast. Für den transitiven Gebrauch gibt es keine Belege:

- La mezzanotte è il momento in cui tutta la Riviera Adriatica si unisce guardando lo stesso cielo perché partono i fuochi d'artificio rosa, contemporanei a tutta la costa
- La pizza non arriva, i camerieri sfrecciano sgomitando fra un giapponese e l' altro. «Dimmi quando tu verrai, dimmi quando quando quando», canta a squarciagola un trio di orchestrali nomadi, e l' americano si unisce guardando malinconico il suo, di cameriere.

Der Beleg aus einem Tourismus-Horrorszenarium in Florenz (aus dem Corriere della Sera) zeigt sehr schön, dass eigentlich jeder Gast in eine andere Richtung schaut. Der einzige pertinente Beleg dokumentiert das intransitive „si unisce": Das gemeinsame Schauen gilt einem Feuerwerk am nächtlichen Himmel, wobei es sich eigentlich um eine Vielzahl von Feuerwerken handelt, die alle zur gleichen Zeit erstrahlen und die Touristen die ganze Adriatische Riviera entlang dazu bringen, ihre Köpfe zu erheben und in den Himmel zu starren. Also auch hier eine Vielzahl von Zielen, keine einheitliche Ausrichtung nach einem einzigen Ziel wie bei der Metapher des gemeinsam in die Zukunft Blickens.

Die Recherche belegt sehr genau den Sprachgebrauch und die Restriktionen beim Gebrauch dieser „zusammengestellten" Wörter. Möglich wäre die Aussage, „sie schauen gemeinsam in die Zukunft", wenn das Publikum eines Science-Fiction-Films gemeint ist: Die Zuschauer sitzen im Kino und schauen gemeinsam in die Zukunft. Solche Beispiele zeigen nicht nur, wie weit der Rahmen dessen gesteckt ist, was Teilnehmer der Sprachgemeinschaft zu akzeptieren bereit sind, in welchem Maß sie lernfähig sind, es zeigt sehr schön die *conditio sine qua non* dieses Verstehens ungewohnter Ausdrucksformen von Gemeintem. Wer versteht, hat das Gemeinte des Sprechers verstanden, hat aber auch verstanden, dass ein echter Akt des Meinens in eine nicht geläufige Form des sprachlichen Ausdrucks gebracht wurde.

Die im sprachlichen Ausdruck zusammengestellten Elemente (Wörter, Formeln, Sätze) werden als mögliche Zusammenstellungen anerkannt. Sie haben nicht nur den Filter der Übereinstimmung mit den Restriktionen der Wohlgeformtheit der Grammatik zu passieren, sondern auch den Filter der Brauchbarkeit, der Akzeptanz, der Erprobung in vorangegangenen Sprechakten.

Gegen die missglückte italienische Formulierung auf dem Plakat spricht also nicht so sehr, dass sie unverständlich wäre – dass sie verstanden wird, ist ein Indiz für die Fehlertoleranz des Systems –, sondern der Umstand, dass sie für die anderen Sprecher der Sprache nicht zum Anlass werden kann, diesen Ausdruck selbst wieder zu verwenden. Sie werden gelesen und verfallen dem Vergessen. Der Ausdruck hat nicht Anteil am Grundprinzip der sprachlichen Kommunikation, das Feilke definiert als:

> Die in der Kommunikation durch das wechselseitig aufeinander bezogene Orientierungsverhalten von Sprechern und Hörern erreichte Engführung der jeweiligen sprachlichen und kognitiven Orientierungen werden durch den Mechanismus ‚idiomatischer Prägung' für zukünftige Kommunikation verfügbar gehalten. (Feilke 1996: 312).

Der Sprechakt auf dem Plakat ist nicht idiomatisch geprägt, das heißt, er wird nicht zum Stimulus, die geprägte Form weiter zu verwenden. Ein Sprechen in einer Sackgasse. In der zweisprachigen Umgebung kommt aber auch die Sackgasse zu ihrem Recht, nämlich in dem Moment, in dem sie ihren Anspruch auf Übersetzung einfordert. Der fehlerhafte Ausdruck, dessen Schicksal es sein müsste, spurlos wieder zu verschwinden, tut hier genau das, was ihm nicht zukommt und nicht zusteht: er *wirkt weiter*. Wegen dieser Folgewirkung und nicht wegen der sprachlichen Fehlleistung als solcher, ist Kritik an solchen Sprechakten notwendig. Als Folge eines Sprechens, das systematisch und hoch frequent von den Einschränkungen idiomatisch geprägter Sprache abweicht, entsteht ein Verlust von Sprachkompetenz, ein Nachlassen der Aufmerksamkeit, der Sorgfalt bei der Wahl der sprachlichen Mittel bis hin zur Resignation als Vorstufe sprachlicher Verarmung, die stilbildend wird.

Dieser sprachliche „Unfall" verweist auf den Bereich des Sprachgebrauchs, den wir als Pragmatik bezeichnen, nämlich die Erfahrungen beim Gebrauch der Sprache aber auch bei der Analyse von Sprache im Gebrauch in Wissenschaft und Kritik. Bedeutend für die heute gültige Sicht von Sprache im Gebrauch sind Überlegungen, die einen Bogen vom Sprecher zum Hörer schlagen und die den kommunikativen Prozess als kognitive Aufgabe erkennen, die vom Produzenten und vom Rezipienten gemeinsam gelöst werden muss. Entscheidend ist bei diesem Gemeinsamen nicht so sehr die individuelle kreative Leistung des Sprechers oder des Hörers, sondern ihre Teilhabe an Konventionen, die beiden vertraut sind und denen sie vertrauen (müssen).

Das ist ein Terrain, auf dem Unsicherheit vorherrscht.

„Kommt das Lernen von Sprache einem Hineinwachsen in Lebensformen gleich, also in jene Handlungssituationen, die für den Gebrauch von Sprache relevant sind, so kann es allerdings auch in der erschreckenden Erkenntnis münden, dass diese Sprache ‚auf einem sehr wackeligen Fundament ruht' (Cavell 1979:178). Wir können uns nicht sicher sein, dass die gewöhnliche Sprache weiterhin bedeuten wird, was sie für uns jetzt bedeutet, und ob Andere es weiterhin nötig finden werden, uns verstehen zu wollen und sich uns verständlich zu machen. Die Sicherheit des Konkreten, die Lebensformen bieten, erweist sich deshalb als prekär, weil ihr Überleben (außer im Vertrauen auf einen fortwährenden Prozess der Verständigung) nie gesichert werden kann". (Bronfen 2009: 94).

Das „Vertrauen auf einen fortwährenden Prozess der Verständigung" ist in den sprachlichen Prozessen systemimmanent verankert. So kann man die Arbeiten von Helmut Feilke zusammenfassen. Dieses Vertrauen auf einen fortwährenden Prozess der Verständigung ist die Chance der Schule, selbst und vielleicht gerade in der prekären Situation des täglichen Sprachkontakts mit seinen (auch negativen) Folgen für beide Sprachen im Gebrauch. CLIL kann in dieser Perspektive Momente des Sprachgebrauchs in Situationen gesteuerten Unterrichts aktivieren, in denen nicht nur das „leicht Erlernbare" an den fremden Sprachen präsentiert und geübt wird, nämlich die arbiträr bestimmten Lexeme und die regelmäßig bestimmten Abläufe grammatikalischer Konstruktionen - der typische Lernstoff im Fremdsprachenunterricht. Sprache in echten Situationen des Lernens von Sach-Fach-Inhalten geschieht mit sprachlichen Mitteln, bei denen die idiomatisch geprägte Sprache eine entscheidende Rolle spielt. An solchen Sprechakten teilzunehmen ist daher eine notwendige, wenn auch nicht ausreichende Bedingung um einen Zugang zu finden zur Sprache, die authentische Kommunikation überhaupt erst ermöglicht.

In diesem Fall fungiert Sprache in der Schule nicht nur als Unterrichtsfach, sondern als Instrument der Verständigung, als Moment, in dem das Vertrauen in die Prozesse der Verständigung als Erfahrung gewonnen, aufgebaut und konsolidiert wird. Diese Bestimmung von Sprachgebrauch und Sprachunterricht in der Schule widerstrebt und widersteht genau den Prozessen der Entfremdung, die im normalen Schulbetrieb so konstant ihre Wirkung entfalten. Eine Entfremdung, die Paul Valéry, der feinfühlige Beobachter von Sprache im Gebrauch so beschrieben hat:

> Durch Unterricht lernen wir dies oder das. Gleichzeitig aber lässt er uns dies oder jenes verlernen, allerdings nicht nur im positiven Sinne, als den unterrichteten Dingen entgegengesetzt. Sondern *negativ*, insofern er *uns abgewöhnt, uns unserer eigenen Mittel zu bedienen.*

Was bei Valéry noch als Metapher erscheinen mag, die Metapher von den „eigenen Mitteln", ist für Feilke die Konventionalität, die dem Sprechen vorausgeht und ihm zu Grunde liegt. Feilkes radikaler Neuansatz, sprachliche Funktionalität, und das heißt, Sprache selbst als idiomatische Prägung zu fassen, gibt dem Sprechen in der Schule und dem Sprechen im Rahmen des gesteuerten Sprachunterrichts eine wesentliche Aufgabe: nicht zu vergessen, dass Sprechen kein Verwenden von fertigen Bestandteilen ist, sondern ein kreativer Prozess mit Hilfe von Elementen, von denen bereits feststeht, dass sie als Mittel der Kommunikation funktionieren, weil „sich Kommunikation als Zeichenpraxis auf bereits stattgehabte, brauchbare kommunikative Koorientierungen zurückbezieht" (Feilke 1994: 77). Was sich in der Vergangenheit als brauchbar erwiesen hat, weil es einen Beitrag zur Sicherung der Verständigung geleistet hat und daher auch in Zukunft leistet, das wird von den Mitgliedern der Sprachgemeinschaft verwendet.

Die Brauchbarkeit der Äußerungsmittel für künftige Momente der Verständigung führt – in genauer Umkehr der Sichtweise – zur Erfahrung der Sprachgemeinschaft. Diesen Gedanken fasst Paul Valéry, der in seinen Cahiers so viele Beobachtungen zur Sprache antizipiert, die Jahrzehnte später in unterschiedlichen Diskursen in Erscheinung treten. Beachtenswert ist dabei die Bestimmung der kommunikativen Akte als „durchschnittlich erfolgreich", die genau den Punkt trifft, der Feilke und Clavell verbindet, die Unsicherheit des Ausgangs der kognitiven Leistungen beim Sprechen und Verstehen, die auf einem vernunftgeleiteten Abschätzen der in jeder bestimmten Situation vorauszusetzenden Konventionen beruht:

> Sprache ist ein Glaubensunternehmen, das sich auf zwei Erfahrungen gründet:
>
> - die eine, die erste, besteht in der durch Annäherung bewirkten Verknüpfung eines sinnlich wahrnehmbaren *Dinges* mit einigen durch einen bestimmten *Akt* hervorgebrachten *Lauten,* woraufhin jeder dieser drei zunächst voneinander unabhängigen Faktoren die beiden anderen sowie die Vorstellungen dieser beiden anderen hervorrufen kann –, und dies gilt ein für allemal; [= kann gelernt werden, Anm. RZ]
>
> - die andere, nicht weniger notwendige, besteht in dem durchschnittlich erfolgreichen Gebrauch dieser Verknüpfung im Umgang jedes Einzelnen mit

seinesgleichen. Und eben dieser Erfolg festigt den Begriff, den jeder sich davon macht, *seinesgleichen* zu haben [= kann nur durch Gebrauch erworben werden, Anm. RZ]. (Valéry 2011: 148)

Die „eigenen" Mittel des sprechenden Menschen sind also gerade nicht die Mittel, die nur ihm als Individuum „eigen sind", sondern die Mittel, die er mit den anderen Teilnehmern der Sprachgemeinschaft teilt. Diese Mittel sind es, die den „anderen" als „seinesgleichen" erkenntlich machen. Diese Mittel sind die Grundlage für das Sprechen und Verstehen, für die geglückte Verständigung. Und der erfolgreiche - der „durchschnittlich erfolgreiche" - Gebrauch dieser Mittel verschafft dem Einzelnen die Erfahrung, einer Gemeinschaft anzugehören. Diese Mittel können (nur) in authentischer Kommunikation gelernt und geübt werden. Das Lernen der Sprache geht Hand in Hand mit der Sozialisierung der *in-fantes*, der Nicht-Sprechenden. Hier liegt die eigentliche Qualität des Sach-Fach-Unterrichts in einer neuen Sprache begründet. Die Einbettung des Sprechens in authentisches Handeln verbindet den Sprechakt in der Klasse mit den Sprechakten in der Gemeinschaft.

Sprachkompetenz ist auch ein Erinnern und ein Wiederholen. Die Sprechakte in der Klasse „holen" die Sprechakte aus der Authentizität des Lebens in die Klasse, wo sie „wiederholt" werden. Das Wiederholen ist auch ein „Holen" aus der Erinnerung, aus der Lebensgeschichte der Menschen dieser Sprachgemeinschaft[18]. Diese Authentizität des Gebrauchs kann selbst beim schulischen Verhalten nicht einfach abgestreift werden, sie ist im Kern des „normalen" Sprechens enthalten, ja, sie bildet diesen Kern. Aus diesem Kern, einem Samenkorn gleich, entsteht das Erleben, die Erfahrung von „seinesgleichen", von Gemeinschaft. Dieses authentische Sprechen in der Schule zu pflegen ist das Ziel, das im Unterricht erreicht, oder, um noch einmal Valéry zu zitieren, das Ziel, das im Unterricht „angestrebt werden" soll[19].

---

18 Zur Ambivalenz von ‚wiederholen' und ‚wieder holen' in Peter Handkes Roman „Die Wiederholung" siehe Drumbl (1999). Ich danke Prof. Drumbl für diesen und viele andere anregende Hinweise.

19 Die Kunst des Erziehenden besteht darin, Aufmerksamkeit zu schaffen, sie freiwillig werden zu lassen, ihren Aufbau zu ermöglichen; sobald sie vorhanden ist, sie zu bewahren, ihre Funktionsweise zu kontrollieren und ihre Anwendung zu begrenzen. Man muss ihr schonend die *entsprechende* Nahrung geben - nie zu viel, nie zu wenig, ihr ein Ziel stecken und sicherstellen, dass es angestrebt wird. (Valéry, *Hefte* 5, 607; siehe Drumbl, 2009)

In der zweiten Sprache lernen

Lernen in einer authentischen Situation von Wissenserwerb und Wissenstransfer mit Hilfe einer Sprache, die von den Lernenden vielleicht noch nicht so gut beherrscht wird, führt zu Arbeitsstrategien, die der kognitiven Verarbeitung von mehreren Sprachen entsprechen. Wird diese Chance genutzt, dann kann es dazu kommen, dass der Umgang mit der zweiten Sprache als Arbeitssprache zu einer vertieften Konsolidierung der Sprachkenntnisse führt, die mit traditionellen Unterrichtsmethoden nicht zu erreichen wäre. Es geht dabei um das Verhältnis der beiden Sprachen (oder einer Vielzahl von Sprachen) und um den Mechanismus der Trennung der Sprachen im Moment des Sprachgebrauchs. Jahrzehnte hindurch wurde die Trennung der Sprachen im Schulunterricht systematisch aufgehoben. Vokabellisten, Übersetzungsübungen als Mittel des Erlernens der Wörter und der Strukturen, die für die Übersetzung notwendig waren, die konstante Bindung auch mündlicher Sprechakte an die in der Erstsprache formulierte „Bedeutung", alle diese Momente des Lernens und Übens einer neuen Sprache führen dazu, dass die Grenzen zwischen der ersten und zweiten Sprache in jedem Moment des Lernens überschritten werden. Sollten die Sprachen im Gehirn das Bedürfnis haben, sich von einander abzusondern, um gleichsam auf getrennten Bahnen ihren Dienst zu erfüllen, dann würde dieses Bedürfnis durch den Sprachunterricht in der Schule keineswegs unterstützt, ja, man könnte sagen, dann bliebe dieses Bedürfnis voll und ganz unbefriedigt.

Von einem solchen Bedürfnis nach Abgrenzung der unterschiedlichen Sprachen kann man nur in Form einer Hypothese sprechen. Die Hypothese ist bestimmten Einzelforschungen zur kognitiven Verarbeitung verpflichtet, genauer, den Interpretationen der einzelnen Forschungsergebnisse (Bates 1999). Ebenso wie im Bereich des Sprachgebrauchs und der Lernsituationen in Momenten des gesteuerten Spracherwerbs geht es darum, eine Mehrzahl von Hypothesen zu einer Vielfalt von Forschungsansätzen, Methoden und Ergebnissen zu beurteilen und auf ihre Anwendbarkeit auf die spezielle Fragestellung zu überprüfen. In Analogie zur Kategorie des „normalen" Sprechens, kann man auch von einer „normalen" Verarbeitung von Sprache(n) im Gehirn des Menschen sprechen.

In den vergangenen Jahrzehnten ist ein grundsätzliches Umdenken im Bereich der kognitiven Verarbeitung erfolgt, die man als Einbettung der Kognition in den Körper und die Positionierung des Menschen in der Umwelt erkennen kann (Clark, 1997). Auf die Sprache und die Sprechtätigkeit bezogen handelt es sich um eine radikale Abkehr von einem Paradigma, das bevorzugt die Generierung von sprachlichen Strukturen berücksichtigt zugunsten einer Auffassung der Kognition als emergenten Prozess, der im Lauf der Antwort auf die Reize der Außenwelt Strukturen erschafft, die man als „Module" neuronaler Aktivitäten bezeichnen kann. Dabei gilt es allerdings hier zu beachten, dass diese Module das Ergebnis von kognitiven

Prozessen sind und nicht ihre genetisch bestimmte Voraussetzung und Ermöglichung. Wie Elizabeth Bates es treffend zum Ausdruck gebracht hat: „Modules are made, not born". Die Frage, die es zu beantworten gilt, ist die Frage nach den Gründen, die den Gebrauch mehrerer Sprachen ermöglichen, ohne dass sich die Sprachen in die Quere kommen und den Gebrauch der jeweils anderen stören. Eine weitere Frage gilt den Gründen, die den Zweitspracherwerb so mühsam machen.

Im Modell kognitiver Verarbeitung, das Elizabeth Bates in Jahrzehnten von Einzelforschungen gefunden hat, scheint es möglich, diese beiden Fragen auf eine einheitliche Grundlage zurückzuführen. Diese Grundlage ist das Konzept der konkurrierenden Angebote, von dem das Competition Model (Bates, 1994, MacWhinney, 2001) seinen Namen erhalten hat (Hernandez et al., 2005: 18):

> The model relies on the notions of competition, resonance, parasitism and entrenchment to account for age-related differences in L2 learning. For example, when the Spanish–English bilingual child is speaking Spanish, both mesa and table are activated as ways of talking about a table. However, because mesa is richly interconnected with other Spanish words, constructions, postures and meanings, it receives far more activation than table during Spanish speech. On the other hand, when the child's two languages are less perfectly balanced in strength, we find a far greater level of intrusion of the stronger language (SL) into sentences of the weaker language (WL). In such cases, continual practice with the WL eventually allows it to 'fight off' intrusions from the SL.
>
> Each language achieves this insulation against intrusion by relying on patterns of mutual activation inherent in the input. When a WL word becomes active, it spreads activation interactively to other WL words. Through Hebbian learning, this interactive coactivation solidifies the bonds between WL forms and allows them to resist SL intrusions. The result of this interactive activation is the establishment of a long-term resonance between all the forms of a given language. As the resonance increases, each language is able to maintain full activation with minimal intrusion from the other. To manage on-line code-switching, as well as translation from one language to the other, the bilingual must learn to partially inhibit or dampen this resonance and activate a coordinated resonance in the other language.

Mit dem Begriff der Resonanz wird eine Vernetzung aller Elemente einer bestimmten Sprache bezeichnet, die den Zusammenhalt der Sprachen garantiert und das unkontrollierte Vermischen von Sprachen beim mehrsprachigen Menschen verhindern. Die zweite und die dritte Sprache muss also, falls sie nicht sehr früh parallel zur Erstsprache erworben wird, die Grundlagen für die Resonanz in der neuen Sprache schaffen. Vernetzte Wörter sind die ersten Bausteine dafür, ein stetig wachsendes Geflecht von verknüpften und verknüpfbaren Elementen, die in einer Wahlverwandtschaft zu einander stehen und die sich zugleich von den anderen Sprachen abgrenzen, ist die Voraussetzung für das weitere Lernen der Zweitsprache und der weiteren Sprachen.

Dieses Bild passt genau zur sozialen Ausformung der Common-sense Kompetenz und ihrer sprachlichen Korrelaten. Qualität und Sicherheit im Gebrauch werden erreicht durch das Verstärken der Beziehungen der Wörter zu einander, der sozial „ausgehandelten" Zusammenstellungen von sprachlichen Elementen. Um ihre Zusammengehörigkeit zu konsolidieren, müssen die „ausgehandelten" Äußerungen in Sprachhandlungen eingeübt und in enger Nähe zum sprachlichen Umfeld aktiviert werden. Sprachen werden „einsprachig" im sozialen Umfeld der Sprachgemeinschaft und in steter Interaktion gelebter Sprache gelernt.

Spontanes Übersetzen stellt in diesen Momenten des Sprachgebrauchs in Situationen des Spracherwerbs einen einschneidenden Eingriff in den „normalen" Ablauf der Lern- und Konsolidierungsprozesse dar. Beim traditionellen Vokabellernen werden privilegierte Verbindungen zur ersten Sprache geschaffen, die implizite Lernprozesse und musterorientiertes Lernen blockieren. Der Aufbau der Bahnen oder des „Orts", an dem die Resonanzen sich entfalten können, also das, was man als die kognitive Grundlage für das Erlernen einer neuen Sprache ansehen kann, wird durch die frühe, konstante Disponibilität der Erstsprache nachhaltig behindert und oft sogar verhindert. Das Gefühl vieler Lernender, mit der gelernten Sprache „nichts anfangen zu können", hat vielleicht genau hier seinen Ursprung.

Die Fixierung auf die Erstsprache und auf das damit verbundene Bedürfnis, Fehler zu vermeiden, gibt dem Sprechen eine rückwärtsgewandte Ausrichtung. Zurück zum Gelernten, zurück zum Lernen, ja, zurück sogar noch vor den Moment des Lernens in die sprachliche Umgebung der Muttersprache, die bei diesem Lernen einer fremden Sprache immer anwesend ist; als Stütze, die an allen Sprechakten in der fremden Sprache haften bleibt. Vorwärts gerichtet heißt, ein auf den Gesprächspartner hin ausgerichtetes Sprechen zu „üben". Der Sprecher hat jemandem etwas zu sagen. Er feilt an den Gedanken, nicht an der Sprache, er präzisiert das Gemeinte und spricht stockend und ohne Gerüst, elementar, in chunks, mit geringer syntaktischer Komplexität.

Die Art und Weise, wie Sprachen im Gehirn verankert werden, die Abgrenzung der Sprachen voneinander (das *Entrenchment* im *Competition Model*) erweist sich demnach als potentielles Hindernis für effizientes Lernen von Sprachen in der Schule.

Die oben referierte pragmatische Ausrichtung in der Analyse der Sprache als Handeln hat ein bemerkenswertes Ergebnis erbracht: Kompetenz ist als kollektives Ereignis aufgetreten und nicht als Befähigung, die allein von den geistigen Kräften des einzelnen Menschen abhängt. Dieses Bild kann kohärent mit dem Bild der kognitiven Sprachverarbeitung nach dem *Competition Model* vereint werden. Sprachen vermischen sich nicht, weil sich die Momente des Sprachgebrauchs und des Spracherwerbs nicht ausschließlich im Bereich der Sprachen als Systemen von Strukturen und dem Wortschatz abspielen, sondern als kognitive Aktivitäten in sozialer Interaktion.

Die soziale Interaktion ist neuesten Forschungen zufolge (Gallese, 2005, 2010) aufs Engste mit der ursprünglichen Begabung und Befähigung des Menschen zur Sprache verbunden. Die Hypothese, sprachliche Aktivitäten haben eine neuronale Grundlage, die auf vorsprachlich ausgebildeten neuronalen Mustern für die Aktivierung von Handlungen aufbaut, ist das letzte Detail in einem Gesamtbild, das sein Zentrum in der Erkenntnis hat, dass Sprechen und Lernen nicht von der sozialen Interaktion abgetrennt werden kann und auch nicht von der Situierung des Menschen in der Welt.

Lernen, das Sach-Fach-Inhalten gilt und das sich in einer Gruppe von Gleichgesinnten entfalten kann, ist daher kein „Sprachenlernen" der traditionellen Art, das in der Vergangenheit so konstant zu Misserfolgen geführt hat. Die Forschungen zu den kognitiven Voraussetzungen für effizientes Lernen ergeben das übereinstimmende Bild, dass Sprachen durch das Erlernen von Inhalten effizient gelernt *werden* / gelernt werden *können*.

Literaturverzeichnis

Bates, Elizabeth (1999): *Language and the infant brain*. In: Journal of Communication Disorders, 32, 195-205. (Die Arbeiten von Elizabeth Bates stehen auf der folgenden Seite zur Verfügung: http://crl.ucsd.edu/bates/papers)

Bates, Elizabeth/Devescovi, Antonella/Wulfeck, Beverly (2001): *Psycholinguistics: a cross-language perspective.* Annual Review of Psychology. Chippewa Falls, WI: Annual Reviews.

Bates, Elizabeth / Elman, Jeffrey / Johnson, Mark / Parisi, Domenico / Plinkett, Kim (1998): *Innateness and emergentism*. In: Bechtel, William / Graham, George (Hgg.): A Companion to Cognitive Science. Malden, MA and Oxford: Blackwell Publishers, 590-601.

Brizic, Katharina (2007): *Das geheime Leben der Sprache. Gesprochene und verschwiegene Sprachen und ihr Einfluss auf den Spracherwerb in der Migration.* Münster-New York-München-Berlin: Waxmann.

Bronfen, Elisabeth (2009): *Stanley Cavell. Zur Einführung*. Hamburg: Junius Verlag.

Carey, Benedict (2010): *Forget What You Know About Good Study Habits.* http://www.nytimes.com/2010/09/07/health/views/07mind.html?pagewanted=print (02.06.2011)

Cavell, Stanley (1969): *Must We Mean What We Say?* Cambridge, New York: Cambridge University Press.

Cavell, Stanley (1979): Claim of Reason. Wittgenstein, Skepticism, Morality, and Tragedy, Oxford. Oxford University Press.

Clark, Andy (1997): *Being there: putting brain, body, and world together again.* Boston: MIT Press

Drumbl, Johann (1993): *L'insegnamento delle lingue. Che cosa possiamo imparare dai metodi alternativi?* In: "L'Analisi linguistica e letteraria", I: 195-204.

Drumbl, Johann (2001): *Ein konstruktivistisches Lernmodell für Deutsch als Fremdsprache. Erfahrungen in Italien 1975-2000.* In: Meixner, J. / Müller, K. (Hgg.): Konstruktivistische Schulpraxis. Beispiele für den Unterricht. Neuwied / Berlin: Luchterhand, 125-144.

Drumbl, Johann (2002): *'Aber das Eigene muss so gut gelernt seyn wie das Fremde'.* In: Portmann-Tselikas, P. R. / Schmölzer-Eibinger, S. (Hgg.): *Theorie und Praxis. Österreichische Beiträge zu Deutsch als Fremdsprache. Textkompetenz. Neue Perspektiven für das Lernen und Lehren.* Innsbruck: StudienVerlag, 247-260.

Drumbl, Johann (2003): *Das Sprachen-Portal. Inferenz und Spracherwerb in mehrsprachiger Lernumgebung.* 2. Aufl. Meran: Alpha&Beta.

Drumbl, Johann (2004): *Sprachen, Wissenschaften und die „Kunst des Schreibens.* In: Benedikter, Roland (Hg.): Kultur, Bildung oder Geist? Skizzen zur künftigen Gestalt der europäischen Humanwissenschaften, Helmut Reinalter zum 60. Geburtstag. Studienverlag, Innsbruck, Wien.

Drumbl, Hans (2007): *La "poetica" di Don Milani.* In: Il Cristallo, rassegna di varia umanità. Quadrimestrale-Editore: Centro di Cultura dell'Alto Adige, Bolzano: 42-61.

Drumbl, Hans (2008): *Kognition und Lernen: Neue Erkenntnisse zur Wortschatzarbeit.* In: Krumm, Hans-Jürgen / Portmann-Tselikas Paul R. (Hgg.): Theorie und Praxis. Österreichische Beiträge zu Deutsch als Fremdsprache 11:Innsbruck: Studienverlag, 89-106.

Feilke, Helmuth (1993): *Sprachlicher Common sense und Kommunikation. Über den "gesunden Menschenverstand", die Prägung der Kompetenz und die idiomatische Ordnung des Verstehens.* In: Der Deutschunterricht 6, 6-21.

Feilke, Helmuth (1994): *Common sense-Kompetenz. Überlegungen zu einer Theorie des 'sympathischen' und 'natürlichen' Meinens und Verstehens.* Frankfurt am Main: Suhrkamp.

Feilke, Helmuth (1996): *Sprache als soziale Gestalt. Ausdruck, Prägung und die Ordnung sprachlicher Typik.* Frankfurt am Main: Suhrkamp.

Gallese, Vittorio (2005): *Embodied simulation: from neurons to phenomenal experience.* In: Phenomenology and the Cognitive Sciences, 2005, 4: 23–48. http://www.unipr.it/arpa/mirror/pubs/pdffiles/Gallese/Gallese%202005.pdf (02.06.2010)

Gallese, Vittorio (2010): *Embodied Simulation and its Role in Intersubjectivity.* In: Fuchs Thomas / Sattel, Heribert C. / Henningsen, Peter (Hgg.): The Embodied Self. Dimensions, Coherence and Disorders. Stuttgart: Schattauer, 78-92. http://www.unipr.it/arpa/mirror/pubs/pdffiles/Gallese/2010/embodied_self_dimensions_2010.pdf (02.06.2011)

Handke, Peter (1999): *Die Wiederholung.* Suhrkamp taschenbuch 3010.

Hernandez, Arturo / Ping Li / MacWhinney, Brian (2005): *The emergence of competing modules in bilingualism.* In: Trends in Cognitive Sciences Vol. 9 No. 5 May 2005: 220-225.

Hornung, Antonie (2002): *Zur eigenen Sprache finden. Modell einer plurilingualen Schreibdidaktik.* Tübingen: Niemeyer (= germanistische Linguistik, Band 234).

Linke, Angelika / Nussbaumer, Markus / Portmann, Paul R. (2004): *Studienbuch Linguistik.* (= Germanistische Linguistik, Band 121). Tübingen: Niemeyer.

MacWhinney, Brian (2001): *Emergentist approaches to language.* In: Bybee, Joan / Hopper, Paul J. (Hgg.): Frequency and the Emergence of Linguistic Structure. Amsterdam: Benjamins, 449-470.

MacWhinney, Brian (1987): *The competition model.* In: MacWhinney, Brian (Hg.): Mechanisms of Language Acquisition. Hillsdale, NJ: Erlbaum, 249-308.

Miller, George A. (2003): *The Magical Number Seven, Plus or Minus Two: Some Limits on Our Capacity for Processing Information.* In: The Psychological Review, 1956, vol. 63, 81-97.

Pashler, Harold / McDaniel, Mark / Rohrer, Doug / Bjork, Robert (2009): *Learning Styles. Concepts and Evidence.* http://www.psychologicalscience.org/journals/pspi/pspi_9_3.pdf (02.06.2011)

Roth, Gerhard (2011): *Bildung braucht Persönlichkeit. Wie lernen gelingt.* Stuttgart: Klett-Cotta-Verlag.

Schmölzer-Eibinger, Sabine (2008): *Lernen in der Zweitsprache. Grundlagen und Verfahren der Förderung von Textkompetenz in mehrsprachigen Klassen.* Tübingen: GünterNarr.

Schumann, John H. (1997). *The Neurobiology of Affect in Language.* Oxford: Blackwell.

Schumann Johan H. / Sheila E. Crowell, / Nancy E. Jones / Namhee Lee: *The Neurobiology of Learning: Perspectives from Second Language Acquisition.* New York: Routledge.

Spitzer, Manfred (2003): *Lernen. Gehirnforschung und die Schule des Lebens.* Heidelberg: Spektrum Akademischer Verlag.

Valéry, Paul (1992): *Cahiers/Hefte.* Bd. 5. Dt. Übers. v. R. Huschke, H. Köhler und J. Schmidt-Radefeldt. Frankfurt a. M: Fischer.

Valéry Paul (2011). Ich grase meine Gehirnwiese ab. Paul Valéry und seine verborgenen Cahiers. Ausgewählt und mit einem Essay von Thomas Stölzel. Frankfurt am Main: Eichborn.

Wittgenstein, Ludwig (1980): *Philosophische Untersuchungen.* (Schriften Bd. 1), Frankfurt am Main: Suhrkamp.

Ting Yen, Teresa (2011): *CLIL not only not immersion but also more than the sum of its parts.* English Language Teaching Journal, 2011, Vol. 65, n. 3.

Ting Yen, Teresa (2010): *CLIL Appeals to How the Brain Likes Its Information: Examples From CLIL-(Neuro)Science.* International CLIL Research Journal, 2010, Vol. 1, n. 3.

Dokumentation

Das Neue Autonomiestatut. Autonome Provinz Bozen Südtirol.. In: http://www.provinz.bz.it/lpa/service/publikationen.asp?somepubl_keyword=autonomiestatut (02.06.2011)

Die italienische Schulreform: http://archivio.pubblica.istruzione.it/riforma_superiori/nuovesuperiori/index.html (02.06.2010)

Mit allen Sinnen Fremdsprachen lernen - ein Angebot für den Kindergarten

Beate Widlok, DE

Abstract
This article is concerned with early language learning and appropriate approaches for the pre-school contexts. The first step is to provide an overview of holistic approaches to language learning and then to put forward a model for language learning through all senses. The model for pre-school language learning is open for implementation and research.

Der CLIL-Ansatz, also das Bestreben, den Fremdsprachenunterricht mit der Vermittlung von Sachinhalten zu verbinden, ist aktuell. Er wird überall dort aufgegriffen, wo man die Hoffnung hegt, über Inhalte die Motivation zum Sprachenlernen zu erhöhen und dem Sprachenlernen einen erweiterten Sinn zu geben. Mit CLIL könnte man sozusagen „zwei Fliegen mit einer Klappe schlagen":

Durch die gleichzeitige Vermittlung von „content" und „language" spart man Zeit (und Geld?) und hat zusätzlich einen spannenderen Unterricht und damit interessierte Lerner.

Da nun obendrein in den letzten Jahren die Erkenntnis greift, dass das Fremdsprachenlernen dem Hirn des kleinen Kindes eher nützt als schadet, ja, dass ein kleines Kind wissbegierig ist und nach allen Regeln der Kunst mit vielfältigen und interessanten Inhalten konfrontiert werden sollte, wenn man ihm alle Chancen bieten will, ist der CLIL-Ansatz inzwischen sogar bereits im Kindergarten ein Thema.

Verschiedene Initiativen zeigen, dass Kinder gern experimentieren und besonders kreativ werden, wenn man ihnen entsprechende Impulse anbietet, die ihren altersgemäßen Interessen entsprechen.

Sie greifen solche Anregungen auf und kommen zu für uns Erwachsene oft ganz erstaunlichen Resultaten und Aktivitäten.[20] Dass Kinder in solchen interessanten Kontexten begeistert und experimentierfreudig sind, erstaunt eigentlich nicht. Solche Reaktionen liegen ja auf der Hand - es ist nur für eine Erzieherin nicht immer leicht, den ihr anvertrauten Kindern laufend solche interessanten und spezifischen Lerninhalte anzubieten. Dazu braucht sie selbst Anregungen und Vorbereitungszeit und eine gute materielle Aus-

[20] (Vgl. Gerald Hüther: Was Kinder brauchen - Neue Erkenntnisse aus der Hirnforschung - Doppel- DVD - 884D Sowie die Filme von Reinhard Kahl zum Frühen Lernen im „Archiv der Zukunft" (http://www.archiv-der-zukunft.de) und die Angebote vom „Haus der kleinen Forscher" (http://www.haus-der-kleinen-forscher.de) und „Science-Lab" (http://www.science-lab.de).

stattung. Im Prinzip bedarf es einer Zusatzausbildung, um solchen Bedürfnissen gerecht zu werden.

Viele Verlage haben sich hier bereits mit neuen Angeboten ins Gespräch gebracht[21]

Wenn Kinder besonders interessiert spielen und handeln, heißt das nicht, dass sie ihr Handeln auch sprachlich ausdrücken können. Es ist sogar so, dass sie sehr genau wissen, was sie machen wollen und zu welchem Ergebnis sie kommen möchten, ohne, dass sie das sprachlich umsetzen können. Wenn sie in einem bestimmten Kontext Wörter verwenden und man sie später gezielt nach diesen Wörtern fragt, kann es sein, dass sie nicht verstehen, worum es geht[22] und was man von ihnen will.

Das bestärkt Methodiker darin, kleine Kinder Fremdsprachen so lernen zu lassen, wie sie auch ihre Muttersprache gelernt haben: Sie werden mit möglichst viel Input umgeben, d.h. sie hören viel gute Fremdsprache, werden aber nicht zum Sprechen dieser Fremdsprache aufgefordert. Die Erzieherin begleitet ihr eigenes Handeln und das Tun der Kinder (fremd-)sprachlich, und zwar sehr bewusst und phonetisch möglichst einwandfrei. Dem lernenden Kind ist frei gestellt, in welcher Sprache (Mutter- oder Fremdsprache) und in welchem sprachlichen Umfang es antwortet.

Dieses Vorgehen in Verbindung mit den oben genannten Experimenten zu bringen, führt uns zu CLIL. Das Goethe-Institut hat hierzu eine Sammlung von Modulen publiziert, de aufzeigen, wie mit Kindergartenkindern über Sinneswahrnehmung in der Fremdsprache experimentiert werden kann. Das Buch[23] stellt im Anschluss an eine übersichtliche und leicht verständliche Einführung in den methodisch-didaktischen Ansatz anschaulich an Praxismodulen vor, wie die gleichzeitige Vermittlung von Sprache und Inhalt bereits im Kindergarten erfolgen könnte.

Kleine Kinder lernen am besten mit allen Sinnen. Sie müssen hören, sehen, riechen, anfassen, um etwas zu begreifen. So bezieht sich die Auswahl der im Buch zu Grunde gelegten Experimente auf solche, in denen die Sinnesorgane im Mittelpunkt stehen.

---

21 (vgl. z.B. die Angebote vom, Zahlenland (http://www.ifvl.de) und der Baden-Württemberg-Stiftung: (http://www.bwstiftung.de).

22 Vgl. das e-lingo-Projekt (http://www.e-lingo.de).

23 Gila Hoppenstedt, Beate Widlok (2011): Mit Sinnen experimentieren – Sprache begreifen. Frühes Fremdsprachenlernen mit dem CLIL-Ansatz. Goethe-Institut, München.

Zu einzelnen Sinnesorganen gibt es mehrere Experimentiervorschläge. Die Module sind folgendermaßen aufgebaut:

1. Zunächst gibt es eine kleine theoretische Einführung zum betroffenen Sinnesorgan, zum Auge, Ohr, zu Riech- und Geschmackssinn und zum Tastsinn. Jedes Sinnesorgan wird durch ein spezielles Sinnen-Männchen verkörpert und veranschaulicht, das es den Kindern leichter macht, nachzuempfinden, um welchen Sinn es gerade geht. Diese Einführung ist für die Erzieherin gedacht, die sich Hintergrundkenntnisse aneignen muss, um das Experiment so gut zu verstehen, dass sie ggf. auch auf unerwartete Fragen der Kinder antworten kann.
2. Anschließend wird der Ablauf des Experiments genau beschrieben – ebenfalls eine Information für die Erzieherin
3. Für die Durchführung des Experiments in der Fremdsprache ist es unerlässlich, ganz genau zu überlegen, welchen Wortschatz und welchen sprachlichen Wendungen verwendet werden sollen. Was können die Kinder schon? Was ist neu? Welche Wörter sind durch Anschauungsmaterial leicht verständlich? Welche Wendungen lassen sich so durch Handeln begleiten, dass die Kinder sie ohne Übersetzung verstehen können? Aus diesen Überlegungen werden Wörter und so genannte „Chunks" festgelegt, die später verwendet werden.
4. Das für das Experiment notwendige Material wird aufgelistet und beschrieben
5. Die Durchführung des Experiments wird minutiös beschrieben. Dabei gibt es vier Spalten:
   a) Die methodisch-didaktische Vorgehensweise/die einzelnen Handlungsschritte
   b) Die Handlungen bzw. die Sprache der Handpuppe – sie ist meistens der Auslöser des Experiments und Grund für den Einsatz der Fremdsprache, denn die Handpuppe kann z.B. nur Deutsch
   c) Die sprachlichen Äußerungen der Erzieherin, die mit ihren Handlungen einhergehen
   d) Die Reaktionen der Kinder – meistens spielerisches Handeln, die zeigen, dass sie die fremdsprachlichen Äußerungen verstanden haben, Reaktionen in der Muttersprache und bestenfalls auch Reaktionen in der Fremdsprache
6. Nach der Durchführung ein Forscherblatt, Anweisungen, wie die Kinder das Forscherblatt „Bearbeiten" sollen und wie es in eine Portfolio-Mappen eingehen soll. Kleine weiterführende Arbeitsvorschläge runden das Modul ab.

Sprach- und Inhaltserwerb sind in diesen CLIL-Modulen gleichrangig. Allerdings werden die Kinder nicht direkt zum Sprechen aufgefordert, so dass es passieren kann, dass sie in erster Linie hören und verstehen, aber wenig selbst sprechen. Es ist so auch nicht leicht, ihre sprachlichen Erfolge messbar nachzuweisen. Das Forscherblatt verlangt „nur" einen Nachweis darüber, dass die Kinder den Ablauf und den Sinn des Experiments verstanden haben, das in der Fremdsprache eingeführt wurde. Offenbar stören sich die Kinder nicht an de Fremdsprache, wenn das Experiment interessant ist. Ihre Neugier ist so groß, dass sie die Fremdsprache annehmen und ohne große Probleme offenbar auch aufnehmen.

Für den Elementarbereich mag dieser CLIL-Ansatz motivierend und reizvoll sein. Der vielfältigere und interessante Input schafft eine gute Basis für den Übergang in die Schule. Die sprachlichen Fertigkeiten schulreifer Kinder in der Erst- oder Zweitsprache sind offenbar deshalb oft nicht ausreichend, weil der sprachliche Input in der kindlichen Umgebung (Kindergarten/ Elternhaus) nicht intensiv und nicht vorbildlich genug war. Umfang, Qualität und Tempo der sprachlichen Beschallung sowie die Altersgemäßheit der sprachlichen Strukturen (besonders der Lexik) müssen passen, um aufgegriffen und weiter entwickelt werden zu können. Wenn dies im Kindergarten passiert, sind die Voraussetzungen in der Schule offenbar günstiger.

Um Eltern am Sprachlernprozess der Kinder zu beteiligen, werden sie zur Zeit in großem Stil in Literacy-Projekte eingebunden. Dass es Sinn macht, Zeit für seine Kinder zu finden und ihnen adäquate Bücher vorzulesen, ist offenbar nicht allgemein nachvollziehbar. Ebenso wichtig für die sprachliche Entwicklung sind Erfahrungen in der Natur oder das Experimentieren mit Alltagsgegenständen, wenn sie sprachlich angemessen begleitet werden.

Auch in Kindergärten wird viel vorgelesen, vor allem aber wird zunehmend darauf geachtet, dass der sprachliche Input von jedem einzelnen Kind verstanden und aufgenommen werden kann. Wo sprachliche Heterogenität herrscht, wie in Kindertageseinrichtungen mit Kindern verschiedener sprachlicher Herkunft, muss auf dieses sprachlich subtile Vorgehen besonders geachtet werden.

Die vorgestellten Module sind ein Angebot, über das erforscht werden kann, wie die hierüber angesprochenen Kinder Sprache aufgreifen und ob sie den Sachinhalt mit den geringen fremdsprachlichen Mitteln überhaupt verstehen bzw. so gut verstehen, dass sie in ihrer Motivation bestärkt werden. Nur so lässt sich dann vermutlich auch langfristig ein Lernzuwachs in der Fremdsprache feststellen

Projekt „Castelfeder-Naturkunde und neue Technologien im Zweitsprachunterricht Deutsch in Südtirol"

Claudia-Bettina Scochi, IT

Abstract
With the collaboration of experts of the Italian education department in Bolzano an interdisciplinary project called "Castelfeder" was carried out in an elementary school of South Tyrol in spring 2011. All results are published and connected on the internet from an excursion for a biotope mapping with GPS-equipment to photos, fantasy-stories and a range of further e-learning approaches.

Im Frühjahr 2011 wurde in einer 3. Grundschulklasse im italienischen Schulsprengel des Südtiroler Unterlands in Zusammenarbeit mit der Pädagogischen Abteilung des Italienischen Bildungsressorts ein fächerübergreifendes Projekt mit den Schwerpunkten Naturkunde, Deutsch als Zweitsprache und neue Technologien durchgeführt.

In der Pädagogischen Abteilung des Italienischen Bildungsressorts arbeiten freigestellte LehrerInnen aller Schulstufen im Forschungsbereich, sodass aus einer Zusammenarbeit zwischen der Expertin für digitale Medien, Frau Mariateresa Ghetti und der Verfasserin dieses Kapitels, Expertin für Deutsch als Zweitsprache, dieser Projektvorschlag an die Lehrerinnen der Neumarktner Klasse ging.

In den neuen Rahmenrichtlinien (2009, S.46) scheint die „Digitale Kompetenz" als Unterrichtsfach auf, welches auch im Zeugnis benotet werden muss, sodass viele Lehrpersonen einer neuen Herausforderung ausgesetzt sind, da dieser Bereich bisher wenig vertieft wurde und die LehrerInnen oft nicht über eine ausreichende Ausbildung verfügen. In den Rahmenrichtlinien wird auf die Fächer Staatsbürgerschaft, Verfassung und digitale Medien verwiesen, ..."welche in ihrer übergreifenden und intercurricularen Dimension wie ein roter Faden die Curricula der einzelnen Fächer verbinden und integrieren." (2009, S. 23).

Das Projekt mit der 3. Klasse der Grundschule "Marco Polo" in Neumarkt sollte also über die Inhalte der einzelnen Fächer hinausgehen und nicht nur Kompetenzen im naturwissenschaftlichen, sprachlichen oder digitalen Bereich fördern, sondern bewusst Verbindungen zwischen den verschiedenen Fächern herstellen.

Der Einsatz der verschiedenen Technologien sollte also nicht abgegrenzt werden, sondern in der täglichen Didaktik eine Neuerung einführen, die Prof. Mario Rotta (laboratorioformazione.it) nur über einige grundlegende Schritte umgesetzt sieht:

- Die technologische Innovation hat nicht in sich einen Wert, sondern sie erfährt erst dann eine Bedeutung, wenn sie Mittel und/ oder Möglichkeit zu methodologischer und organisatorischer Erneuerung führt

  Dies ist in einer so genannten zweisprachigen Klasse umso notwendiger, da die Projekte des gemeinsamen Sach- und Fachunterrichts in L1 und L2 und die damit verbundene Didaktik eine gemeinsame Planung, Reflexion und Zielvereinbarung unter den LehrerInnen erfordert
- die technologische Erneuerung sollte nicht sporadisch und von einzelnen LehrerInnen angewandt werden, sondern eine „virtuose Interaktion" zwischen allen Beteiligten gefördert und in der täglichen Praxis konsolidiert werden
- Alle Beteiligten – LehrerInnen, SchülerInnen, Schulführungskräfte und Eltern sollten mit eingebunden werden
- regelmäßige Fort- und Weiterbildungen sollten angeboten werden
- Die wichtigsten methodologischen Aspekte, die die neuen Technologien mit sich bringen, sind die aktive Beteiligung der SchülerInnen und die Tatsache, dass diese im Mittelpunkt des Lerngeschehens stehen

Die Schulen befinden sich allerdings zumeist noch weit entfernt von den Wünschen Rottas. Die Beachtung und Nutzung der Technologien darf nicht außerhalb der didaktischen Praxis und als zeitraubend angesehen werden, aber als ein nützliches und gewinnbringendes Instrument, welches heutzutage in den Handwerkskasten einer Lehrperson gehört.

Ohne Zweifel ist der Computerraum ein attraktiver Lernort für die Kinder von heute, die, obwohl sie tagtäglich zu Hause mit dem Computer konfrontiert werden, zumeist nicht zu einem sinnvollen Umgang angeleitet werden. Deshalb solletn sie dies - auch in der Schule - erlernen.

Im Schulsprengel Unterland wird seit vielen Jahren Sach- und Fachunterricht in der Zweitsprache Deutsch unterrichtet (vgl. Scochi 2011, S. 59ff). Ab dem Schuljahr 2011/2012 wird aufgrund der starken Nachfrage vonseiten der Eltern in fünf von sieben 1. Grundschulklassen verstärkter Deutschunterricht durchgeführt. In dieser 3 Klasse der Grundschule „Marco Polo" in Neumarkt, wo seit der 1. Klasse verstärkt Deutsch unterrichtet wird, sind die Deutschstunden wie folgt aufgeteilt:

- 6 Stunden Sprachunterricht L2[24]
- 3 Stunden Mathematik in L2, davon 2 in Kopräsenz mit der Italienischlehrerin (L1)
- 2 Stunden Naturkunde in L2 in Kopräsenz mit L1
- 1 Stunde Musik in L2
- 2 Stunden L3, davon 1 Std. Bildnerisches Gestalten

24 L2 - Deutsch, L1 – Italienisch, L3 - Englisch

Da die Gesamtunterrichtszeit 30 Stunden á 60 min beträgt, entfällt somit annähernd die Hälfte des Unterrichts auf L2 und L3.

Während der 6 Stunden Pflichtunterricht in L2 wird allerdings auch großteils themenbezogen gearbeitet, sodass der Sach- und Fachunterricht auch während dieser Unterrichtszeit stattfindet. Als Beispiel sollen Module wie z.B. „Stadt und Land", „Die Tiere", „Mein Körper", „Südtirol" genannt werden, die alle wiederum Fächern wie Naturkunde, Geographie, Geschichte usw. zugeordnet werden können. Vorteilhaft und teilweise üblich ist es in diesem Zusammenhang, dass der L2 - Unterricht in Modulen organisiert wird, sodass das Thema über einen längeren Zeitraum eng mit der Sprache verbunden wird und Beides – Sprache und Fach - ohne den Druck der ständig wechselnden Fächer vertieft werden kann.

Die Klasse besteht aus 14 SchülerInnen, davon 5 Mädchen und 9 Jungen. Da es in den Unterlandler Schulen zumeist nur eine Klasse pro Jahrgang gibt, setzt sich diese Gruppe sowohl aus einsprachig italienischen, zweisprachigen (Deutsch/Italienisch) sowie Migrantenkindern zusammen und das Niveau der Zweitsprache, teilweise aber auch der Erstsprache, variiert sehr stark. Die Heterogenität dieser Klassen spiegelt das gesellschaftliche Umfeld wider, ist aber auch insbesondere im sprachlichen Bereich eine große Herausforderung für die Lehrpersonen. In anderen Schulen Südtirols, insbesondere in der Hauptstadt Bozen, laufen solche Projekte mitunter mithilfe von Auswahlverfahren, der die Sprachbiographie der Familien zugrunde liegen, sodass hierbei homogenere Klassen ein anderes Sprachniveau ermöglichen, allerdings auch weniger die „Normalität des Fremden" (Hunfeld, www.daz-hermeneutik.bz.it) als Impuls aufgegriffen werden kann.

Das erste Treffen zwischen Experten, Lehrpersonen und dem Stationsleiter der Forststation Neumarkt fand Ende Januar statt. Hierbei wurde der Termin für den Lehrausflug zum Biotop Castelfeder und eine Unterrichtseinheit in italienischer Sprache mit einem Mitglied des Bergrettungsdienstes zum Gebrauch eines GPS -Gerätes, der Datenverwendung und Kartierung geplant.

Am 07. Februar besuchte dann ein Mitglied des Unterlandler Bergrettungsdienstes die 3. Klasse, erklärte den Kindern, was ein GPS -Gerät ist, wie man damit umgeht, zeigte ihnen, wie die Daten auf den Computer übertragen werden und wie und wofür man diese Daten nutzen kann. Bei dieser Gelegenheit konnten die Kinder zum ersten Mal ein GPS - Gerät ausprobieren.

Am 15. Februar 2011 war es dann soweit und die Klasse ging mit der Deutsch- und Italienischlehrerin, der Expertin für Deutsch der Pädagogischen Abteilung, sowie dem Förster und dem Bergretter zu Fuß zum nahe gelegenen Biotop Castelfeder.

Hier wurden die Kinder in drei Gruppen aufgeteilt, wobei jede Gruppe von einem Erwachsenen begleitet wurde und über ein GPS - Gerät und einen Fotoapparat verfügte.

Jedes Kind war zusätzlich mit Notizblock und Bleistift ausgestattet.

An vielen Orten dieses Biotops wurde nun Halt gemacht, der Förster erklärte - fast ausschließlich in deutscher Sprache, der Bergretter half den Kindern beim Kartieren dieser Punkte, andere notierten sich die wichtigsten Informationen oder machten Fotos.

Die Kinder zeigten sehr viel Interesse, insbesondere an der neuen Arbeit mit dem GPS - Gerät, welches der Kartierung und Erhebung des Weges und der beobachteten Wegpunkte diente. Die meisten konnten nach kurzer Zeit mit dem Gerät umgehen, was allerdings nicht allen Erwachsenen auf Anhieb gelang.

Der Großteil der Kinder machte sich Notizen in deutscher Sprache, andere in Italienisch, insbesondere diejenigen, die erst seit Kurzem in Südtirol wohnhaft sind und für die Deutsch eine vollkommen neue Sprache ist. Einige schrieben sehr viel auf, andere aber auch gar nichts.

Der Ausflug, der ca. 6 Stunden dauerte, gestaltete sich sehr abwechslungsreich, da die Kinder sowohl anschauliche Erklärungen erhielten, viele Fragen stellten, aber auch selbst die Gegend erforschen, fotografieren und kartieren konnten.

In der Zeit nach dem Ausflug kamen die beiden Expertinnen gemeinsam oder auch einzeln ca. einmal pro Woche in die Schule und führten mit den LehrerInnen Arbeiten im Computerraum der Mittelschule durch, der dieser Klasse einmal in der Woche zur Verfügung stand.

Beim ersten Treffen wurden die Fotos der Kinder im Computerraum projeziert, jede/r konnte sich eines aussuchen und sie erzählten spontan das, was ihnen dazu einfiel. Daraufhin schrieben sie einige Sätze in L1 und L2 zu den Fotos.

In der Folge wurden Arbeitsblätter mit den Eindrücken der Kinder zum Ausflug erstellt. Leider sind diese Texte aufgrund technischer Probleme verloren gegangen und wurden in einem zweiten Moment wieder aufgeschrieben. Dies brachte einerseits einen Zeitverlust mit sich, hat aber andererseits ermöglicht, die inzwischen erlernten sprachlichen und naturwissenschaftlichen Kompetenzen festzustellen, da in vielen Fällen der Wortschatz präziser war und die Beschreibungen reichhaltiger und genauer wurden.

Außerdem fand eine Unterrichtseinheit mit einem italienischsprachigen Experten für Naturwissenschaften der Pädagogischen Abteilung statt. Hierbei wurde ausführlich darüber diskutiert, was man beobachten kann, was die Natur und was der Mensch geschaffen hat und wie man dies beschreiben kann.

Eine Ausstellung zum Thema Biodiversität im Alpenraum, die ebenfalls von diesem Experten vorgestellt wurde, war ein weiteres Angebot, welches in dieses Projekt eingebunden wurde.

Die Erstellung eines zweisprachigen Glossars mit Begriffen, die die Umwelt, Flora und Fauna des Biotops charakterisieren, vervollständigte die Analyse des Biotops und ermöglichte den Kindern mit Tabellen zu arbeiten. Dies war die einzige Arbeit, bei welcher eine wortwörtliche Übersetzung stattfand, da ansonsten großer Wert darauf gelegt wurde, dass Texte, Sätze und Geschichten zwar ergänzt, aber nicht übersetzt wurden.

Interessant gestaltete sich die Tonbandaufnahme, mit welcher ein Podcast erstellt wurde, in welchem die realisierten Files eingefügt wurden. Das Hören und die Wahrnehmung der eigenen Stimme beim Lesen können die Kinder dazu führen, über Aussprache, Betonung und Prosodie, nicht nur in der Zweit-, aber auch in der Erstsprache, zu reflektieren.

Die GPS –Punkte und die dazugehörigen Arbeiten der Kinder wurden nach Schulende von Mariateresa Ghetti zusammengestellt und mithilfe verschiedener Webprogramme (openstreetmap, crowdmap, calameo, podomatic) in Internet veröffentlicht.

Einige Wochen vor Schulende, nachdem die Aktivitäten mit den Kindern abgeschlossen waren, erstellten die beiden Expertinnen Fragebögen in deutscher und italienischer Sprache für die Kinder. Zuerst wurde der Fragebogen in deutscher Sprache zusammengestellt und daraufhin wortwörtlich in Italienisch übersetzt. Hierbei sollte ein Vergleich stattfinden, der den Wortschatz, das Sprachverständnis, den schriftlichen Ausdruck, aber auch die Eindrücke der Kinder während des Projektes in beiden Sprachen gegenüberstellt. Dies sollte L1 und L2 stattfinden, um einerseits den Migrantenkindern, die erst später in die Klasse gekommen waren, die Möglichkeit zu geben sich auch in Italienisch auszudrücken, andererseits, um die Kompetenzen in L1 und L2 festzustellen. Die Fragebögen sollten zuerst in Deutsch und später in Italienisch ausgefüllt werden. Leider fand die L1 - Lehrerin keine Zeit diese Arbeit durchzuführen, sodass die Ergebnisse nur in deutscher Sprache vorliegen, wobei 3 Kinder zu diesem Zeitpunkt krank waren und nur 11 Fragebögen vorliegen. Ein Migrantenkind, welches erst in diesem Schuljahr in die Klasse kam, beantwortete nur die erste Frage. Hierbei wäre es aufschlussreich gewesen den italienischen Fragebogen auswerten zu können. Da ein Vergleich also nicht möglich ist, folgt eine Zusammenfassung der Antworten, die teilweise kommentiert sind, ansonsten sollen die Aussagen für sich sprechen.

1. Welche Wörter hast du in Deutsch dazu gelernt?

Großer Stein, Ruine, Moor, Eis, Castelfeder, Teich, Mäusedorn, Beeren, Bäume ohne Blätter, die Salamander, die Libelle, Nashornkäfer, Eidechse, Der Sonnentau, die Maus, das Biotop, Insekt, Wassermarienkäfer, Gottesanbeterin

Teilweise wurden die Begriffe aufgezählt, manche schrieben vollständige Sätze. Viele Begriffe wurden von mehreren Kindern angeführt. Rechtschreibefehler wurden hierbei beim Abschreiben von der Verfasserin korrigiert, da manche Wörter richtig geschrieben wurden, andere verschieden geschrieben wurden (z.B. Boime, Beume, baume, ruine, rovine etc.)

2. Kannst du eines dieser Wörter (aus Antwort 1) in einem Satz erklären? Einige Beispiele:

- Das Eis ist kalt.
- Das Salamander ist ein Reptil schon und er ist insekten klein. Und die libelle ist ein insekt schon und fligt.
- Ich habe gesehen die libelle und ist schon sie fligt. Der moor ist schon.
- Die Ruine ist mit Steine gemacht.
- Der mausedorn hat Bletter und viele Beere roten, sein Bletter sind spizig und schön. Der mausedorn ist meine planze lipsten.
- Das moor da drinnen ein kaltes wasser un eine nasse erde. Der nas horn Käfer heist so, weil er fohr der nase hat er ein groses Horn.
- Der Sonnetau lebt in der taich.
- Die Gottesanbetering frisst seinen Mann.

3. Was hast du in Naturkunde dazu gelernt?

- Die naturen muss nicht schlim ist schon fil fil schon.
- Ich habe gelernt die libele und die libele vont neben den teich.
- Ich sehen die Löwenzan und die Erde, Mäusedorn. Die Nature ist schon. Eine planze ist immer grün und hat rote Beeren.
- Ich habe gelernt das libelle ist ein insect hat sechz beinen und diese insechten lebt auf den Eis. Der maus lebt in der Wiese und ist ein pisien graun und schwarz.
- Ich hab gehlernt das man in Kastelfeder nicht schreit sonst erschrecken sich die Tire, oder das man keine laute musik aufstellen und viele andere sachen.
- Der Sonnentau ist eine Fleisch - vresende - Pflanze.
- trauben, baum, Torber, Teich, die Blume schon
- Die Barbara Kappelle, Forster, Sonnentauch

4. Was hast du bei der Arbeit am Computer dazu gelernt?

- Ich scraiwe mit computer.
- malen di castefeder mit computer.
- Ich gespil mit compute.
- Ich can schraieben, lesen, malen, und coriegen die Wörter.
- Ich habe gelernt wie in Computer zeichne, wie eine tabelle mache und wie schreiben.
- Ich habe viele gezaichnet im Computer. Ich habe verschtanden vie corigiren. Ich habe verschtanden vie die tabelle im Computer machen, und hab ich verschtanden vie schraibe in computer.
- Ich bei der arbeid am Computer hap gelernt das man mit zwei Hende schreibt, weil man auf ein lehren blat comt und dan schreibt man oder habe ich auch gelernen wie man zeichnet und viele andere sachen.
- Ich can schon am der Computer viel.
- Ich abe vile sreibe vorso ich zu ause.
- Ich kann ietz bei Computer schreiben.

5. Was hat dir bei diesem Projekt am besten gefallen?

- Nach Castelfeder spazieren.
- Mier hat gefelt das mausdorn und das Ruine.
- Wen wir zum computer gehen.
- Mir hat alle am besten gefallen aber mir hat sehr die Ruine gefallen.
- Mier hat allen gefallen aber mier hat beser gefallen vie schreibe im computer.
- ales
- 5.10 Mir hat die Ruine am besten gefallen

6. Was hat dir nicht gefallen?

- Mir hat nich gefallen wen meine freunde sind nich ruhe im aula computer.
- Nichz hat mier nicht gefallen aber wen sind wir in aula Computer die anderen Kinder haben ein pisien Kaos gemacht.
- Es hat mier alles gefallen.
- Mier hat alles gefallen.

Einige Kinder haben bei dieser Frage die gleichen Antworten gegeben wie bei der vorherigen Frage.

7. Worüber möchtest du noch mehr lernen?

- Ich viel alles lernen und noch mehr.
- Ich wole noch vile sache zum flanzen, tire, blumen und noch vile, vile sache.
- Im Computer möchte ich gelerne wie im Internet gehen.
- Ich vill nichz mer lernen.
- Ich möchte über die tire die in Castefeder sind und pesser wie man den Computer pesser benüzt und pesser vie aine tabelle mach und pesser schreiben an Computer.
- Ich will nichz nimmer lernen.
- Ich wil noch am Castelfeder mehr lernen.

8. Welche Note gibst du dir für dieses Projekt (Kinder konnten die Noten des italienischen Notensystems ankreuzen)

Note		Kinder
5	Nicht genügend	0
6	genügend	0
7	befriedigend	1
8	gut	1
9	sehr gut	1
10	ausgezeichnet	5
	Keine Note	2

Folgendes konnte vonseiten der Expertinnen beobachtet werden:

- Flüssigerer, schnellerer und sicherer Umgang mit dem PC (Programm öffnen, speichern, Zeichenprogramm, Programm entdecken, Tabelle...)
- Große Freude an der Arbeit mit dem Computer
- Große Bereitschaft den MitschülerInnen bei der Arbeit am Computer zu helfen und zu erklären
- Fachvokabeln wurden in L2 und L1 erlernt, z.B. spontan in die Fantasiegeschichten eingebaut und sind auch nach einigen Monaten (Fragebogen) abrufbar
- Nach spontaner und geleiteter Beschreibung Verbesserung bei der Bildung von Sätzen (sowohl mündlich als auch schriftlich)
- Bei mehrmaliger Tonbandaufnahme und Hören des eigenen Texte (auch derjenigen von MitschüterInnen und Lehrerinnen) Verbesserung in Prosodie und Aussprache

Aspekte, die bei der Arbeit mit dem Computer berücksichtigt werden sollten, ist die Nutzung von altersentsprechenden Instrumenten, da die Tastaturen der Computer oft nicht geeignet für Kinderhände sind. Hier wären kleinere Computer angebracht und insbesondere die Technik des *touchscreen* (Sensorbildschirm) vorteilhaft. Außerdem sollte jedes Kind an einem Computer arbeiten können.

Zwar war für dieses Projekt der Ankauf von eben solchen Computern vorgesehen, aber diese wurden zu spät geliefert. Aber auch dies ermöglichte wiederum eine Reflektion über einige Aspekte dieses Versuchs, welche neue Möglichkeiten und Wege für das nächste Jahr und zukünftige Projekte aufzeigen.

Die Arbeit im Computerraum muss, insbesondere bei Kopräsenzen, gut geplant werden, um die gewünschten Ergebnisse zu erreichen. Dieser Aspekt konnte bei diesem Projekt nicht immer berücksichtigt werden, da die Technik teilweise einen Strich durch die Rechnung machte und das vorgesehene Programm oft im letzten Moment abgeändert und Alternativen gefunden werden mussten.

Anfang nächsten Schuljahres sollten im Einverständnis mit den beteiligten Lehrpersonen weitere Treffen stattfinden, damit den Kindern gezeigt werden kann, wie ihre Arbeiten ins Netz gestellt wurden und sie den Eltern das Projekt in Deutsch und Italienisch vorstellen.

Eine Reflexion mit den Lehrpersonen sollte beleuchten

- inwieweit die Zusammenarbeit untereinander und mit den Expertinnen konstruktiv war
- ob sich die LehrerInnen vorstellen könnten solch ein Projekt aus Eigeninitiative zu starten
- ob fächerübergreifend gearbeitet wurde

Außerdem ist ein weiterer Ausflug zum Biotop geplant, um mit den Kindern die Auswirkung des Jahreszeitenwechsels zu beobachten. Die Fragebögen in Italienisch würden einen sprachlichen Vergleich ermöglichen, außerdem wäre ein Feedback (evtl. auch in Form eines Fragebogens) vonseiten der Eltern sinnvoll.

Die ins Netz gestellten Arbeiten der Kinder müssen noch überarbeitet, Begleittexte teilweise übersetzt und die interaktive Karte mit den Arbeiten in Verbindung gestellt werden.

Dieses Projekt soll dazu beitragen, dass die LehrerInnen solche Aktivitäten in Zukunft von sich aus initiieren, mit der weiteren Unterstützung vonseiten der Pädagogischen Abteilung und entsprechenden Fortbildungen selbstständig die neuen Technologien konstruktiv, interdisziplinär und effizient in den Unterricht einbauen können.

Once Upon a Digital Age. A CLIL project involving storytelling and ICT

Vicky Carlin, UK

Abstract

As the overall co-ordinator of the project, the author is able to offer an overview of general setting of the COMENIUS Regio Project between St. Helen's, Liverpool and Neuarzl, Innsbruck. Thus, the article looks into the context and background of the project and also explains how the project links to the U.K. Keystage 2 framework for language and also ICT learning aims.

1. Introduction: the Setting

The Links Into Languages Linked Up Award Scheme requested that partnerships were formed to apply to run projects to develop languages in the UK. The projects were to focus on one of the following themes.

- Re-engaging hard to reach pupils in language learning
- Supporting and recognising pupils' home languages and/or plurilingual approaches to language learning
- Developing pupils' linguistic independence and confidence in speaking
- Employer engagement in language learning
- Building languages into work-related learning 14-19
- Creating a smooth pathway of progression between key stages
- CLIL (content and language integrated learning)
- Supporting learning for alternative accreditation and the new GCSEs
- Developing concepts, processes and learning strategies in relation to intercultural understanding
- Developing and trialling one or more models of intensive language learning

Our bid focussed on CLIL (content and language integrated learning) and we were successful in gaining approval for the project.

2. Our Project

A group of 6 schools had a member of staff or a visiting expert who was a linguist. We wanted the opportunity for linguists and non-specialist classroom teachers to work together to enhance language learning in the schools. Sometimes visiting linguists work in isolation and the non-specialist classroom teachers feel unable to contribute to the languages curriculum on offer to the children. This project provided the opportunity for linguists and non-specialist classroom teachers to work together. We wanted the classroom teachers to gain a better understanding of the KS2 Framework for Languages and for the linguists to understand how language learning could be linked effectively to other curriculum objectives, in this case ICT and storytelling. The teachers worked with partner institutions on a range of published stories. They developed lessons incorporating activities that provided opportunities for the learners to create and perform stories using new technologies.

All partners in the project had a role in delivering primary languages in St Helens LA. They were keen to be innovative and to create resources that could be used by all the teachers in the LA and be shared with other teachers locally and nationally.

2.1 What We Aimed To Achieve

For learners
Learners enjoy and achieve (Every Child Matters agenda) through language learning activities linked to storytelling and ICT.

For partners

Partners gain a better understanding of the KS2 framework for languages and how it can be linked to the ICT learning objectives. They learn to work more creatively with the children in a foreign language and gain experience of planning a unit of work incorporating different curriculum areas.

For partner schools

Schools develop links with other local schools and continue to work collaboratively and share resources that are developed.

For other teachers

All teachers in the LA and nationally to have access via the Linked Up website to the resources developed. These resources were demonstrated at ICT conferences and MFL conferences to reach a wider audience.

2.2 Working Together

This project enabled linguists to work with non-specialist class teachers to create a series of lessons based firmly in primary methodology. These lessons were linked to the KS2 framework for languages and to the ICT objectives of the year group that the lessons were designed for. The project provided an opportunity for the Languages consultant to work with the ICT consultant.

Meeting the core aims of the Linked Up projects
1. Increase learner engagement
Using ICT with languages and storytelling - enabling the learners to be creative
2. Improve linguistic progression
By ensuring that the KS2 framework objectives are used as a basis for the planning of the activities.

Milestones

Milestone number	**Milestone to be achieved**	**Project phase**	**To be achieved by (date)**
1	Identify and purchase suitable books to work on. Link teaching ideas to the KS2 framework objectives for languages and ICT objectives for the year group that partners will work with.	A	31st Jan
2	Attend training on ICT possibilities in MFL - identify the most appropriate use of ICT for the different project books.	A	31st Jan
3	Write, deliver and evaluate the series of lessons	B	28th May
4	Modify the series of lesson plans in light of the evaluations. Produce resource packs for use by other teachers. Publish the resources on the St Helens VLE.	C	July 2nd

2.3 The Project Plan

Phase A About 6 weeks	• Meet to discuss the project in further detail • Choose suitable books to work with • Choose a variety of year groups • Investigate new technologies to use in the project • Outline a proposed series of lessons based on different books (working in small groups)

Phase B About 3 months	• Review the proposed lessons as a group to ensure there is not too much replication of ideas • Attend training as required • Deliver the lessons to the children • Children create stories using technologies • Assess the impact of the project through survey and observation and assessment
Phase C About 2 months	• Review the project • Enhance and change lesson plans if appropriate • Publish the resources online • Disseminate at conferences / local support groups

Phase B of the project focused on the teachers planning languages lessons linked to the ICT curriculum. Each school chose a book that they would like to base their work on and developed a series of lessons around the language in the book. When planning the lessons they ensured that appropriate learning objectives from the KS2 framework for Languages and appropriate ICT learning objectives were included.

Language specialists worked alongside the class teacher to plan deliver and evaluate the activities. The expertise of each teacher was essential in this phase as the language specialists were generally not familiar with the ICT objectives in the primary school and the class teacher was not always fully aware of the learning objectives from the KS2 Framework for Languages. The time given to each school for planning in a collaborative manner was very much appreciated by the teachers - a rare luxury.

The children all worked on storytelling through ICT and Languages and either produced a multimedia presentation, a stop motion animation film, a photo story or filmed a song using green screen technology.

Planning lessons collaboratively worked really well as it gave the visiting language specialist teachers an insight into language teaching through a different curriculum area. The classroom teacher was also able to see how languages can be fitted into another area of learning - a possible solution to the demands on curriculum time.

2.4 Evaluation

The partners all feel that the aims of the project have been achieved and that the resources that have been created are of use to other teachers.

All feel that the learners benefited from the project and that the language work and ICT work was of a good standard.

Teachers benefited from the time to work collaboratively and developed their ICT skills and language teaching skills. Non-linguists are now more confident when contributing to the planning for the KS2 entitlement for languages and recognise that the skills and knowledge that they bring about general primary methodology enhances the learning experience of the children who are taught by visiting specialists.

Visiting specialists (usually from a secondary background) have gained a greater understanding of primary methodology.

Fitting MFL into a crowded curriculum was an issue. Developing cross-curricular / CLIL approaches is now recognised as being part of the solution for these 6 schools.

LinkedUp Website

The resources developed as part of this project and many others can be found online at http://www.linksintolanguages.ac.uk/resources

Salzburg International Class - Erfahrungsbericht und Beschreibung eines Good Practice Modells einer internationalen Volksschulklasse in der Stadt Salzburg

Deborah Pelzmann, AT

Abstract

The author has played a pivotal rôle in establishing the framework for language learning at the Practice Primary School at the Pedagogical University Salzburg. In 2009 she could set up an International Class at the school for children with an international background. The article focusses on showing how such classes can be established and run successfully.

Standort des vom BMUKK im Jahre 2009 genehmigten Schulversuchs[25] Salzburg International Class ist die **Praxisvolksschule der Pädagogischen Hochschule Salzburg** - eine Schule mit bestehender Sprachtradition. Bereits seit dreizehn Jahren wird der Fremdspracherwerb in der Primarstufe nach dem Prinzip **Content and Language Integrated Learning (CLIL)** umgesetzt. Darüber hinaus pilotierte die Schule und implementiert nun das vom Österreichischen Sprachen-Kompetenzzentrum in Graz (ÖSZ)[26] im Auftrag des BMUKK entwickelte nationale **Europäische Sprachenportfolio - Grundstufe (ESP-G)**[27], zu dessen Autorenteam ich, Schulleiterin der Praxisvolksschule Salzburg, gehöre.

Die Praxisvolksschule der Pädagogischen Hochschule befindet sich im südlichen Stadtgebiet, ist von der infrastrukturellen Erreichbarkeit hervorragend gelegen und als Zentrallehranstalt nicht an die Sprengelzuteilung der Kinder gebunden, d.h. jedes Kind kann ohne Behördenverfahren die Wahl für diese Schule treffen. Immer wieder bestehen durch lokale Nähe zur Universität Anfragen international tätiger Dozent/innen. Dem Qualitätsanspruch eines solchen Modells Rechnung zu tragen, eignet sich die Praxisvolksschule in besonderem Maße, da die ständige Anbindung an die Aus-, Fort- und Weiterbildungseinrichtung der Pädagogischen Hochschule besteht und damit die Sicherstellung des Qualitätsniveaus gewährleistet ist.

---

25 Rechtliche Grundlagen: SCHUG §16/3 laut BGBL 766/1996; Schulversuch nach §78 SCHUG laut BGBL I 117/2008; Schulversuch nach §5/1 SCHOG laut BGBL I 44/2009; Schulgeldfreiheit §7 SCHOG laut BGBL I 44/2009

26 http://www.oesz.at/

27 http://www.oesz.at/esp

Ausgangslage und Motivation[28]

In einem zunehmend vernetzten Europa gewinnen mit wachsender wirtschaftlicher Verflechtung und damit notwendiger Mobilität über die Grenzen Europas hinaus Sprachen als Bindeglied der Vernetzung zunehmend an Bedeutung.

International-orientierte Konzerne, aber auch Universitäten und andere tertiäre Bildungseinrichtungen, sowie der Korps der Diplomaten bieten einer immer größer werdenden Anzahl von Arbeitnehmer/innen die Möglichkeit der wechselnden internationalen Tätigkeit.

Salzburger Industriebetriebe und deren Mitarbeiter/innen sind sehr stark international vernetzt. In vielen Betrieben wird der Großteil des Umsatzes mit nicht-deutschsprachigen Ländern erzielt.

Insofern sind Salzburgs Industriebetriebe interessiert an Menschen, die neben perfekten Englischkenntnissen und der Fähigkeit, sich auch in Sachthemen in Englisch ausdrücken zu können, auch interkulturelle Erfahrungen mitbringen.

Darüber hinaus entwickelt die Universität Salzburg - auch mit Unterstützung der Industrie - immer mehr Studiengänge, die sich mit High-Tech-Themen befassen. Deren Abgänger/innen werden von der Industrie dringend als Mitarbeiter/innen benötigt. Die Qualität eines universitären Studiums hängt sehr stark von ihren Lehrenden ab. Die Erfahrung der letzten Jahre zeigte, dass einige international renommierte Dozent/innen bzw. Professor/innen nicht nach Salzburg geholt werden konnten, da die Möglichkeit einer internationalen Schulbildung für deren Kinder fehlte.

Daher war es unabdingbar, eine entsprechende schulische und erzieherische Infrastruktur für den Großraum Salzburg anbieten zu können. Bisher existieren in Salzburg und Umgebung im vorschulischen Bereich für die Drei- bis Sechsjährigen eine so genannte „English Play Group“ (Kindergarten), weiters für den Sekundarstufenbereich die „International School“ in St. Gilgen und die „Preparatory School“ in der Moosstraße. Definitiv besteht eine Lücke im schulischen Angebot für die sechs- bis Zehnjährigen, also den Grundstufenbereich. Diese Lücke galt es mit vorliegendem Modell zu schließen.

Auf bestehende Modelle zurückgreifen zu wollen, hätte die Aspekte der Möglichkeit und Notwendigkeit eingeengt. Ein so genanntes „Salzburger Modell“ sollte den regionalen Bedürfnissen gerecht werden. Die Qualität eines solchen Modells ist ein wesentliches Kriterium für die Entscheidung von Familien in der Wahl für ein bestimmtes Einsatzland.

---

28 Vergleiche PELZMANN, Deborah, HEINRICH, Birgit 2009, Schulversuchsantrag Salzburg International Class

Eine lingua franca bietet Kindern dieser international tätigen Familien ein müheloses Wechseln innerhalb der Schulsysteme verschiedener Länder und wird somit zur Schlüsselqualifikation schlechthin.

Junge Menschen, die bereits in der Schule lernen, mit Menschen aus einem anderen kulturellen, sprachlichen und religiösen Hintergrund zusammen zu arbeiten, bringen diese Fähigkeit ganz selbstverständlich später auch in die Betriebe, Hochschulen und Universitäten.

Hintergrund[29]

Aus europäischer Sicht ist Europa ein Kontinent der Sprachenvielfalt, daher rücken Sprachkompetenz und Sprachenlernen in den Mittelpunkt der schulischen Curricula und bilden eine der Prioritäten der europäischen Bildungspolitik. So wurde 2001 zum Jahr der Sprachen ausgerufen. Die Ansprüche an das Bildungssystem sind in Veränderung begriffen. Sprachkompetenz soll zum Leitbild des Schulentwicklungsverständnisses werden. Dadurch wird den Kindern die europäische Idee der Weltoffenheit vermittelt.

Vom entwicklungspsychologischen Standpunkt aus betrachtet, lässt sich festhalten, dass die Leichtigkeit des Sprachenlernens zu keinem anderen Entwicklungszeitpunkt so groß ist wie in der frühen und mittleren Kindheit. Das Kind befindet sich in einer sprachsensiblen Phase, welche mit einem hohen Grad an Primärmotivation einhergeht, welche pädagogisch genutzt werden muss.

In linguistischer Betrachtung ist es Kindern durchaus leicht möglich zwei Sprachen gleichzeitig zu erwerben, dies vollzieht sich mit enormer Experimentierfreude, Kreativität und Schnelligkeit. Wichtig erscheint dabei die Absicherung der Erstsprache, da das Wissen über Regeln und Struktur der Erstsprache das Erlernen der Zweitsprache im Sinne eines positiven Transfers beschleunigt. Treten Kinder mit anderer Erstsprache in unser herkömmliches Schulsystem ein, dessen Zielsprache Deutsch ist, kommt es zur Stagnation der Erstsprache. In der Folge gilt es Halbsprachigkeit (Semilingualismus) zu verhindern und durch geeignete pädagogische Maßnahmen die Entwicklung additiver Zweisprachigkeit (Bilingualismus) anzustreben. Dies bedeutet eine gute Kompetenz in beiden Sprachen, wozu die Internationale Klasse in einzigartiger Form beitragen kann. Trotz Kompetenz in beiden Sprachen kann sich eine Dominanz in einer Sprache herausbilden; nichtdominante und dominante Sprache können nach dem pragmatischen Prinzip je nach Veränderung der Lebensumstände wechseln, wichtig ist jedoch im pädagogischen Herangehen der gleichberechtigte Zugang zu beiden

---

29 Vergleiche HEINRICH, Birgit, 2009: Schulversuchsantrag Salzburg International Class

Sprachen, bzw. der Erhalt der Erstsprache. Daher will die Internationale Klasse sowohl Erst- als auch Zweitsprache adäquat und dynamisch fördern, sodass Kinder folglich in beiden Sprachen „zu Hause sein" können.

Aus anthropologischer Sicht bewirkt eine frühre Mehrsprachigkeit Toleranz und Offenheit für andere Kulturen und überwindet damit eindimensionale Sozialisation.

Die pädagogische Grundhaltung ändert sich mit den Ansprüchen einer veränderten Gesellschaftsstruktur. Neben dem additiven und integrativen Fremdsprachenunterricht muss es auch zur Neupositionierung in Richtung Änderung der Arbeitssprache kommen.

Ziele des Projekts[30]

Durch die Gründung einer „Internationalen Klasse" in Salzburg soll

- ein nahtloser Übergang für jene Schüler/innen geschaffen werden, die sich aus beruflichen Gründen ihrer Eltern im Salzburger Zentralraum ansiedeln. Ein Schulwechsel vom Ausland kommend ist für jedes Kind, aber auch für die Familie insgesamt eine extreme Herausforderung, wenn nicht Belastung. Durch ein gleichwertiges Schulsystem ohne Sprachenhindernis, wird diese Stresssituation vermindert.
- ein nahtloser Übergang für jene Schüler/innen geschaffen werden, die in absehbarer Zeit mit ihren Eltern aus beruflichen Gründen ins Ausland übersiedeln müssen. Hier ist die sprachliche Komponente von großer Bedeutung. Die Kinder lernen sich schnell und spielerisch in der Arbeitsprache Englisch auszudrücken. Der Übergang in jedes andere internationale Schulsystem wird dadurch deutlich erleichtert.
- in wichtiger und dringend notwendiger Schritt in Richtung eines durchgängigen internationalen Schulsystems im Salzburger Zentralraum gesetzt.
- gewährleistet werden, dass die Schüler/innen mit dem „International Baccalaureate Programm vertraut werden und nach dem „Primary Years Programme - PYP", das internationale Curriculum der IBO - International Baccalaureate Organisation - unterrichtet werden.
- Schüler und Schülerinnen zu weltoffenen, multikulturell und eigenständig denkenden, soziale Kompetenz zeigenden Menschen erziehen.

---

30 Vergleiche: PELZMANN, Deborah, HEINRICH, Birgit 2009, Schulversuchsantrag Salzburg International Class in Anlehnung an den Schulversuchsantrages UNTERSPERGER, Gabriele: „Internationale Schule LISA-JUNIOR" / Bezirk Linz Stadt, Oberösterreich, 2007

Der Weg

Von einer nachhaltig formulierten Initiative der Salzburger Industriellen Vereinigung ausgehend, wurde ich im Herbst 2008 vom Rektor der Pädagogischen Hochschule Salzburg, LAbg. Mag. Dr. Josef Sampl, mit der Konzeption einer Volksschulklasse mit Unterrichtssprache Englisch beauftragt.

Diese Herausforderung nahm ich sehr gerne an, zumal hier mein persönlicher Lebensweg (in den USA geboren, in England aufgewachsen und im Teenageralter - aus beruflichen Gründen meiner Eltern - ohne Deutschkenntnisse in eine Österreichische Schulklasse „gesetzt") intrinsisch motivierend wirkte.

Eine erste, wichtige Überlegung galt der Entscheidungsfrage: *international* oder *bilingual*?

Für mich sehr aufschlussreich war eine Hospitation im Frühjahr 2009 an der (damals neu entstandenen) LISA -JUNIOR, eine internationale Schule an einer Volksschule in Linz. Gespräche mit den dort tätigen Lehrer/innen, sowie ganz besonders mit der Projektleiterin Frau Gabriele Untersperger, waren äußerst hilf- und lehrreich.

Über das Internet informierte ich mich ausgiebig über das bilinguale Schulwesen in der Bundesrepublik Deutschland im Allgemeinen und über die Vienna Bilingual Schools des Stadtschulrates für Wien[31] im Besonderen. Hierbei konnte mir auch Frau Dr. Maria Felberbauer (Kirchlich Pädagogische Hochschule Wien) wertvolle Hinweise geben.

Für mich stand nun fest:

Es wird eine ***internationale*** Klasse mit der Arbeitssprache Englisch werden.

Das **pädagogische Konzept** sollte eine Jahrgangsmischung sein, also eine schulstufenübergreifende Klasse, um von Beginn an möglichst vielen Kindern den Zugang zu ermöglichen.

Auf Anregung des Rektors der Pädagogischen Hochschule Salzburg nahm ich in weiterer Folge Kontakt mit der LSI Mag. Dipl. Päd. Birgit HEINRICH auf. Im Laufe der folgenden arbeitsreichen Monate erlebte ich Frau Mag. Heinrich als eine im höchsten Maße innovative, verlässliche, konstruktive und vor allem kompetente „Mitstreiterin". Ihr fundiertes Wissen im sprachwissenschaftlichen, psychologischen sowie im legislativen Bereich war bei der Konzepterstellung eine immens wichtige Stütze.

Im Mai 2009 absolvierte ich in Begleitung der Frau Mag. Heinrich ausgedehnte Hospitationen in der *American International School, Vienna* sowie in einer *Vienna Bilingual Primary School*. Bei diesen Besuchen lag der Focus auf

---

31 http:/www.schulen.wien.at/schulen/999999/SV-Broschuere/VS/VS-Bilingual.htm

Unterrichtsmaterialien, denn für mich gehörten Originalmaterialien aus englischsprachigen Ländern unbedingt zum Konzept.

Noch im selben Monat wurde bei der für Praxisschulen der Pädagogischen Hochschulen zuständige Stelle im BMUKK ein Konzeptentwurf persönlich vorgelegt.

Im Sommer des Jahres 2009 nutzte ich einen privaten Familienbesuch in den USA für eine ausgedehnte Materialienrecherche. Schwerpunkt meiner Suche war dabei, (unter Beachtung der erforderlichen Kompatibilität mit dem österreichischen Lehrplan für Volksschulen) geeignetes Rüstzeug für eine breite Fächerpalette zu finden. Eine finanzielle Unterstützung seitens der Salzburger Industrieellen Vereinigung ermöglichte eine eindrucksvolle und gezielte Shoppingtour bei „Teaching Tools".

Im Herbst 2009 war das Konzept fertig, das Schulforum informiert und der Schulversuchsantrag gestellt.

Besonders schön war für mich die gelebte Unterstützung seitens des Rektorates der Pädagogischen Hochschule sowie des BMUKK, nicht nur verbal, sondern - und vor allem - auch in finanzieller Natur zu erleben und erfahren.

Das Jahr 2010 war geprägt von der Erstellung eines Fundaments an Unterrichtsmaterialien. Viele Universitäten in den USA haben eigene Home Schooling Programme, die sich als wahre Materialfundgruben erweisen, zumal der Unterricht in der Salzburg International Class jahrgangsübergreifend (als „family class") geführt werden sollte.

Der Frühling 2010 war auch erfüllt von der spannenden Neugier: Wird sich wer melden? Wer wird sich melden?

JA! Nach und nach erreichten uns Anfragen, konkrete Anmeldungen sowie Interviewwünsche seitens Personalmanager international tätiger Firmen, die für die Angehörigen der aus dem Ausland angeforderten Angestellten Bildungsmöglichkeiten für deren Kinder suchten.

Im März 2010 wurden die ersten Aufnahmeinterviews geführt (vergleiche: Aufnahmekriterien).

Zu Ostern - anlässlich eines privaten Familienbesuches - hospitierte ich in home schooling communities in Cape Town. Im Juli und August 2006 (bekanntlich „tiefster Winter" in der südlichen Hemisphäre) hatte ich bereits die Möglichkeit gehabt, in einem Home-Schooling-Programm in Cape Town zu unterrichten. Ich wußte demnach über die Qualität und die breite Palette der zur Verfügung stehenden Unterrichtsmaterialien Bescheid. Ich erwarb gezielt Material für Science and Social Studies und auch für Mathematics.

Weitere Recherchen im Bereich der Mathematikmaterialien wiesen auf die Nutzerfreundlichkeit und didaktischen Qualität der Mathematikbücher aus Singapur hin.

Zufällig wurde ein Kind für die dritte Schulstufe der International Class angemeldet, welches die ersten beiden Jahre der Schulpflicht in Singapur verbracht hat. Der Vater war gerne bereit, die verwendeten Mathematikbücher zur Ansicht mit zu bringen. Und nicht nur das! Er besorgte gleich alle Bücher für die erste bis vierte Schulstufe!

Im April hospitierte und assistierte die zukünftige Klassenlehrerin der Salzburg International Class in der LISA-JUNIOR / Linz. Hierbei machte sie sich auch mit dem International Baccalaureate Primary Years Programme vertraut. Für diese wertvolle Erfahrung bedanken wir uns an dieser Stelle sehr herzlich bei der Projektleiterin Gabriele Untersperger!

Weil „Gut Ding Weil' braucht", übermittelte ich der Firma bit-media bereits im Juni 2010 eine Übersetzungsunterlage für das Zeugnisformular des Schulversuchs. Aus heutiger Sicht weiß ich nun, dass der frühe Zeitpunkt gut gewählt war, denn endgültig fertig war die Vorlage ganze drei Tage vor dem Datum der Schulnachricht 2011!

Im September 2010 erfolgte der Start der Salzburg International Class (IC). Derzeit besuchen 16 Schüler/innen (erste bis vierte Schulstufe) die Klasse, und zwar aus Irland, England, Schottland, Schweden, Singapur, Kanada, Süd Afrika, Österreich und Deutschland. Dabei zeigt sich, dass nicht die Nationalität ausschlaggebend ist, sondern der Kontext, in dem Englisch als Unterrichtssprache gebraucht wird. Beispielsweise waren gerade Kinder mit österreichischer Nationalität bis jetzt im englischsprachigen Ausland und werden auch in einigen Jahren dorthin wieder übersiedeln. Für diese Kinder macht die Kontinuität in der Arbeitssprache Englisch Sinn.

Seit März 2011 ist die International Class (IC) auch in den Schulpraktischen Studien integriert. Studierende der Pädagogischen Hochschule Salzburg absolvieren dort ihre Schulpraxis. Als Praxisberaterin unterstütze ich sie bei der Bewältigung dieser großen Herausforderung. Derzeit wird im Rahmen einer Bachelorarbeit an der Universität London der zeitlich parallel laufende Schriftspracherwerb (Deutsch und Englisch) der Schüler/innen der ersten Schulstufe der IC untersucht und wissenschaftlich begleitet.

Unterrichtszeiten der International Class

Unterrichtsbeginn von Montag bis Freitag:	08.50 Uhr
Unterrichtsende von Montag bis Donnerstag:	15.45 Uhr
Unterrichtsende am Freitag:	12.30 Uhr

Die notwendige Erweiterung des Stundeausmaßes und der daraus folgende ganztägige Unterricht in verschränkter Form erfährt durch eine Kooperation mit der INSEL, Haus der Jugend[32], eine Praxistagesstätte der Pädagogischen Hochschule Salzburg für die Ausbildung zum Freizeitpädagogen eine wunderbar funktionierende Ergänzung.

Aufnahmekriterien

Das vorrangige Ziel ist die Grundausbildung der Schüler/innen nach dem österreichischen Lehrplan - allerdings auf der Grundlage des IBO-Certificates (siehe Curriculum) in der Erstsprache Englisch. Fertigkeiten in einer zweiten Sprache (Deutsch) werden in einem Ausmaß vermittelt, die im Rahmen des herkömmlichen Fremdsprachenunterrichts in einer Regelklasse im österreichischen Schulsystem nicht vermittelt werden können.

Aufgenommen werden Schüler/innen, deren Erstsprache Englisch ist, bzw. die im häuslichen Kontext vorwiegend oder ausschließlich die englische Sprache verwenden.

Zur Aufnahme berechtigt sind:

- Internationale Schüler/innen für die erste Klasse
- Internationale Schüler/innen, die bereits eine österreichische Volksschule besuchen, für die 2., 3., 4. Schulstufe
- Österreichische Schüler/innen mit internationalem Hintergrund für die 1. bis 4. Schulstufe, bei denen anzunehmen ist, dass sie aufgrund der Berufstätigkeit der Eltern (Auslandsaufenthalte) in Schulen anderer Länder wechseln werden

Einschreibeverfahren und Orientierungsgespräche

Es wird eine spezielles Aufnahmeverfahren für die IC angewandt, welches auch ein Orientierungsgespräch (Aspekte: Sprachliche Flexibilität, Motivation, soziale Reife und Integrationsfähigkeit; Schulreife bei Schulanfänger/innen) mit dem Kind und den Erziehungsberechtigten vorsieht. Die Interviews werden von der Schulleitung bzw. einer Aufnahmekommission und einem "English native speaker teacher" geführt.

Grundsätzlich ist die Unterrichtssprache in der Klasse ENGLISCH. Die besondere Form des Sprachenunterrichts wird jedoch gewährleisten, dass die Schüler/innen in zwei Sprachen (Deutsch und Englisch) alphabetisiert werden können.

Curriculum

Der österreichische Lehrplan - erweitert, vertieft und ergänzt durch das International Baccalaureate Primary Years Programme (PYP) - ist Grundlage der unterrichtlichen Arbeit der Salzburg International Class. Über die Berei-

---

32 http://www.inselsalzburg.at/index.php

che des österreichischen Lehrplanes hinaus ist im internationalen Curriculum des IBO (**I**nternational **B**accalaureate **O**rganisation) Darstellendes Spiel, eine Bibliotheksstunde und Informations- und Kommunikationstechnologie vorgesehen.

Primary Years Programme des IBO[33]

Dieses ist ein internationales, fächerübergreifendes Programm mit dem Ziel einer ganzheitlichen Erziehungs- und Unterrichtsarbeit. Es fokussiert und betont Unterricht mit Herz, Hand und Hirn und schließt sowohl die soziale, die physische, die emotionale Entwicklung und kulturellen Bedürfnisse ein, wie auch dem akademischen Anspruch einer Grundschulbildung

Die Lernenden werden dazu ermutigt

fragende
denkende
kommunizierende
wissende
umsichtige
ausgeglichene

Kinder zu sein, die offen für Neues sind, sich einer Wertehaltung bedienen und fähig sind zu reflektieren.

Das PYP ist ein umfassender Ansatz für Lernen und Lehrer. Es bietet einen Leitfaden für Lehrmethoden sowie für Bewertungs- und Beurteilungsstrategien.

Was wollen wir lernen?
Wie lernen wir am effektivsten?
Wie und woran werden wir erkennen, was wir gelernt haben?

Fachübergreifende Themen

Der Rahmenlehrplan wird in einem Kontext angewandt, der sechs fachübergreifende Themen definiert:

Wer wir sind
Wo wir sind in Zeit und Ort
Wie die Welt funktioniert
Wie wir uns äußern
Wie wir uns organisieren
Wir benützen gemeinsam den Planeten Erde

Schüler/innen und Lehrer/innen werden durch diese Themen geleitet und angehalten, selbst zu entdecken, zu erforschen, zu verstehen und Wissen zu erfahren. Gerade beim entdeckenden Lernen werden die Grenzen der Unter-

---

33 Vergleiche: http://www.ibo.org/pyp/

richtsfächer aufgelöst und ein Fach geht nahtlos ins andere über - sei es bewusst von der Lehrperson, oder durch das Interesse der Schüler/innen gefordert. Durch die Erforschung der Lehrinhalte, entwickeln Schüler/innen ein notwendiges Konzept von Sachverständnis, erlernen selbständig notwendige Fähigkeiten und Kompetenzen, erwerben positive Einstellung zu den erlernten Unterrichtsinhalten und erfahren, dass sie für ihr Verhalten auch verantwortlich sind.

Elemente des Curriculums

Das Curriculum besteht aus fünf wichtigen Elementen, die hier im Original beschrieben werden.

CONCEPTS	SKILLS	ATTITUDES	ACTION
form	thinking	tolerance	reflect
function	communication	respect	choose
causation	social	integrity	act
change	research	independance	
connection	self-management	enthusiasm	
perspective		empathy	
responsibility		curiosity	
reflection		creativity	
		cooperation	
		confidence	
		commitment	
		appreciation	

Die ersten vier Elemente sind in allen Fächern vorzufinden und stellen sozusagen das Grundgerüst von strukturiertem und zielgerichtetem Forschen. Acht grundlegende CONCEPTS, die als Schlüsselfragen den Forschungsauftrag ankurbeln, stellen die Grundlage des täglichen Unterrichtens dar:

CONCEPTS	**„Was soll der/die Schüler/in verstehen?"**
Form	What is it like?
Function	How does it work
Causation	Why is it like it is?
Connection	How is it connected to other things?
Perspective	What are the points of view?
Responsibility	What is our responsibility?
Reflection	How do we know?

SKILLS **„Was soll der/die Schüler/in können?"**

Von den genannten Fähigkeiten ist „Research" und „Self-management" herauszustreichen.

ATTITUDES „Was sollen die Schüler/innen fühlen, wertschätzen und darlegen?

Toleranz, Integrität, Selbstbewusstsein und Anerkennung sind wichtige Einstellungen, die für richtiges Lernen nur förderlich sind.

ACTION „Wie sollen sich die Kinder verhalten?"

Über das Erlernte nachzudenken und die richtige Handlung zu setzen, erleichtert das Erlernte zu sichern.

Das **fünfte** Element ist **KNOWLEDGE**, bei dem beachtet werden muss, dass es ein ganzheitliches Verstehen von Ideen und nicht bloß eine Aneignung von Fakten und Fähigkeiten ist.

Methodisch-didaktische Überlegungen

Mit den bereits erwähnten sechs übergreifenden Themen, können sich Kinder aller Kulturen und in allen Unterrichtsfächern identifizieren. Jede große Einheit wird, jeweils gemeinschaftlich, mit immer wieder kehrenden Fragestellungen geplant:

What is our purpose?
What resources will we use?
What do we want to learn?
How best will we learn?
How will we know what we have learned?
How will we take action?
To what extent did we achieve our purpose?

Das Projekt Internationale Klasse Salzburg ist jahrgangsübergreifend geplant. Die Arbeit an den oben beschriebenen Themen, an den erläuterten Elementen findet in einer jahrgangsgemischten Gruppe ideale Umsetzungsbedingungen.

Die Arbeit mit dem PYP Portfolio ist abschließend ein wichtiger Mechanismus, um das Erlernte zu dokumentieren. Lehrer/in und Schüler/in arbeiten gemeinsam an der Erstellung des Portfolios, das wichtige Arbeiten des Schülers/der Schülerin, aber auch die Selbsteinschätzung enthält. Das Portfolio wird durch das Europäische Sprachenportfolio für die Grundstufe - nach den Richtlinien des Europarates (Common European Framework) - ergänzt. (The Council of Europe's common reference[34] levels are fundamental to the ELP. They are the basis for learner self-assessment in the language passport and they serve as a point of reference for the learning targets that the learners record, and the further self-assessment they undertake in the language biography.)

34 http://www.oesz.at/sub_main.php?lnk=gers

Ausblick

Am Ende der Volksschulzeit in der internationalen Klasse kann eine zentrale Idee oder ein Themenabschnitt in einer Ausstellung der Allgemeinheit präsentiert werden. Hier schließt sich der Kreis, denn nach vier Schuljahren haben die Schüler/innen in vielen Dramastunden erfahren, sich zu präsentieren und das Erlernte selbstsicher und voll Freude vorzutragen.

Nach der Volksschulzeit werden aus der internationalen Klasse sozialkompetente junge Menschen entlassen, die wissen, dass sie für ihr Handeln und Verhalten Verantwortung zu tragen haben. Durch die Sensibilisierung für globale, lokale, kulturelle aber auch interkulturelle Themen, wird es Schüler/innen ermöglicht, auch nach der Volksschulzeit aus dem Erlernten neue Verbindungen herzustellen, zu verknüpfen oder neu zu entdecken.

Um die „Lücke in der Bildungslandschaft" in Bezug auf Internationale Klassen in Salzburg weiterhin zu verkleinern, wird derzeit an ein Konzept für eine Fortsetzung der Salzburg International Class in der Sekundarstufe I, konkret umgesetzt in der Neuen Mittelschule der Praxisschule der Pädagogischen Hochschule Salzburg, gearbeitet.

Grundlagen des ganzheitlichen Fremdsprachenunterrichts in der Grundschule

Veronika Leitner, AT

Abstract

The article provides insights into the functions of holistic language learning at primary level. The main focus is on concrete examples of phases for Italian implemented by the author as class teacher at the Practice Primary School of the Pedagogical University Tirol.

Begriffsdefinition

Die Methode des ganzheitlichen Fremdsprachenunterrichts basiert auf wissenschaftlich fundierten Erkenntnissen aus der neurobiologischen Forschung und der Wahrnehmungs- und Lernpsychologie. Das über Jahrzehnte vertretene „Dogma der Lateralität" (List 2006, S. 14), welches besagt, dass jede Gehirnhälfte des Menschen unterschiedliche Aufgaben besitzt und getrennt voneinander arbeitet, gilt laut wissenschaftlichen Erkenntnissen längst als überholt. Das Gehirn muss vielmehr als *neuronales Netzwerk* gesehen werden, das *ganzheitlich, mit dem ganzen Gehirn*, arbeitet. Diese ganzheitliche Verarbeitung bedeutet ein Lernen mit allen Sinnen, mit Geist und Körper und unter Einbeziehung eines stimulierenden Lernumfeldes. (vgl. Macedonia-Oeinek 1999, S.6-8)

Die Komplexität des Gehirns

Wie bereits erwähnt, arbeitet das Gehirn vernetzt und integrativ (vgl. Gasser 2008, S. 21-22). Etwa 100 Milliarden Neuronen sind für den Großteil der Informationsverarbeitung im Gehirn verantwortlich. NeurowissenschaftlerInnen gehen heute nicht mehr davon aus, dass ein bestimmtes Hirnzentrum für ein bestimmtes komplexes Verhalten verantwortlich ist, sondern es gilt im Sinne des Antilokalisationismus (vgl. Götze 1997, S. 1) als bestätigt, dass ein Verhalten von oft weit auseinander liegenden Nervennetzen abhängig ist, wobei diese verhaltensspezifischen Nervennetze hinsichtlich ihrer Verbindungen, ihrer Überträgerstoffe und ihrem morphologischen Aufbau sehr unterschiedlich sein können. Aus diesem Grund wird in Bezug auf die Lokalisation von Verhalten im Gehirn nicht mehr die Bezeichnung „Hirnzentrum" verwendet, sondern man spricht vielmehr von *dynamischen Knotenpunkten* für ein bestimmtes Verhalten oder von *neuronalen Ensembles*. (vgl. Birbaumer & Schmidt 2006, S. 9)

Als ein *neuronales Zellensemble* wird eine Ansammlung von Nervenzellen bezeichnet, die in ihrer Erregung miteinander stärker verknüpft sind, als ihre benachbarten Zellstrukturen und die für ein bestimmtes Verhalten verantwortlich sind. Diese neuronalen Ensembles bzw. dynamischen Knotenpunkte stellen die Grundlage von Verhalten, Denken, Fühlen sowie der

Assoziationsbildung und damit verbunden auch von Lernen dar. (vgl. Birbaumer & Schmidt 2006, S. 9-10)

Die längerfristige Änderung beziehungsweise die Ausbildung neuronaler Netzwerke und Synapsen aufgrund von Lernprozessen wird als *neuronale Plastizität* bezeichnet. Da die neuronale Plastizität des Gehirns im frühen Kindesalter mit aller Wahrscheinlichkeit am größten ist, ist anzunehmen, dass damit verbunden auch die Lernfähigkeit in diesem Alter am stärksten ausgeprägt ist und sie dann bis ins Alter aktivitätsabhängig wirksam ist (vgl. Gasser 2008, S. 28-30).

In den ersten fünf Lebensjahren werden die grundlegenden neuronalen Netzwerke bzw. synaptischen Verbindungen entwickelt und daher ist dies, aufgrund des leichten und schnellen Lernens, auch das optimale Alter, um mit dem Erlernen einer Zweitsprache zu beginnen. (vgl. Gasser 2008, S. 48)

Weiters spielt es für Lernvorgänge eine entscheidende Rolle, ob eine anregende oder eine verarmte Umgebung vorliegt, da eine anregende Umgebung zu aktivem Handeln führt und die neokortikalen Wachstumsprozesse fördert, welche in einer eintönigen und verarmten Umgebung ausbleiben. Dabei sind die neuroanatomischen und neurochemischen Veränderungen vor allem auf das aktive Lernen zurückzuführen. Die angereicherte Umgebung und das aktive Lernen bewirken, dass sich die Konzentration der Azetylcholinesterase erhöht, die Anzahl der Gliazellen steigt und vermehrt dendritische Fortsätze entstehen, an denen sich neue oder stille synaptische Verbindungen herausbilden. Bezüglich der Ausschüttung von Azetylcholin ist hier noch anzumerken, dass sie die Voraussetzung für das Gedächtnis und für kortikale Lernprozesse darstellt. (vgl. Birbaumer & Schmidt 2006, S. 614-617)

Optimierung von Lernprozessen durch kognitive Stimuli

Fremdsprachenlernen findet am effektivsten durch die Aktivierung möglichst vieler kognitiver Reize statt. Zu Beginn eines jeden Lernprozesses nehmen Lernende Informationen über ihre Wahrnehmung auf. Dies kann zum Beispiel über das Tasten, das Hören oder das Sehen erfolgen - alle Sinnesorgane enthalten Sensoren, über welche Reize wahrgenommen und weitergeleitet werden. Diese Reize werden in bestimmten Arealen der Großhirnrinde (Cortex) zuerst als Impulse in primären Arealen aufgenommen und dann in sekundären Arealen weiterverarbeitet. Der Cortex ist ein „Netzwerk von diffusen Verbindungen" (Macedonia-Oleinek 1999, S. 15) und dank dieser tausendfach miteinander verbundenen Systeme ist das Gehirn in der Lage, jede Art eines sensorischen Stimulus zu encodieren. Das bedeutet, dass jeder Stimulus im Gehirn nach einem eigenen Muster gespeichert ist. Je reicher ein Code an Informationen, desto prägnanter ist er.

Grundsätzlich ist eine Kategorisierung in *Lerntypen* problematisch. Bei Lernenden sind lediglich unterschiedliche Neigungen wahrzunehmen und zu akzeptieren. Es ist also zu berücksichtigen, dass einige Lernende bevorzugt über den auditiven Lernkanal, andere wiederum über visuelle Stimuli lernen. Im Lernalltag ist eine umfangreiche Aufbereitung durch unterschiedliche Stimuli notwendig, damit jeder jenen Reiz bekommt, der für ihn am effizientesten wirkt. Der Einwand von Skeptikern, dass die Gefahr der Überladung im Gehirn gegeben sei, stellt sich als haltlos dar, da das Gehirn nicht wie eine beladene Festplatte funktioniert. Mit der Komplexität der vernetzten Kenntnisse steigt die Geschwindigkeit von Suchprozessen im Gehirn. Das bedeutet, je mehr Wahrnehmungsbereiche zur Speicherung des Gelernten verwendet worden sind, desto schneller können wir das Gelernte wieder abrufen. Diese verankerten Gedächtnismuster helfen, Informationen vom Kurzzeit- ins Langzeitgedächtnis zu übertragen und längerfristige Lernleistungen zu erzielen. (vgl. Macedonia-Oleinek 1999, S. 14-15)

Visuelle Stimuli - Das Auge

Über das Auge werden meistens erste Eindrücke wahrgenommen, zum Beispiel wird ein Text gelesen. Das Auge nimmt zu Beginn die schriftliche Form als Hell-Dunkel-Kontraste und die lineare Aneinanderreihung von Graphemen (Zeichen) wahr. Schwierigkeiten bereiten vor allem die semantische Dekodierung von Inhalt und Form, welche zeitaufwändig ist und die Speicherung somit verzögert. Rein auf Schrift basierende Lerninstrumente, wie zum Beispiel Vokabellisten, sollten nicht primär eingesetzt werden. Der Aufwand für die Speicherung im Gehirn ist zu groß und der Erfolg dafür zu gering. Die geschriebene Sprache sollte daher durch Bilder, Fotos oder Ikonen untermauert werden. Dieser ebenfalls visuelle Bezug wirkt für Lernende ansprechender und wird somit besser gespeichert. Fremdsprachliche Texte werden zum Beispiel durch grafische Darstellungen im Text untermauert. Nicht zu vergessen sind Form, Darstellung und Farbe - Bilder sollen Emotionen auslösen. (vgl. Macedonia-Oleinek 1999, S. 15-17)

Auditive Stimuli - Das Ohr

Das Ohr ist das Organ, das für den Spracherwerb zuständig ist. Blinde erlernen eine Sprache und durch das Hören entwickeln gesunde Kinder ihre Muttersprache, ohne jemals darin unterrichtet zu werden. Von Beginn an sind Geräusche bzw. auditive Reize für ein Kleinkind mit Bildern und anderen Stimuli verbunden. Beispiel: Ein Kind wird gestillt. Es hört die Mutter sprechen, die sich auf das Bedürfnis des Kindes sprachlich bezieht. Das Baby nimmt das Gesicht, die Brust, die Körperwärme und den Genuss beim Trinken wahr. Auditive und visuelle Reize werden hier mit olfaktorischen Stimuli und Geschmacksstimuli gekoppelt. Durch den Körperkontakt zur Mutter kommen noch taktile und haptische Stimuli hinzu.

In Lernkontexten werden oft Hörbeispiele und Vorträge der Lehrer rein auditiv präsentiert. Zur besseren Verankerung soll das reine Hören durch weitere Entschlüsselungs- und Speicherungshilfen erweitert werden. Der auditive Wahrnehmungskanal kann zum Beispiel durch Körperbewegung und visuelle Stimuli noch ergänzt werden. (vgl. Macedonia-Oleinek 1999, S. 17-19)

Geschmacksstimulus – Der Mundraum

Die Informationsdekodierung und Speicherung sind bei Erfahrungen, die mit dem Geschmackssinn zu tun haben, sehr groß. Die Koppelung eines Lerninputs mit Zunge, Gaumen und Mundraum ist in der Praxis, in einem bestimmten Lernkontext aufwändig, aber äußerst nachhaltig. (vgl. Macedonia-Oleinek 1999, S. 19-20) Die Einbeziehung des Geschmacksstimulus eignet sich im Fremdsprachenunterricht natürlich beim Thema „Nahrungsmittel". Das Kosten von Lebensmitteln mit verbundenen Augen steigert die Spannung, was wiederum die Emotionen weckt. Intensive Erlebnisse können besser vom Gehirn gespeichert werden.

Olfaktorische Stimuli – Die Nase

Die Geruchswahrnehmung spielt bei Säugetieren eine große Rolle. Wir Menschen werden von Gerüchen beeinflusst und können tausende unterscheiden. Nicht zuletzt hat der Geruch auch Einfluss auf zwischenmenschliche Beziehungen. (vgl. Macedonia-Oleinek 1999, S. 20-21) Geruchsintensive Substanzen zu erschnuppern, wie zum Beispiel Gewürze in leeren Fotodosen, oder Zutaten für den Obstsalat, regen die Geruchsnerven an und werden dadurch im Gehirn leichter abgespeichert.

Taktile und haptische Stimuli – Haut und Hand

Taktile Wahrnehmung beschreibt die passive Wahrnehmung mechanischer Eindrücke. Diese Wahrnehmung von Reizen, über in der Haut liegenden Rezeptoren, nennt man Oberflächensensibilität. Diese Rezeptoren nehmen Druck, Berührung, Vibrationen und Schmerz wahr. Lernende erlernen zum Beispiel Begriffe über die Berührung oder das Schreiben auf dem Rücken.

Die haptische Wahrnehmung beschreibt das aktive Erfühlen von Größe, Oberflächenstruktur, Gewicht usw. „Begriffenes" erlaubt dem Gehirn mechanische Reize, Temperaturreize und Schmerz zu lokalisieren. Um die Beschaffenheit zu begreifen, müssen Hautsinne und Tiefensensibilität integriert sein. (vgl. Macedonia-Oleinek 1999, S. 21-22)

Beispiele:

Erspüren und Benennen von auf den Rücken geschriebenen einfachen Zeichen bzw. Zahlen;
Schatzkiste: Ertasten und Benennen von Gegenständen mit verbundenen Augen;
Ertasten von Zahlen aus Sandpapier;
Ergreifen und Benennen von Gegenständen bzw. Kleidungsstücken;
Formen von Gegenständen aus Knetmasse
Schreiben oder Zeichnen in der Sandwanne

Kinästhetische Stimuli – Körperbewegung

Zwischen kognitiven Vorgängen und Bewegung existiert eine Korrelation. Denken und Bewegen stehen in einem natürlichen, physiologischen Zusammenhang. Es werden unzählige motorische Rezeptoren aktiviert. „Learning by doing" gilt schon lange Zeit als Grundsatz und sollte daher Lernende zum aktiven Tun ermutigen. Die Kinästhetik ist die durch die Sinne wahrgenommene Bewegung. (vgl. Macedonia-Oleinek 1999, S. 22-23)

Beispiele:

Wortschatzerarbeitung mit Mimik und Gestik, Tänze, Theater spielen, Wortschatzerarbeitung mit Bewegung, Total Physical Response - Übungen (TPR), Bewegungslieder

Emotionaler Stimulus

Fremdsprachenlernen ist abhängig vom Wechselspiel zwischen Kognition und Emotion. Lernende *kooperieren* bzw. nehmen an Lernaktivitäten teil, wenn sie sich emotional und persönlich angesprochen fühlen. *Intensive* Erlebnisse können vom Gedächtnis intensiver gespeichert werden, als Erlebnisse, die für Lernende als *belanglos* gelten.

Für Prozesse des Lernens und des Lehrens bedeutet dies, dass Inhalte umso besser abgespeichert und erinnert werden können, je umfangreicher die Reizung ist bzw. je mehr Sinnesmodalitäten angesprochen werden. (vgl. Birbaumer & Schmidt 2006, S. 604)

Auch die Werbung arbeitet nach diesem System und versucht deshalb einen emotionalen Zugang zum/zur AdressatIn zu knüpfen. Dessen/deren Affekte filtern Informationen und lassen nur subjektiv wichtige, emotionale Inputs zu. Aus der Neurobiologie ist bekannt, dass Stress lernhemmend wirkt. Unser Organismus schüttet bei psychischem oder physischem Stress Hormone aus. Es gibt im Lernalltag unterschiedliche Stressoren, zum Beispiel eine schwierige Aufgabe oder ein problematisches Lehrer-Schüler-Verhältnis. Stress kann im Körper eine Art Lawine auslösen und zum Beispiel das Hormon Noradrenalin ausschütten. Das bewirkt wiederum eine Blockade der Signalübertragung in den Nervenzellen, was die Informationsvermittlung beeinträchtigt. Bei Prüfungsangst befindet sich der/die Lernende in einer Stresssituation und dies kann Gedächtnislöcher verursachen.

Folgende Abbildung in Anlehnung an Macedonia-Oleinek (1999, S. 2) versucht den idealen Lernprozess darzustellen:

Der Input wird multisensorisch über unterschiedlichste Stimuli mit Lernenden erarbeitet, dabei werden Areale der Großhirnrinde stimuliert und ins Kurzzeitgedächtnis gebracht. Um das Gelernte in den Langzeitspeicher zu übertragen, braucht es den *emotionalen Schlüssel* (Macedonia-Oleinek 1999, S. 28) des affektiven Filters. Dieser Schlüssel beinhaltet viele Faktoren: Form des Unterrichts, äußere Umstände, soziales Gefüge der Lerngruppe, Raumbe-schaffenheit, Lehrperson, Licht, usw. (vgl. Macedonia-Oleinek 1999, S. 26-28)

Unterrichtsbeispiel für eine ganzheitliche Erarbeitung

Thema: La frutta (Obst)

Dieses Unterrichtsbeispiel eignet sich hervorragend für eine ganzheitliche Wortschatzerarbeitung. Anhand dieses Beispieles werden mögliche Erarbeitungs- bzw. Übungsvarianten kurz aufgelistet.

Zu Beginn der Stunde hält die Lehrperson eine Stoffraupe „Il piccolo Bruco Maisazio" am Arm und erzählt die Geschichte (siehe Text). An der Tafel hängen die Wochentage geordnet in Form von Wortkarten und die dazu passenden Bildkarten (Obst). Während die Lehrperson die Geschichte mit Mimik und Gestik unterstützt erzählt, frisst die Raupe an jedem Tag passend die Bildkarten von der Tafel. Mögliche Variante: Das Tafelbild wird am Boden aufbereitet und die Bildkarten durch richtiges Obst ersetzt.

IL PICCOLO BRUCO MAISAZIO

Una notte, su una foglia illuminata dalla luna, c'era un piccolo uovo.
Ma una **Domenica** mattina, quando si levò il sole, caldo e splendente, dall'uovo
"Crac!" uscì un piccolo bruco affamato... Subito si mise in cammino alla ricerca di cibo.
Lunedì mangiò una mela, ma non riuscì a saziarsi.
Martedì mangiò due pere, ma non riuscì a saziarsi.
Mercoledì mangiò tre prugne, ma non riuscì a saziarsi.
Giovedì mangiò quattro fragole, ma non riuscì a saziarsi.
Venerdì mangiò cinque arance, ma non riuscì a saziarsi.
Sabato mangiò un dolce al cioccolato, un gelato, un cetriolo, un pezzo di formaggio, una fetta di salame...
Alla sera aveva il mal di pancia!
Il giorno dopo era di nuovo **Domenica**. E il bruco si mise a mangiare una bella foglia verde. Si sentì subito meglio...
(Eric Carle, The Very Hungry Caterpillar)

Zuordnung der Bildkarten

Nach der Erzählung werden die Bildkarten (Abbildungen der Früchte) gemeinsam wieder den Wochentagen an der Tafel zugeordnet, dort von einzelnen SchülerInnen platziert und gemeinsam mit der Unterstützung der Lehrperson benannt (la mela, la pera, la prugna, la fragola, l'arancia).

Zuordnung des Wortes zu passender Bildkarte

Im nächsten Schritt nennt die Lehrperson eine Frucht, z.B. „Fammi vedere la fragola!" Die SchülerInnen werden einzeln von der Lehrperson an die Tafel gebeten und zeigen auf die jeweils richtige Bildkarte.

Zuordnung der Wortkarten zu Bildkarten

Als weitere Übung eignet sich das Lippenlesen. An der Tafel befinden sich die Kärtchen mit den Wochentagen und die Wortkarten mit den Obstnamen. Die Lehrperson spricht lautlos den Namen einer Obstsorte aus, die SchülerInnen lesen das Wort von den Lippen der Lehrperson und benennen dieses. Die SchülerInnen hängen die erratene, passende Bildkarte an die Tafel zum passenden Wochentag.

Folgende Übungsvarianten können auch im Stationsbetrieb organisiert werden:

Ertasten der Früchte (haptische Station)

In Partnerarbeit ertasten die SchülerInnen die Früchte in einem Tastsack oder verdeckten Obstkorb und benennen die jeweilige Obstsorte. Der sehende Partner fungiert als Lehrperson (Sprechhilfen bzw. Wortkarten hängen bei Bedarf an der Tafel). Die erratene und benannte Obstsorte wird einem passenden Wortkärtchen zugeordnet.

Kosten der Früchte (Geschmacksstation)

Mit verbundenen Augen kostet jedes Kind ein kleines Stück Obst und benennt es in der Fremdsprache. Jedes Kind hakt an einem „Menüplan" (Arbeitsblatt) die jeweilig erkostete Obstsorte ab. Variante: Die Schüler zeichnen am Arbeitsblatt zum passenden Wort die erkostete Obstsorte dazu.

Riechdosen (Geruchsstation)

In alten Filmdosen werden kleine Obststücke verpackt. Die SchülerInnen erschnuppern die Obstsorte und nennen sie.

Hörstudio (Hörstation)

Den SchülerInnen werden auf Tonband diktierte Obstbezeichnungen vorgespielt. Mögliche Übungsvarianten:

Die SchülerInnen skizzieren die jeweilig gehörte Obstsorte der Reihe nach auf ein Blatt Papier.

Die gehörte Obstsorte wird zum passenden Wort auf ein Arbeitsblatt gemalt.

Das passende Wort wird zur jeweilig abgebildeten Obstsorte geschrieben.
Bilder von verschiedenen Obstsorten werden in der richtigen Reihenfolge numeriert.

Weitere mögliche Anwendungen:

Wort- und Bildzuordnungen auf Arbeitsblättern; Wortsalat; Kreuzworträtsel
Bildnerische Darstellungen: „Il piccolo Bruco Maisazio" malen bzw. Collage eines Obstkorbes;
Rezept für einen Obstsalat auf einem Plakat gestalten; Herstellung von Obstsalat;
„Ich kaufe ein": Marktstand mit Obst wird nachgestellt und SchülerInnen üben das Einkaufen in der Fremdsprache;
Besuch eines nahe gelegenen Obstgeschäftes;
Darstellendes Spiel: SchülerInnen spielen mit verteilten Rollen die Erzählung „Il piccolo Bruco Maisazio" mit Sprechhilfen nach;

Literatur

Birbaumer, Niels & **Schmidt**, R. Franz (2006): Biologische Psychologie: Springer-Lehrbuch. 6. vollständig überarbeitete und ergänzte Auflage. Heidelberg: Springer Medizin

Gasser, Peter (2008): Neuropsychologische Grundlagen des Lehrens und Lernens. Bern: hep Verlag.

Götze, Lutz (1997): Was leistet das Gehirn beim Fremdsprachenlernen? Neue Erkenntnisse der Gehirnphysiologie zum Fremdsprachenerwerb. In: Zeitschrift für interkulturellen Fremdsprachenerwerb (online), http://zif.spz.tu-darmstadt.de/jg-02-2/beitrag/goetze1.htm, Stand: 22.1. 2011

List, Gudula (2006): Was wäre dem Gehirn denn „fremd"? Hirnforschung und Fremdsprachenlernen. In: Hans Barkowski / Armin Wolff (2005): Umbrüche. Beiträge der 33. Jahrestagung DaF. Regensburg: Fachverband Deutsch als Fremdsprache, S. 7-23.

Macedonia-Oleinek, Manuela (1999): Sinn-voll Fremdsprachen unterrichten. Linz: Veritas Verlag

Das Europäische Sprachenportfolio

Romy Höltzer, AT

Abstract
The paper focusses on the implementation of the European Languages Portfolio (ELP) at Primary level. As one aim of the Regio Project was to include ELP approaches the article provides important background information.

> Individuelle und gesellschaftliche Mehrsprachigkeit sind, weltweit und geschichtlich betrachtet, eine Normalität. Die Vorstellung, dass der „normale" Mensch einsprachig sei, gehört eigentlich der Vergangenheit an.[35]

In der Europäischen Union, in der zur Zeit knapp eine halbe Milliarde BürgerInnen mit unterschiedlichem kulturellen und sprachlichen Hintergrund vereint sind, gewinnt Sprachenlernen und -können mehr und mehr an Bedeutung. Das Europäische Sprachenportfolio (ESP) ist ein Instrument, das sich diesem Anspruch stellt, indem es die Entwicklung von Mehrsprachigkeit fördert und so einen entscheidenden Beitrag zum Sprachenlernen aber auch zum interkulturellen Lernen leistet.

Gemeinsamer europäischer Referenzrahmen für Sprachen (GERS)

Der GERS dient dazu, Sprachenkenntnisse und Kompetenzen international vergleichbar zu machen, um Kooperationen zwischen den Bildungseinrichtungen in den verschiedenen Ländern zu fördern und zu erleichtern.

Im Raster zur Selbstbeurteilung werden die Sprachenkenntnisse in fünf Fertigkeitsbereichen beschrieben:

Hören und Verstehen
Lesen und Verstehen
An Gesprächen teilnehmen
Zusammenhängend sprechen
Schreiben

Jede dieser Fertigkeiten wird sechs Kompetenzebenen zugeordnet. Sie reichen vom niedrigsten Sprachniveau A1, über A2, B1, B2, C1 bis zur höchsten Kompetenzebene C2.

35 de Cillia, R.: Sprachliche Menschenrechte und die Bedeutung der Muttersprache im schulischen Spracherwerb. In: Weidinger; W. (Hg.): Bilingualität und Schule. Wien, öbv &htp, 2001.

Die 3 Teile eines ESP

- Sprachenpass
  Der Sprachenpass beschreibt den familiären sprachlichen Kontext und erfasst sämtliche in und außerhalb der Schule erworbene Sprachen sowie formale Qualifikationen und Zertifikate, wobei die erreichten Kompetenzen in diesen Sprachen in Bezug auf den GERS eingestuft werden. Außerdem werden Auslandsaufenthalte und interkulturelle Erfahrungen dokumentiert.

- Sprachenbiografie
  Dieser Teil des ESP hat vorrangig die Aufgabe, das Sprachenlernen kontinuierlich zu begleiten und so die persönliche Geschichte des Sprachenlernens aufzuzeigen. Dabei lernen die BenutzerInnen ihre individuellen Lernfortschritte, etwa mit Hilfe von Checklisten, einzuschätzen und sich mit den Referenzvniveaus des GERS vertraut zu machen. Eine weitere wesentliche Aufgabe besteht darin, zu lernen, sich selbst Ziele für das eigene Sprachenlernen zu setzen und dabei über Techniken und Strategien zu deren Erreichung zu reflektieren bzw. sie bewusst anzuwenden. Auch Erfahrungen im interkulturellen Lernen fließen in diesen Teil des ESP mit ein.

- Dossier
  Hier handelt es sich um eine Sammlung sämtlicher ausgewählter eigener Dokumente des Sprachenlernens und des interkulturellen Lernens - gleich ob sie aus einem formellen oder informellen Lernkontext stammen. Dabei kann es sich um Texte, Berichte, Zertifikate, Zeichnungen, Spiele, DVDs, etc. handeln.

Funktionen und Intentionen

Pädagogische Funktion

Das ESP will Lernende motivieren, ihre Sprachenkenntnisse und interkulturellen Erfahrungen zu erweitern, wobei alle Bemühungen und Schritte in diese Richtung, egal ob in oder außerhalb der Schule, zählen.

Das ESP will Hilfestellung geben, um die individuelle Sprachlerngeschichte, Lernwege und Lernziele bewusst zu machen und sich mit ihnen zu beschäftigen, also Lernen auch besser organisieren und letztlich mehr und mehr Verantwortung dafür übernehmen zu können.

Das ESP will den Lernenden helfen, ihre Sprachkenntnisse einzuschätzen. Das ESP will zum selbständigen und lebenslangen (Sprachen)Lernen anregen. Das ESP hilft Lehrenden, Motivation und Bedürfnisse der Lernenden besser kennen zu lernen und den Unterricht dahingehend zu planen.

- Dokumentations- und Vorzeigefunktion
- Eine der Hauptaufgaben des ESP besteht darin, Erfahrungen und Ergebnisse sprachlichen und interkulturellen Lernens aufzuzeigen und für sich selbst, aber auch unterschiedliche Adressaten, möglichst informativ und transparent zu dokumentieren. Es versetzt somit in die Lage, in die Schule mitgebrachte, sowie in der Schule erworbene Kenntnisse und Erfahrungen anderen vorzeigen zu können. Dies kann z. B. bei einem Schulwechsel, für den Besuch eines Sprachkurses, aber auch bei einer Jobbewerbung von Bedeutung sein.
- Durch die Aufzeichnung der Sprachkompetenzen der Lernenden ermöglicht das ESP den Lernenden, Sprachenkenntnisse in einer international vergleichbaren Art und Weise - auf der Grundlage des GERS - darzustellen.

Prinzipien

Das EPS ist Eigentum der Lernenden.

Es bezieht sich auf den Gemeinsamen europäischen Referenzrahmen für Sprachen.

Das ESP ist ein Instrument des Europarates, der Prinzipien und Richtlinien entwickelt hat, die für alle Ausgaben in sämtlichen Mitgliedsstaaten gelten.[36] Daher besitzt jede Ausgabe eines ESP eine entsprechende Akkreditierungsnummer.

Vorteile

Das ESP hilft Mehrsprachigkeit und kulturelle Vielfalt zu erkennen und zu fördern (*intercultural awareness*)

Das ESP hilft bei der Entwicklung eines Sprach/enbewusstseins (*language awareness*)

Das ESP hilft den eigenen Sprach/enlernprozess zu reflektieren (*language learning awareness*)

Das ESP fördert eine realistische Selbsteinschätzung (*self-assessment*)

Das ESP hilft bei der Hinführung zum eigenständigen, eigenverantwortlichen, lebenslangen Lernen

---

[36] Council of Europe, Language Policy Division: <http://www.coe.int/T/DG4/Portfolio/?L=E&M=/main_pages/introduction.html> Zugriff: 21.04.2011

Das Europäische Sprachenportfolio für die Mitteleuropäische Region für SchülerInnen von 6-10 Jahren[37]

Allgemeines

Da der Sprachenpass erst etwa am Ende der Grundschulzeit zum Einsatz kommt, beginnt das Sprachenportfolio nach dem Vorspann zunächst mit der Sprachenbiografie. Daran anschließend folgt das Dossier, das altersgemäß *Sprachenschatzkiste* benannt wurde. Den dritten und letzten Teil bildet der Sprachenpass.

Jeder einzelne der drei Teile beginnt mit einleitenden Worten an die SchülerInnen über die Bedeutung des jeweiligen Abschnitts.

Beschreibung

- Sprachenbiografie
  Die Sprachenbiografie besteht aus zwei Hauptabschnitten, wobei sich der erste in der Regel an SchülerInnen der Grundstufe I und der zweite eher an SchülerInnen der Grundstufe II richtet. Beide Abschnitte beschäftigen sich altersgemäß mit den Aspekten *Intercultural Awareness, Language Awareness, Language Learning Awareness* and *Self-Assessment.*

Grundstufe I (S.11-23)

Unter dem Titel *Ich und die Welt* sollen die SchülerInnen dazu angeregt werden, über die eigene „kleine" Welt hinaus zu denken in Bezug auf andere Menschen, Sprachen und Kulturen. (*intercultural awareness*)

Daran anschließend richtet sich der Fokus auf den Aspekt der Sprache. Zunächst wird den SchülerInnen mit Hilfe einer Sprachenfigur die Möglichkeit geboten, ihre persönliche Sprachenwelt zu analysieren. Anhand grafischer Darstellungen (Gespräch, Fest, Telefon, Computer, Film, ...) werden sie sodann zum Nachdenken darüber aufgefordert, wozu die eigenen Sprachen überhaupt verwendet werden. Der Abschnitt *Wo ich meine Sprachen verwende* macht die Lernenden zudem mit den acht Themenbereichen, die im Sprachenportfolio überwiegend und an verschiedenen Stellen angesprochen werden - dargestellt als grafische Symbole - bekannt. (*language awareness*)

Der nächste Abschnitt *Meine ersten Schritte zum Sprachenlernen* macht die SchülerInnen zunächst auf die drei ersten Fertigkeitsbereiche *Hören und Verstehen, An Gesprächen teilnehmen* und *Zusammenhängend sprechen* aufmerksam. *(language* learning awareness)

---

37 Höltzer, R.; Europäisches Sprachenportfolio für die Mitteleuropäische Region - Primarstufe. Council of Europe, Akkreditierungsnummer 94.2008. Die folgenden Ausführungen beziehen sich auf diese Ausgabe des ESP.

Danach folgt ein grafischer Block von mehreren Seiten, in dem die oben erwähnten Themenbereiche szenisch dargestellt sind. Diese Darstellungen sollen als Impuls dazu dienen, sich den eigenen Sprachlernfortschritt bewusst zu machen. Je mehr der/die Lernende Fortschritte im Hörverstehen und Sprechen macht, desto mehr darf in den Szenen ausgemalt werden. Diese Fähigkeit zur Selbsteinschätzung wird natürlich in den meisten Fällen nur in einem längeren Prozess zu erwerben sein und stellt auch den/die Lehrende/n vor eine pädagogische Herausforderung. (*self*-assessment)

Grundstufe II (S.24-76)

Auch dieser Abschnitt beginnt unter dem Titel *Ich lebe in einer vielfältigen Welt* mit dem interkulturellen Aspekt, der zunächst anhand von Fotos von Menschen unterschiedlicher Herkunft zum Nachdenken und zu Gesprächen anregen sollen. Auf den nachfolgenden Seiten werden die SchülerInnen nun aufgefordert, ausgehend von der persönlichen Lebensumwelt Schritte hinaus in die weite Welt zu machen, in andere Länder, zu anderen Menschen und anderen Sprachen. Es wird ihnen hier auch die Möglichkeit geboten, dies schriftlich und grafisch darzustellen. In Bezug auf Sprachen wird angeregt, sich zunächst der eigenen Sprachenumwelt in Familie und Verwandtschaft bewusst zu werden und dann über die allgemeine Begegnung mit Sprachen in der Welt zu reflektieren. (*intercultural awareness, language awareness*)

Im darauffolgenden Abschnitt werden zuerst die auf der Grundstufe I bewusst gemachten Grundfertigkeiten *Hören und Verstehen, An Gesprächen teilnehmen* und *Zusammenhängend sprechen* um zwei weitere - nämlich *Lesen und Verstehen* und *Schreiben* - ergänzt. Danach werden die Lernenden angeregt, darüber nachzudenken, was ihnen - aber auch anderen - beim Sprachenlernen in Bezug auf die fünf Fertigkeitsbereiche hilft, werden aufgefordert, dies schriftlich festzuhalten und auch die Qualität der Hilfe zu bewerten. (*language learning awareness*)

Nun folgt der Abschnitt der Selbsteinschätzung, in dem die SchülerInnen themenbezogene, sowie auf ihr jeweiliges Niveau bezogene (A1, A2, B2) Checklisten zur Einschätzung ihrer Sprachenkenntnisse in den fünf Fertigkeitsbereichen heranziehen sollen. Im Anschluss daran können die Ergebnisse in einem entsprechenden Überblicksraster eingetragen werden, um einerseits eine bessere Übersicht zu gewähren und andererseits die spätere Einstufung des eigenen Sprachenkönnens im Sprachenpass zu erleichtern. (*self-assessment*)

Am Abschluss der Sprachenbiografie werden die Lernenden noch dazu aufgefordert, nicht bei bereits Erreichtem stehen zu bleiben, sondern sich im Sinne des eigenverantwortlichen, lebenslangen Lernens weitere Ziele für das eigene Sprachenlernen zu setzen und deren Erreichung zu überprüfen.

- Dossier (Sprachenschatzkiste)
  In diesem Teil des ESP werden die SchülerInnen dazu angehalten, selbst gewählte Dokumente des eigenen Sprachenlernens sowie des interkulturellen Lernens zu sammeln. Anhand einer Inhaltsliste wird festgehalten, was sich zum angegebenen Zeitpunkt im Dossier befindet und warum es ausgewählt wurde.

- Sprachenpass
  Der Sprachenpass, der wie erwähnt erst gegen Ende der Grundschulzeit ausgefüllt wird, weist zunächst die sprachliche und kulturelle Identität aus, indem dokumentiert wird, welche Sprachen daheim, in und außerhalb der Schule, mit wem und in welchem Ausmaß gesprochen werden und welche Erfahrungen in anderen Ländern, mit anderen Personen und Sprachen gemacht wurden.

Im Abschnitt der Selbsteinschätzung wird der erreichte Sprachstand festgehalten. Hier stufen die SchülerInnen ihre Sprachenkenntnisse hinsichtlich der Kompetenzebenen und Fertigkeitsbereiche des GERS selbst ein, indem sie die Ergebnisse aus den Checklisten bzw. dem betreffenden Überblicksraster zu Hilfe nehmen können.

Es besteht auch die Möglichkeit, Angaben über etwaige erworbene Bescheinigungen und Zertifikate zu machen.

Den Abschluss des Sprachenpasses bildet der Raster zur Selbstbeurteilung des *Gemeinsamen Europäischen Referenzrahmens für Sprachen*.

Verwendung und Einsatz im schulischen Fremdsprachenunterricht

- *Ab wann, wie oft und wie kann mit dem ESP gearbeitet werden?*

Das ESP ist als Lernbegleiter gedacht und kann flexibel zum Einsatz kommen, je nach dem individuellen Sprachlernprozess der SchülerInnen.

Die Arbeit mit dem ESP kann bereits auf der ersten Schulstufe beginnen. Dafür eignet sich besonders das Dossier, in dem die SchülerInnen von Anfang an Dokumente ihres Sprachenlernens sammeln und darüber reflektieren. Aber auch die Kapitel der Sprachenbiografie, in denen es um *intercultural awareness* und *language awareness* geht (S. 11-13), können bereits auf der ersten Schulstufe behandelt werden. Insbesondere die Sprachenfigur (S. 12) sollte schon möglich früh erstmals ausgemalt werden, um den Sprachenzuwachs bei einem späteren nochmaligen Ausmalen deutlich zu machen. Gegen Ende der ersten Schulstufe bzw. ab Beginn der zweiten Schulstufe kann allmählich mit den Bereichen *language learning awareness* und *self-assessment* (S. 17-23) begonnen werden.

Es empfiehlt sich, mit dem Sprachenhaus (S. 16-23) kontinuierlich über ein bis drei Jahre zu arbeiten, wobei jeweils diejenigen Bereiche ausgemalt werden, die im Fremdsprachenunterricht behandelt wurden.

Etwa ab der Grundstufe II eignen sich die Bereiche *intercultural awareness* und *language awareness* (S. 24-30) für punktuellen Einsatz, aber auch für projektorientierten Unterricht. Ab diesem Zeitpunkt empfiehlt sich auch die Arbeit am Bereich *language learning awareness* (S. 31-37). Hier werden sich die SchülerInnen der fünf Fertigkeitsbereiche bewusst und beginnen ihre ganz persönlichen Sprachlernstrategien zu erkennen.

Die Checklisten (S. 38-66) wurden für drei verschiedene Niveaus kalibiriert (A1, A2, B1). Es werden diejenigen verwendet, die dem Sprachniveau der SchülerInnen entsprechen. Die Bearbeitung muss nicht linear erfolgen, sondern es können jeweils diejenigen ausgefüllt werden, die im Unterricht behandelt wurden. Es empfiehlt sich, die Checklisten gegen Ende der Volksschulzeit zu verwenden, um die SchülerInnen für den Eintrag im Sprachenpass (S. 10-14) vorzubereiten. Dabei hilft auch der entsprechende Überblicksraster (S. 67-72)

Die Arbeit mit dem Dossier (Sprachenschatzkiste) erfolgt parallel dazu auf allen Schulstufen, indem die Sammlung immer wieder überprüft, sortiert und ergänzt wird.

- Können die SchülerInnen zur selbständigen Arbeit mit dem ESP und zur Selbsteinschätzung herangeführt werden?

Zu Beginn der Volksschulzeit ist die Anleitung durch die Lehrkraft natürlich unbedingt notwendig. Auch in weiterer Folge ist Unterstützung immer wieder erforderlich, jedoch sollen die SchülerInnen schrittweise und individuell zum selbständigen Arbeiten und zu einer realistischen Selbsteinschätzung heran geführt werden.

Wesentlich für diesen (jahrelangen) Prozess ist, den Sprachlernprozess immer wieder zu reflektieren. (Was habe ich gelernt? Kann ich schon mehr als letztes Mal? Wie gut kann ich das? Woher weiß ich das? Wie habe ich das gelernt? Was hat mir dabei geholfen? Warum gebe ich gerade dieses Dokument in meine Sprachenschatzkiste? Was will ich noch lernen? Etc.) Dafür bietet sich besonders die kontinuierliche Arbeit mit dem Sprachenhaus (S. 17-23) und dem Dossier an.

- Kann das ESP auch für den Deutschunterricht verwendet werden?

Das ESP als Lernbegleiter bezieht die gesamten Sprachenkenntnisse der SchülerInnen mit ein. Dies kommt u. a. beim Bemalen der Sprachenfigur (S.12) zum Ausdruck, aber auch beim Ausfüllen des Sprachenpasses. Von den Checklisten wären hier vermutlich eher die höheren Niveaus heran zu ziehen.

Auch für SchülerInnen mit nichtdeutscher Muttersprache eignet sich die Arbeit mit dem ESP, da sie hier ihre Fortschritte in Deutsch darstellen können (z. B. im Sprachenhaus, S. 17-23 oder im Dossier).

Wie schon oben erwähnt, wäre es auch im Deutschunterricht wichtig, den Lernprozess immer wieder zu reflektieren.

Literatur

Höltzer, R.: Europäisches Sprachenportfolio für die Mitteleuropäische Region – Primarstufe. Council of Europe, Akkreditierungsnummer 94.2008.

Höltzer, R.: Mehrsprachigkeit dokumentieren und fördern. In: Erziehung & Unterricht 3-4/2007.

Trim, J./North, B./Coste, D./Sheils, J: Gemeinsamer europäischer Referenzrahmen für Sprachen: lernen, lehren, beurteilen. Berlin, Langenscheidt, 2001.

Links

Council of Europe, Language Policy Division: <http://www.coe.int/portfolio> Zugriff: 21.04.2011

Europa Büro, Stadtschulrat für Wien: <http://www.europabuero.ssr-wien.at> Zugriff: 21.04.2011

Österreichisches Sprachen-Kompetenz-Zentrum: http://www.oesz.at/ Zugriff: 21.04.2011

Sprachen lernen mit dem ESP: http://www.sprachenlernen-mit-dem-esp.at Zugriff: 21.04.2011

Rethinking Teacher Education

CLIL is regarded as a key instrument
in enhancing language learning and
language diversity values in Europe.
(Mackiewicz 2011)

Sprachausbildung von GrundschullehrerInnen Primary Language Teacher Education

Gerlinde Egger, AT

Abstract

I have one special concern: To open bilingual education for primary school children. I want to show the potential of CLIL specifically in primary education. Through effective language learning and teaching during early years resources are saved thus opening opportunities for further languages in secondary education. The key to it is teacher education. From experiences within a project in a multicultural and multilingual primary school, which has been running for the past five years and where CLIL helped to restore the status of the school and from my experience in initial teacher education and CPD in this field, we can make the claim that it is possible to empower all primary school teachers to use CLIL in their classroom through efficient models in initial teacher education.

Ich habe ein Anliegen: Die Qualität des Sprachenlernens und -lehrens für Kinder in der Grundschule zu verbessern und den Kindern zweisprachige Erziehung zu ermöglichen. Ich möchte aufzeigen, welches Potenzial gerade in den ersten Schuljahren in der Verbindung des Lernens von Inhalt und Sprache liegt und wie Kinder auf diese Weise umfassend gefördert werden und sich beachtliche Sprachkenntnisse aneignen. Dazu muss die Stundenzahl nicht (kaum) erhöht werden, da die Sprache parallel zu den Lerninhalten erworben wird. In der Sekundarstufe muss darauf aufgebaut werden und dieser Vorsprung (A1/A2 zu Beginn) schafft dann Raum für zusätzliche Sprachen während der Pflichtschule, der Schule für *alle* – ohne Mehrkosten!

Der Schlüssel dazu ist die LehrerInnenausbildung. Die LehrerInnen selbst müssen für die Vorteile der fremdsprachlichen Kompetenz und des lebenslangen Sprachenlernens sensibilisiert werden. Basierend auf den Erfahrungen in einem Schulversuch in einer Volksschule mit kultureller und sprachlicher Vielfalt und langjähriger Erfahrung in Schulen und in der LehrerInnenaus- und -weiterbildung wage ich zu behaupten, dass es heute möglich ist, alle zukünftigen VS-LehrerInnen für Unterricht in zwei Sprachen auszubilden und damit alle Kinder sprachlich zu fördern und ihnen Sprachen zu "schenken".

"Bei der Neupositionierung der ersten Fremdsprache auf der Unterstufe der Primarschule geht es darum, die Grundlagen für eine durchgängige Didaktik der Mehrsprachigkeit zu schaffen. Die Primarlehrkräfte haben hier zwar einen beträchtlichen Weg zu gehen, doch mag sie gerade ihr pädagogisches Erfahrungswissen vor vielen Fallstricken bewahren, in denen sich einseitig ausgebildete Fremdsprachenlehrer oft verheddern (Strotz 2006)."

Dass eine Neupositionierung in Österreich notwendig ist, steht angesichts der Forschungsergebnisse außer Zweifel. Das ist keine Glaubensfrage und muss ideologiefrei betrachtet werden. Die evidenzbasierten Empfehlungen des Europarats und der Kommission sind eindeutig. Es wird betont, "dass der Fremdsprachenunterricht in mindestens zwei Sprachen ab dem jüngsten Kindesalter ein wichtiger Teil der Aneignung von Grundkenntnissen ist – gewissermaßen ein Geburtsrecht aller europäischen Bürger. Wer Fremdsprachen beherrscht, kann anderen Menschen, ihren Kulturen und Sichtweisen offener gegenübertreten. Zudem verbessern sich durch das Lernen von Fremdsprachen die kognitiven Fähigkeiten und auch die Kenntnis der Muttersprache, z. B. in puncto Lesen und Schreiben" (KOM 2005), insbesondere des sinnerfassenden Lesens - auch in der Erstsprache, wie später begründet.

Die "fremdsprachliche Kompetenz“ wird als eine der acht Schlüsselkompetenzen definiert, "die alle Menschen für persönliche Entfaltung, aktive Bürgerschaft, soziale Integration und Beschäftigungsfähigkeit in einer Wissensgesellschaft benötigen. Darüber hinaus möchte die HGM [Hochrangige Gruppe 'Mehrsprachigkeit'] auf den interkulturellen Wert des Sprachenlernens und die damit verbundenen kognitiven Vorteile hinweisen. Das Erlernen von Sprachen fördert Aufmerksamkeit, Wahrnehmung, Gedächtnis, Konzentration, Begriffsbildung, kritisches Denken, Problemlösungsfähigkeit und Befähigung zur Teamarbeit. Diese für das Individuum vorteilhaften Eigenschaften sind auch von grundlegender Bedeutung für die Gesellschaft insgesamt!" (HGM 2007, COM 2007).

Hintergrund:

Die Sprache in diesem Artikel ist Deutsch, da ich mich in erster Linie auf die Ausbildung von VolksschullehrerInnen in Österreich beziehe und ich den Inhalt auch einer Leserschaft hier zugänglich machen möchte, deren Englisch nicht so fließend ist, um mühelos zu lesen, vor allem den wichtigsten Ansprechpartnern (Eltern, LehrerInnen, Schulbehörden, Entscheidungsträgern).

Unter Volksschule wird hier die Grundschule von Klasse eins bis vier verstanden. Der österreichische Lehrplan sieht vor, dass die "Lebende Fremdsprache" ab der ersten Klasse im Ausmaß von mindestens einer Stunde integriert, in den Gesamtunterricht eingebettet wird: "Mit Ausnahme von Deutsch eignen sich im Wesentlichen alle Unterrichtsgegenstände zur phasenweisen Verwendung der Fremdsprache als Unterrichtssprache ohne dass es zu einer Kürzung des Bildungsangebots kommt" (Lehrplan). LehrerInnen meinen oft, dass das heißt, manchmal ein englisches Lied oder ein Reim passend zum Wochenthema zu lernen oder einige Anweisungen (Open the window. Take out your books.) auf Englisch zu geben. Gesprochen wird dann von themenbasiertem CLIL oder Mini-CLIL. Ich lehne es ab, dafür den Begriff CLIL überhaupt zu verwenden Gemeint ist wohl etwas grundsätzlich Anderes. Durch zweisprachigen Unterricht erwerben Kinder relativ schnell gute kommunikative Fähigkeiten in der Zielsprache.

Es gibt eine Reihe von verschiedenen Ausprägungen, Formen und Definitionen von CLIL. In diesem Buch wird eine breite Palette von Forschungsergebnissen vorgestellt. Um Wiederholungen zu vermeiden und die Lesbarkeit zu erhöhen beziehe mich auf die Form und die Ergebnisse des Schulversuchs in Neuarzl und vergleiche diese mit verschiedenen Forschungsergebnissen.[38]

Lernen in zwei Sprachen in der Grundschule
"Wir lernen nicht Englisch, wir tun's einfach!" (Schülerin, 6 Jahre)

Inhalt und Sprache gleichzeitig lernen (**C**ontent and **L**anguage **I**ntegrated **L**earning):
Sprachen verwenden um zu lernen
statt Sprachen lernen um sie zu verwenden.

Während traditioneller Sprachenunterricht davon ausgeht, dass Sprache zuerst gelernt werden muss, um sie später (vielleicht) anzuwenden, wird die Zielsprache im zweisprachigen Unterricht von Anfang an verwendet, um Fachinhalte zu lernen, zu turnen oder zu rechnen, und auch als Kommunikationssprache. "Das Sprachenlernen mit Sachthemen zu verknüpfen, erweist sich als weitsichtig; denn Sprache entwickelt sich parallel zum Erwerb von Wissen, und wegen der beschränkten Unterrichtszeit müssen alle Fächer Bildungswert haben. Die Fremdsprachendidaktik der Primarschule

---

[38] Begriffe und Abkürzungen, die hier verwendet werden:
L1, L2, L3 Erst-, Zweit-, Drittsprache; Die Erstsprache kann sich auch verändern. "Welche Sprache die stärkere und welche die schwächere ist, kann sich auf Grund der Lebensumstände im Lauf eines Lebens (sogar mehrmals) ändern, welche Domänen für die eine und welche für die andere Sprache reserviert sind, hängt ebenfalls von diversen außersprachlichen Faktoren ab (Fleck 2008)."
"Muttersprache" wird hier nicht verwendet, da L1 auch eine Vatersprache oder Umgebungssprache sein kann und sich ändern kann.
BS Bildungssprache, Mehrheitssprache, Unterrichtssprache, Umgebungssprache (language of schooling)
ZS Zielsprache, die "Fremd"sprache, die gelernt wird; in Österreichs Grundschulen meist (98%) Englisch
VS Volksschule, Grundschule, Klasse 1 bis 4
COM European Commission
KOM Europäische Kommission
CoE Council of Europe

fördert damit gezielt die Handlungskompetenz der Lernenden, wenn sie die Sprache im Hier und Jetzt des Schulalltags anwenden lernen" (Strotz 2006).

Unterrichtet werden in erster Linie Inhalte, die Sprache ist das Mittel dazu. "Es eignet sich jedes Thema, das anschaulich und konkret vermittelt werden kann" (Fuchs 2008), da Spracherwerb rekursiv und nicht linear verläuft (Pearl 1994). "Kinder lernen Sprachen, indem sie sie hören, verstehen wollen und brauchen" (Stadelmann 2007). Im Unterricht bedeutet das *learning by doing* und den gezielten Einsatz von CLIL-Strategien und ***'Scaffolding'***-Techniken, der sprachlichen Unterstützung, die Kinder mit Sprachschwächen benötigen um Lerninhalte zu verstehen, in Englisch, aber auch in Deutsch. "In einem aufgabenorientierten Ansatz wird von den Lernenden erwartet, dass sie sich aufgrund von klaren Anweisungen mit Lernaufgaben aktiv auseinandersetzen. Dabei wenden sie Arbeitsweisen an, die sie aus anderen Unterrichtsbereichen kennen: Dinge sortieren etwa oder Erscheinungen beobachten und beschreiben und verschiedene Lebensbedingungen miteinander vergleichen" (Strotz 2006).

Techniken des ***'Scaffolding'***, der sprachlichen Unterstützung, "techniques which can help teachers adapt their linguistic input to the level of the students without compromising the actual quality of the input are: Slowing down the rate of speech, increasing the pauses between phrases, including rather short sentences, or repeating and paraphrasing frequently, [...] using 'think-alouds', reinforcing contextual definitions, providing correct pronunciation [or the correct word, Anm. Egger], by repeating students' answers correctly, speaking in phrases" (Echevarría 2010), aber auch Unterstützung durch Veranschaulichung, Bilder, graphische Darstellungen, Experimente, handlungsorientiertes Lernen, Code-Switching, das Wissen, wie man den Kindern bei Sprachnot (Haataja 2011) sprachlich weiterhelfen kann (einsagen etc.) und Redemittel zur Verfügung stellt (Fuchs 2011, Arbeitsheft Englisch zu Schatzkiste 3/4).

Für die Sprachproduktion (Sprechen) ist es aber auch wichtig, den Kindern den Gebrauch der Erstsprache freizustellen, solange sie dies brauchen und sie nicht zum Sprechen zu drängen. "Erst sprechen, wenn das Klangbild gesichert ist, Zeit lassen zur Entwicklung der Sprechbereitschaft", fordert der österreichische Lehrplan. Falsches einfach richtig zu wiederholen und dabei eher auf Inhalt als auf Form zu reagieren hilft und stärkt das Selbstvertrauen eher als Fehlerkorrektur. Z.B.: "The frog eat insects." – "Yes, the frog eat<u>s</u> insects." Der Inhalt stimmt ("Yes"), die richtige Form wird zur Verfügung gestellt. Dazu gehört z.B. auch, Hierarchien von Fragestellungen kennen, die kritisches Denken und höherrangige Denkprozesse anregen (higher level thinking skills, Bloom's Taxonomies), denn mental aktive Lerner lernen besser. Sprachenlerner brauchen, um mit Krashen zusammenzufassen: "A lot of comprehensible input, a stressfree environment and the right to be silent." Von ganz entscheidender Bedeutung sind jedoch zwei Dinge: Hohe

Erwartungen (Chavanne: "Je mehr ich ihnen zugetraut habe, desto mehr konnten sie.") und der Kontext, die Einbindung in authentische Situationen, die Verknüpfung mit Inhalt (CLIL).

So wie sich Kleinkinder die Sprache der Eltern nach und nach erschließen ohne sie explizit zu lernen, können dann auch Kinder die neue Sprache entdecken und erkunden (Konstruktion statt Instruktion), wenn sie sie möglichst oft in für sie bedeutungsvollen Zusammenhängen hören und wenn die Sprache durch Kontext, Anschauungsmittel, Mimik, Gestik, Tonfall etc. verständlich gemacht wurde (comprehensible input). Z.B.: Lehrerin einer ersten Klasse: "What a mess! Who is responsible for these boxes?" – Der Klassenordner hebt schuldbewusst die Hand und beginnt nach einem "Go and pick them up!" aufzuräumen. Der Kontext (Blickrichtung, Tonfall) war klar genug, auch wenn er die Wörter nicht verstanden hat.

Die Namen der Obstsorten (Farben, Schulsachen, ...) genannt zu bekommen wie im herkömmlichen Fremdsprachenunterricht und sie dann - wie spielerisch auch immer - zu memorieren, stellt keine Ansprüche an das Denkvermögen und lässt riesige Potenziale ungenutzt. Der Inhalt ist trivial, auch sprachlich ist das keine Herausforderung. An bedeutungsvollen Inhalten zu arbeiten und sich dabei die Sprache selbst zu erschließen, den Sprachcode zu knacken, ist jedoch vergleichsweise spannend. Das Beispiel einer Geschichte soll dies veranschaulichen: "A *mouse* took a stroll through a deep dark *wood*, a *fox* saw the *mouse* and the *mouse* looked *good*." Ohne vorher ein Wort vorher gelernt zu haben, verstehen Kinder *mouse, fox, wood, good*, weil sie dies auf den Bildern sehen und der Lehrer mitzeigt. Durch die tiefe, furchteinflößende Stimme bei *deep, dark* vermutet, das Kind zunächst, es ist gefährlich, und wenn sich der Erzähler bei *good* die Lippen leckt, ist die Situation klar: Der Fuchs will die Maus fressen.

Diese Fähigkeit (reading for gist, scanning), ist auch beim sinnerfassenden Lesen in der Erstsprache (siehe oben) wichtig und wird so geübt. Mit diesem Inhalt ist das Kind zunächst zufrieden. Es ist gefesselt von der Geschichte und ganz nebenbei, fast unbewusst, lernt es die Sprache. Aber es will die Geschichte wieder und wieder hören und dadurch erschließt es sich weitere Details der Geschichte und weitere Wörter aus dem Kontext, bzw. die genauere Bedeutung der Wörter, vor allem, wenn sie mehrmals in der Geschichte vorkommen. Beispiele aus dem Sachunterricht: a) Was schwimmt, was sinkt? LehrerIn nimmt einen Schlüssel in die Hand und fragt, "Does the *key* float or sink?" b) Wasserverdunstung: "Let's put the *lid* on the pot and see what's happening." Die Wörter (key, lid) müssen nicht übersetzt oder erklärt werden. Wenn sie aber öfter vorkommen, werden sie behalten.

Auch Code-Switching (nicht zu verwechseln mit Übersetzen) kann helfen, Inhalte zu verstehen. Man kann, wenn man will z.B. eine ganze Stunde über Höhenschichtlinien auf Englisch halten, ohne das Wort 'altitude lines' zu verwenden. Die Kinder fertigen nach englischen Anleitungen einen 'saltdough-' oder 'potatoe mountain' an, schneiden diesen in Schichten und erhalten, wenn sie diese auf das Heft legen und umrunden, die "Höhenschichtlinien" ihres Salzteig- oder Kartoffelbergs. Sie haben eine ganze Stunde auf Englisch gearbeitet, das Ziel war nicht das Wort 'altitude lines', das Ziel war die Begriffsbildung und der intensive Kontakt mit der Zielsprache. "Je inhaltsorientierter, je authentischer, je kontextgebundener dem Lerner die Fremdsprache begegnet, desto besser, schneller und langfristiger wird gelernt" (Bleyhl 2006).

"Der Sprachlernprozess ist selbstorganisiert, d.h. der Lerner wählt selbst aus, was er lernen will und welche Bedeutung er den wahrgenommenen Wörtern beimisst. Sprache ergibt sich so aus zwischenmenschlichen Erfahrungen und Handlungen. ... Für die Methode gilt, dass der Lehrer den Lerner an der Hand nimmt und in die Welt der neuen Sprache hinein führt, ihn der Herausforderung aussetzt, für sich Erfahrungen zu sammeln" (Bleyhl 2000). Belke (2007) schreibt: „Es ist durchaus möglich, Kinder in einer Sprache zu unterrichten, die sie noch nicht verstehen. Das zeigen Modelle wie sie weltweit [...] mit großem Erfolg praktiziert werden. ... Voraussetzung für den Erfolg sind der gleichrangige Status der beteiligten Sprachen, die Zweisprachigkeit des Lehrers und eine Lerngruppe, in der alle die zu erwerbende Fremdsprache noch nicht beherrschen. Unter diesen Bedingungen [...] erwerben die Kinder relativ schnell gute kommunikative Fähigkeiten in der Zweitsprache."

Dem Prinzip des Lernens von Wörtern (flash card approach) erteilt auch Strotz (2006) eine Absage. "Sprachen sind keine Briefmarkensammlungen, sondern dynamische Ausdrucksmittel, die sich dann am besten erschließen, wenn sie von Anfang an zur sinnstiftenden Kommunikation eingesetzt werden." Genau deshalb lernt man Sprache auch im Land der Zielsprache - oder eben im zweisprachigen Unterricht in inhaltsorientierten authentischen Situationen – schneller und nachhaltiger.

Bleyhl (2005) beschreibt, warum dieser Paradigmenwechsel, ein Umdenken im FU notwendig ist und warum das Lernen von Wörtern kaum funktionieren kann. Z.B. speichert das Gehirn nicht Worte, sondern Wortgruppen, die bereits die Grammatik enthalten (ich zeige *dir;* ich sehe *dich*). "Unbewusst registriert der Lerner die Morphologie, den Gestaltwandel im Satz und die pragmatische Verwendung des Wortes. Den letzten, unbewussten Teil des Prozesses kann der Lerner nur durch den Kontext erfahren. ... Im Erstspracherwerb geht Verstehen (Rezeptionsfähigkeit) von Wörtern der eigenen Produktion fünf bis sieben Monate voraus. Beim Zweitspracherwerb sind diese notwendigen Rezeptionsphasen – inzwischen neurobiologisch erklärbar - kürzer. Im traditionellen Fremdsprachenunterricht werden sie dem Lerner nicht gestattet" (Bleyhl 2000). – "Der kognitive Apparat braucht eine Phase der Verarbeitung, des Hpothesenbildens, des Experimentierens zum Aufbau der entsprechenden neuronalen Netzwerke" (Bleyhl 2006).

Wingate (2002), ein Lehrerbildner und exzellenter Geschichtenerzähler, stellte bei seinen Touren durch österreichische Schulen fest, dass Kinder, die noch nie Englisch gelernt hatten, seine Geschichten besser verstanden als solche, die bereits ein oder zwei Jahre Englisch gehabt hatten. Auch Versuche mit Französisch in England ergaben dasselbe. Letztere hörten die ersten Sätze und für sie war klar: Diese Wörter / dieses Wort habe ich nicht gelernt, das verstehe ich nicht. Da brauch ich gar nicht zuhören. Kinder ohne Vorkenntnisse öffneten Augen und Ohren, schauten auf Gesten, Mimik, hörten den Tonfall, deuteten die Situation und kombinierten. Sie machten mit und die Geschichte erschloss sich ihnen, ganz nebenbei blieben Phrasen und Wörter im Gedächtnis hängen. Wörter sind nur ein kleiner Teil der Kommunikation. Wer eine Sprache auf diese Weise erworben hat, hat auch gelernt, wie man Sprachen lernt (Sprachlernkompetenz) und wird an neue sprachliche Situationen mit Offenheit und Neugier heran gehen.

"It is widely accepted that language education has a special role in the personal and social development of the learner. Language is seen not only as a tool for communication but as a key focus for the development of thinking, identity and personal growth" (Fleming 2010).

Das Potenzial des gleichzeitigen Lernens von Inhalt und Sprache (CLIL)

Im Schulversuch Neuarzl ist ab Klasse 1 (Alter 6 Jahre) eine halbe Stunde pro Tag bzw. ca. vier Stunden pro Woche (ca. 15 - 20% des Unterrichts) Englisch als Unterrichts- und Kommunikationssprache vorgesehen - in jedem Fach außer Deutsch, wie es auch im österreichischen Volksschullehrplan heißt. Vom ersten Schultag an gewöhnen sich Kinder daran, dass es zwei Unterrichtssprachen gibt.

Ich möchte hier die Erfolge für sich sprechen lassen und einfach einige Beispiele (direkte Leistungsvorlagen) zeigen.

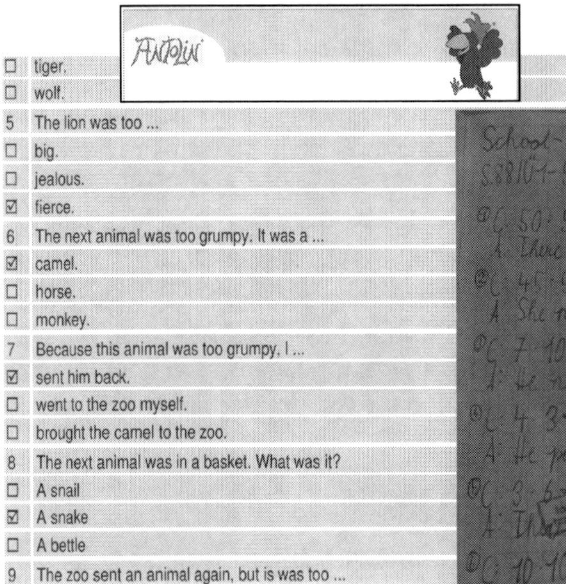

☐	tiger.
☐	wolf.
5	The lion was too ...
☐	big.
☐	jealous.
☑	fierce.
6	The next animal was too grumpy. It was a ...
☑	camel.
☐	horse.
☐	monkey.
7	Because this animal was too grumpy, I ...
☑	sent him back.
☐	went to the zoo myself.
☐	brought the camel to the zoo.
8	The next animal was in a basket. What was it?
☐	A snail
☑	A snake
☐	A bettle
9	The zoo sent an animal again, but is was too ...

Ende der **1. Klasse**,
selbst gewählter Lesetest, 15 von 15 richtig

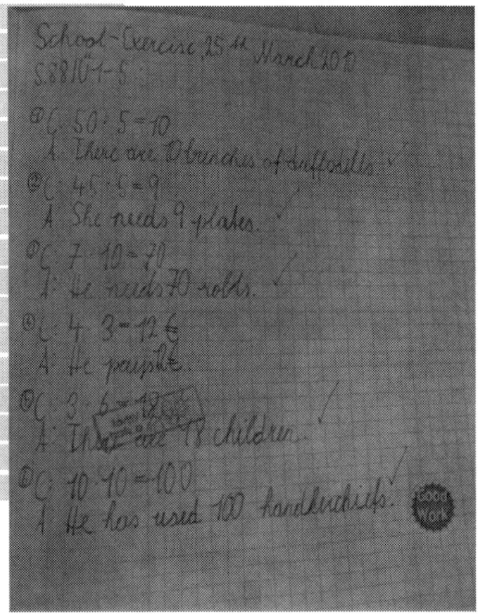

2. Klasse: Sachaufgaben Mathematik

Zufällige Minidialoge:

1.Klasse, 1. Schultag
Lehrerin: "Did you wash your hands?" (Handbewegung) – Schüler: "Ja, Frau Lehrerin. I hab' sogar Seife genommen." (zeigt Hände)

2. Klasse
Schülerin: "Kannst ma den Bohrer leihen?" – Mitschülerin: "In English, please." – "Can I borrow your ... Bohrer?"

Auch ein Beispiel aus der zweiten Klasse veranschaulicht deutlich, dass Lesen den SchülerInnen keine Schwierigkeiten bereitet, wenn es ganzheitlich rezeptiv geschieht:

In this rhyming story of a mouse and a monster, little mouse goes for a walk in a dangerous forest. To scare off his enemies he invents tales of a fantastical creature called the Gruffalo. SO, imagine his surprise when he meets the Real Gruffalo.

1 A fox saw the mouse and the mouse looked good. The fox said, ...
☒ "Where are you going to, little brown mouse?"
☐ "Why are you so little?"
☐ "You have really nice ears!"
2 But the mouse said, ...
☐ "It's terribly kind of you, Fox, but no- I'm going to have lunch with a tiger!"
☐ "It's really a good thing, Fox, but I have to go to the tiger!"
☒ "It's terribly kind of you, Fox, but no- I'm going to have lunch with a gruffalo!"
3 A gruffalo has ...
☐ terrible eyes, terrible ears and terrible teeth.
☒ terrible tusks, terrible claws and terrible teeth.
☐ ugly eyes, an ugly face.
4 The little mouse said that roasted fox is the ...
☒ favourite food of the gruffalo.
☐ best thing to eat for gruffalos.
☐ greatest meal for gruffalo families.
5 What doesn't the silly old fox know?
☐ There really is such a thing as a gruffalo.
☐ There is only such a thing as a gruffalo in India.
☒ There's no such thing as a gruffalo.
6 The mouse went through the wood and met an owl. The owl said, ...
☒ "Come and have tea in my treetop house."
☐ "Come with me and we can play a game."
☐ "I can show you my new treetop house."
7 The mouse said that the gruffalo has ...
☐ a nice wart at the end of his nose.
☐ a colourful wart at the end of his nose.
☒ a poisonous wart at the end of his nose.
8 Once the mouse went through the deep dark wood.
☐ A tiger saw the mouse and the mouse looked good.
☐ A bear saw the mouse and the mouse looked good.

5) What doesn't the silly old fox know?
   a) There really is such a thing as a gruffalo.
   b) There is only such a thing as a gruffalo.
   c) There is no such thing as a gruffalo.
6) The mouse went through the wood and met an owl. The owl said, ...
   a) Come and have tea in my treetop house."
   b) Come with me and we can play a game.
   c) I can show you my new treetop house.
7) The mouse said that the gruffalo has ...
   a) a nice wart at the end of his nose.
   b) a colourful wart at the end of his nose.
   c) a poisonous wart at the end of his nose.
8) Once the mouse went through the deep dark wood.
   a) A tiger saw the mouse and the mouse looked good.
   b) A bear saw the mouse and the mouse looked good
   c) A snake saw the mouse and the mouse looked good.

3. Klasse, Nacherzählen einer Geschichte:

(Sprachproduktion nach 2mal Hören und 1mal Mitlesen)

C4: He plays not with the other fish.
C3: The rainbow fish is ... too ... wonderful ...
C4: And he had a ... he is so alone.
C5: Then come a little blue fish ... and asked the rainbow fish „Can I have one of your scale?"
C1: The rainbow fish say „never".
C6: I can't give my shiny scales ...
C7: Never.
C8: The rainbow fish go to the starfish to help.
C9: The starfish ... have ...The starfish ... and ... the rainbow fish go the octopus.
C11: The octopus is rather wise.
C10: The octopus say, "Give away your shiny ...your shiny ..."
T: scales. Carmen?
C11: I can not.
C12: And then come the little blue fish back and asked him „Can I have - hm s...scale?"
C12: The blue fish ... swimming to the rainbow fish and ...and ... aked ...aked, oder?
T: asked
C12: and asked „Can I please have one shell?"
C13: The rainbow fish give the blue fish one shell.
C14: And the blue fish is happy and all fish come to the rainbow.
C13: He give all the fish a scale.
C16: The other fish say „play with us".
C14: All the fish were ... were happy.

4. Klasse: Beispiel aus einer Mathematikschularbeit,

Round to the nearest HUNDRED!

1473 ≈ ________ 2349 ≈ ________

What are the neighbouring TENS?

________ 3854 ________ ________ 8219 ________

☆ Eva buys a pair of jeans for 45€, a pair of shoes for 34€ and a hat for 18€. She has 100€ in her purse. Does she have enough money? ___/2P

Die Zusatzaufgabe mit Stern (zwei Zusatzpunkte, aber volle Punktezahl auch ohne diese Aufgabe möglich) lösten 18 Ss, nicht beantwortet, aber verstanden 3 Ss, keine Zeit 2 Ss.)

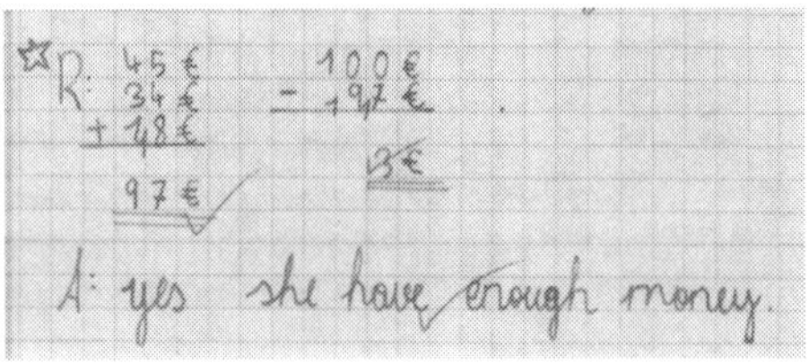

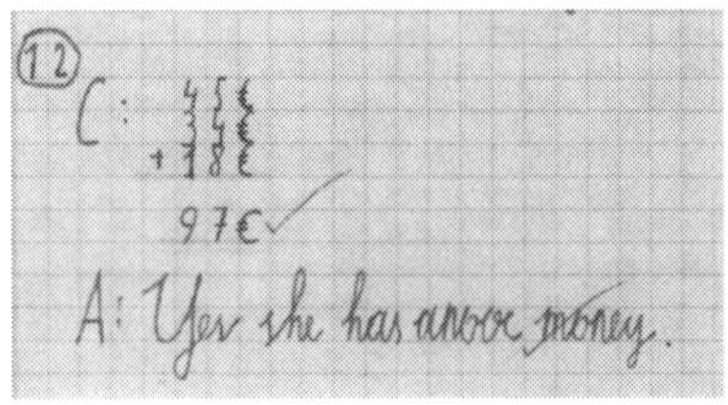

4. Klasse: In 'Hören, Verstehen' lösten alle SchülerInnen einer Klasse Aufgaben aus den Standardbeispielen für die 8. Schulstufe (ÖSZ, http://www.oesz.at/sub_main.php?page=bereich.php?bereich=13-tree=231), viele auch Aufgaben des Levels B1. In Lesen löste ein Großteil der Klasse A2-Aufgabenbeispiele und in interaktivem Sprechen ca. die Hälfte der Klasse.

Diese Lernergebnisse unterscheiden sich nicht wesentlich von internationalen Forschungsergebnissen in CLIL-Klassen. Damit ist klar:

- **Die Zielsprache wird sehr viel schneller und nachhaltiger gelernt, vor allem, wenn es um Anwendung und Handlungsfähigkeit in der Zielsprache geht.**

Solche Ergebnisse können mit traditionellem Sprachenunterricht nicht erreicht werden. Das Prinzip 'fluency before accuracy" (Sprachverwendung vor - nicht anstatt - Sprachrichtigkeit) lässt Fehler zu. Den Tunnelblick Sprachrichtigkeit und Konzentration auf Sprachform statt Inhalt zeigt Bleyhl (2000) in einem Schüler-Lehrer-Dialog: "... and they all died. - Very good." Bekanntermaßen kann man eine Klasse auch so lange korrigieren bis sie fehlerfrei schweigt. Das Ziel ist Anwendung und sprachliche Handlungsfähigkeit und nach und nach Sprachrichtigkeit. Die SchülerInnen dürfen mit Sprache experimentieren und selbst Erfahrungen sammeln. Ergebnisse der

DESI-Studie zum Englischunterricht an Haupt- und Gesamtschulen zeigen: "Je mehr der Unterricht die Sprachform fokussiert, je kleinschrittiger er vorgeht, je steuernder er organisiert ist, desto schlechter sind die Ergebnisse. Je inhaltsorientierter, je authentischer, je kontextgebundener dem Lerner die Fremdsprache begegnet, desto besser und schneller und langfristiger wird gelernt" (Bleyhl 2006).

Ich möchte hier aber auch noch eine ganze Reihe anderer Forschungsergebnisse (siehe oben, z.B. Van de Craen u.a.), noch einmal auf Deutsch zusammenfassen:

- **Die Erstsprache ("Muttersprache") leidet nicht darunter, sehr häufig wird ein positiver Einfluss festgestellt (wash-back-effect).**

Lesescreenings in Deutsch in der Volksschule Neuarzl zeigten keine nennenswerten Unterschiede zwischen Sprachenklassen und Nichtsprachenklassen, in Altenholz-Kiel jedoch um 5 bis 15% bessere Ergebnisse (Wode, FFF-Konferenz 2011). Zaunbauer (2010) stellt in ihrer eingehenden empirischen Studie, bereinigt um eine Menge von Einflussfaktoren wie Herkunftsfamilie etc., ebenfalls kaum nennenswerte Unterschiede fest - wenn, dann sind es jedoch immer positive Auswirkungen (wash-back-effect), was wiederum Ergebnisse anderer Studien unterstreicht. Dies muss vor allem vor dem Hintergrund gesehen werden, dass in CLIL Klassen eine erhebliche Anzahl von Unterrichtsstunden nicht in der Erstsprache stattfindet.

Die neue Sprache wird nicht auf Kosten, sondern mithilfe der anderen Sprachen gelernt, so wie eben ein Geigenspieler das Gitarre spielen schneller lernt. Das Eisbergmodell von Jim Cummins (2001a) vergleicht die einzelnen Sprachen mit den sichtbaren Spitzen des Eisbergs, während der weit größere gemeinsame Teil der Sprachleistungen unsichtbar ist, sozusagen unter der Wasseroberfläche liegt. Die Begriffsbildung eines Wortes, z.B. Hund, geschieht in einer Sprache; kommen andere Wörter (dog, cane, banne) dafür hinzu, wird es mit dem gespeicherten Bild des Hundes assoziiert. Die Wörter sind sozusagen verbale Etiketten für das Bild. Die Begriffsbildung muss nicht neu erfolgen. Wenn ein Kind das Prinzip der Wasserverdunstung versteht, weil es Experimente gesehen hat und selbst ausprobiert hat, dass ein Taschentuch in der Sonne schneller trocknet, kann es das auf Deutsch (in unserem Fall) beschreiben, auch wenn es die Erklärungen auf Englisch gehört hat.

"Early language learning is not reported to have caused any real problems to mother tongue learning and use. In the contrary, the awareness of the sound and rhythm of languages is strengthened, and if the child learns to write the foreign language, there tends to be a natural comparison between the two writing systems. And if one views the ability to compare things as a higher-level thought process, this is certainly trained. ... It is important to take advantage of children's full potential. Acquiring foreign languages can have a very positive effect. The new sound patterns train their conscious listening, which also helps children learn to pay more attention to their own language" (COM 2009).

- **Der Fachunterricht leidet nicht darunter, eher gibt es einen positiven Einfluss.**

Die Angst, die Kinder würden "den Stoff" nicht richtig bzw. ungenügend lernen, ist also unbegründet. Der Unterricht in einer anderen Sprache ist ähnlich dem entdeckenden, autonomen Lernen nachhaltiger, weil viel stärker handlungsorientiert. Die LehrerInnen müssen genauer überlegen, welche Lernumgebung, Materialien, Anschauungsmittel, welche Lehrersprache, Art der Festigung etc. benötigt wird, was sich positiv auswirkt. Außerdem wird das Thema ja in zwei Sprachen (doppelt) gelernt, das heißt intensiver und nachhaltiger, wenn auch vielleicht auf Kosten einiger Details. "Interlingual verknüpftes Wissen bleibt besonders gut im Gedächtnis" (Hinger 2009). "When compared to monolinguals the bilingual group invariably has better scores on tests as well as on school performance." (Mackiewicz 2011)

- **CLIL hat einen sehr positiven Einfluss auf Motivation und Einstellungen.**

Bekanntermaßen ist Motivation der Schlüssel zum Sprachenlernen und sollte deshalb Priorität beim Sprachenunterricht haben. Es ist auch das erste Bildungsziel des Faches im österreichischen Lehrplan. "The concept [Anm. CLIL] appears as a strong motivational factor in a number of the case studies. - There is no doubt that early language learning boosts the learner in the sense that her/his learning aptitude gets strengthened. That means that if properly implemented, early language learning can become an important motivational factor in the overall educational process." (Mackiewicz 2011). Bei einer Studie der Universität Wien (C. Spiel) wurden Schulkinder gefragt, was ihnen in der Schule am meisten Freude macht. Ergebnis: Das, wo sie sich anstrengen müssen, wo sie ein Erfolgsgefühl haben. Es kann immer wieder beobachtet werden, dass die Aufmerksamkeit der Kinder bei Unterricht in einer anderen Sprache steigt. LehrInnen drücken das oft so aus: "Wenn nichts mehr geht [weil Kinder unruhig sind], Englisch geht immer." Die Kinder müssen nicht nur zuhören, sondern auch schauen (Mimik, Gestik, ...) und denken (Kontexte erschließen), um den Inhalt zu verstehen.

Ein entscheidender Motivationsfaktor kann auch außerschulisches Lernen sein. Jeder weiß, dass Kinder versuchen, ihre "Lieblingssongs" zu verstehen und die Texte im Internet (früher in der Zeitschrift 'Bravo') suchen. eTwinning, Videokonferenzen per Skype, Facebook, DVDs, Touristen, etc. ermöglichen heute ohne Mühe und Kosten eine Fülle von authentischen Sprachbegegnungen.

- **Der Einfluss von CLIL auf die kognitive Entwicklung ist bemerkenswert positiv.**

"Another language is a challenge; another language is fascinating; ...There is research showing that early language learning may even improve non-verbal cognitive abilities like mathematics (COM 2009). Die Hochrangige Gruppe Mehrsprachigkeit (2007) weist hin auf "den interkulturellen Wert des Sprachenlernens und die damit verbundenen kognitiven Vorteile. Das Erlernen von Sprachen fördert Aufmerksamkeit, Wahrnehmung, Gedächtnis, Konzentration, Begriffsbildung, kritisches Denken, Problemlösungsfähigkeit und Befähigung zur Teamarbeit" (COM 2007).

Kinder mit zwei oder mehr Sprachen haben mehrere Erfahrungswelten und sind kreativer und flexibler im Denken. "Ergebnisse von IQ-Tests haben gezeigt, dass zweisprachige Kinder gleich gut oder besser abschneiden als einsprachige. Zudem geben Zweisprachige flüssigere, flexiblere, originellere und besser ausgeklügelte Antworten auf offene Fragen, da sie für fast jeden Begriff und jedes Objekt zwei oder mehr Worte kennen" (Cathomas 2008). Diese Art des Sprachenlernens hat Auswirkungen auf den gesamten Lernprozess.

- **Durch den Unterricht in zwei Sprachen sind Kinder, bei entsprechender Methodik, nicht überfordert.**

Dass das Gehirn im Umgang mit zwei und mehr Sprachen bei Weitem nicht an seine Leistungsgrenze stößt, gilt als gesichert. Die bei CLIL erforderliche Konzentration auf das Wesentliche, die bessere Veranschaulichung und Handlungsorientierung kommt gerade auch schwachen Schülern besonders entgegen. Außerdem kann beobachtet werden, dass LehrerInnen sich bei Unterricht in der Zielsprache sehr viel öfter vergewissern, ob alle Kinder verstanden haben. Sie beobachten die Kinder auf ihre Reaktionen hin, fragen öfter: Okay? Do you understand? etc. "Even in bilingual kindergartens, ... the question of 'excessive demands' can hardly enter the debate. Pressure only comes into the picture when specific results in a short timeframe are stipulated as official learning targets" (COM 2009). Gerade in der Volksschule ist mehr Zeit. Durch CLIL kann die Kontaktzeit mit der Zielsprache im Vergleich zum traditionellen Unterricht (Englischstunde) erheblich erhöht werden ohne Auswirkung auf die Stundenzahl der Kinder.

Ein im Wesentlichen auf Sprache aufgebauter Unterricht benachteiligt Kinder, die zwar altersgerecht kommunizieren können, aber die formale Sprache der Schulfächer und die Schriftsprache nicht so gut beherrschen, weil sie aus benachteiligtem Elternhaus stammen oder weil sie mit einer anderen Sprache aufgewachsen sind (BICS, basic interpersonal communicative skills vs. CALP, cognitive academic language, Cummins 1979). LehrerInnen, die den Inhalt klar und verständlich machen können, was ein essentielles

Merkmal von CLIL ist, tragen wesentlich zur sprachlichen Förderung dieser Kinder bei. Dass Kinder aus privilegiertem Elternhaus diese gehobene Sprache eher bereits mitbringen, verleitet zur Annahme, dass dies eine Frage der Intelligenz sei und nicht explizit gelernt werden müsse.

- **CLIL ist ein Vorteil für Kinder mit Migrationshintergrund (anderer L1).**

Zweisprachige Kinder haben bereits mehr Sprachlernerfahrungen und können beim Lernen weiterer Sprachen darauf aufbauen. Lernen in zwei Sprachen hat jedoch noch weitere Vorteile. In unserer Projektschule drückte dies ein Kind mit anderer Erstsprache so aus: "Wenn wir etwas auf Deutsch [Anm.: Bildungssprache] lernen, dann hat es mein Freund leichter. Wenn wir es auf Englisch lernen, haben wir es beide gleich schwer." Lernen in einer für alle unbekannten Sprache erhöht die Chancengleichheit, ohne jedoch ein Nachteil für eine Seite zu sein. Dies wirkt sich äußerst motivierend und positiv auf alle aus und fördert die Empathie und das Verständnis füreinander. Plötzlich beginnen Kinder der Mehrheitssprache zu verstehen, wie ihre MitschülerInnen lernen und umgekehrt. Englisch hat in dieser Schule mit kultureller Vielfalt die Funktion einer **Brückensprache**, die von allen Kindern gleich erlebt wird. Es gibt inzwischen auch eine mehrsprachige Schulbibliothek mit Büchern in allen 18 Sprachen der Kinder. Ressourcen, die sich sowohl dem Lernen und Lehren der Sprach*en* als auch dem Kennenlernen anderer Kulturen widmen. Damit kann jedes Kind etwas über sein Herkunftsland erfahren und Kinderliteratur in der Erstsprache lesen, im muttersprachlichen Zusatzunterricht, zu Hause und in autonomen Lernphasen.

"Dem Erlernen von Fremdsprachen kommt ein interkultureller Wert zu. Nicht nur fördert die Spracherziehung die Offenheit gegenüber Kulturen und Einstellungen anderer Menschen, sondern sie kann auch für die eigene Kultur und ihre Werte sensibilisieren sowie die Bereitschaft anregen und die Fähigkeit stärken, mit anderen Menschen über kulturelle Grenzen hinweg zu kommunizieren und zu kooperieren." (COM 2007).

"By learning two languages, by learning to think in two languages, children live and experience plurality, they are no longer a prisoner of a monolithic identity. One of the most frequent critics about early language learning concerns the risk of creating rootless persons; in fact, it produces persons who have roots as all others, but who know that their roots are not the only possible roots, that there are as many roots as there are persons" (COM 2009).

CLIL ist in der Grundschule ganz besonders effektiv

Ebenso wie Van de Craen (siehe oben) kommt auch Wolff (2007) zu diesem Schluss: "If each school level has specific pedagogical characteristics, it is interesting to note that in the research we carried out, the success of CLIL is without doubt greater in the primary schools than in the higher education ones. .... On the other hand, it is true that some primary-school teachers misunderstand more easily the essence of CLIL, than the secondary school teachers do: also within the group we tutored and analysed, many think they are doing CLIL because they get the children to sing a little song in the target language or give an instruction in SL [Second Language] during the gymnastics lesson."

Es seien nur einige Gründe aufgelistet, warum CLIL in der Grundschule ganz besonders positiv ist:

- Der/die KlassenlehrerIn unterrichtet (fast) alle Fächer, sie ist sowohl Fach- als auch Sprachlehrerin in einer Person und hat sowohl die Sach- als auch Sprachkompetenz. Damit fällt eine der größten Schwierigkeiten bei CLIL in der Sekundarstufe weg. Dort müssen meist zwei LehrerInnen im Team unterrichten, ein/e Fach- und ein/e SprachlehrerIn. Dies verursacht nicht unwesentliche Kosten und erfordert zudem eine enge Kooperation, viele sehr zeitaufwändige Koordinationsbesprechungen und außerdem sehr viel Fingerspitzengefühl, damit nicht eine/r von beiden zu stark dominiert. Meist können maximal eine Stunde pro Woche zwei LehrerInnen in der Klasse sein. Das schränkt die Kontaktzeiten mit der Zielsprache erheblich ein.

- In der Grundschule verbringt der/die KlassenlehrerIn sehr viel Zeit mit den Kindern. So kann mehrere Stunden pro Woche in einer anderen Sprache unterrichtet werden ohne dass zusätzliche Kosten anfallen (!), aber alle oben genannten Vorteile wirksam werden. Die Lehrerin kann eigenständig entscheiden, wann, wie viel und wofür sie eine Unterrichtssprache einsetzt. Sie kann die Einheiten flexibel über den Tag, die Woche verteilen.

- Während in der Sekundarstufe häufig ein Fach in einer anderen Sprache unterrichtet wird, kann in der Volksschule die Kontaktzeit mit der neuen Sprache ohne Weiteres vier bis fünf Stunden oder auch mehr betragen und die Einheiten können immer dann stattfinden, wenn es geeignet scheint.

- Der/Die KlassenlehrerIn unterrichtet die Mehrheitssprache (in unserem Fall Deutsch, früher muttersprachlicher Unterricht), als auch eine weitere Sprache (in Österreich meist Englisch) und - das wird häufig vergessen - Kinder mit anderer Erstsprache in deren Zweitsprache Deutsch (CLIL). Unsere Klassen sind mehrsprachig, nicht alle Kinder beherrschen die Schulsprache (Mehrheitssprache) zur Gänze. Um diese Kinder angemessen unterrichten und fördern zu können, brauchen LehrerInnen eine umfassende sprachendidaktische Ausbildung. Sie müssen wissen, welche Hilfestellungen diese Kinder brauchen, dass die Sprachproduktion erst nach der Sprachrezeption kommt und dass deshalb diese Kinder, wenn sie nicht (gleich) antworten, nicht unbedingt dumm sind, sondern sich vielleicht einfach schwerer ausdrücken können oder mehr Zeit oder Hilfe dafür brauchen.

- Der/Die KlassenlehrerIn kennt die Kinder sehr gut, was sich meist positiv auf die Atmosphäre auswirkt. Das schafft eine stressfreie Lernumgebung, in der Kinder sich sicher fühlen, ausprobieren können und Fehler machen dürfen. "Nach allem, was wir über das Sprachenlernen wissen, ist es ein anzustrebendes Optimum, dass sich - wegen der Bedeutung der emotionalen Dimension – der Sprachenlernende als Person von seiner sozialen Gruppe und zumindest der Bezugsperson, auch als ein sprachlich Unvollkommener menschlich angenommen weiß. Wo dies der Fall ist, gibt es auch keine Probleme etwa beim Erlernen der Zweitsprache unserer Migrantenkinder" (Bleyhl 205a). Dazu kommt, dass Kinder in diesem Alter generell unbefangener an neue Sprachen herangehen, weniger Angst vor Fehlern oder Scheu zu sprechen haben. Dies wirkt sich natürlich auch stark auf die Motivation aus.

- Die Lerninhalte in der Grundschule sind wesentlich konkreter, weniger abstrakt, wie es der kognitiven Entwicklung der Kinder vor der Pubertät entspricht. Solche Inhalte lassen sich auch wesentlich leichter veranschaulichen, oder durch Experimente, etc. erschließen und verständlich machen.

- GrundschullehrerInnen haben eine große Methodenkompetenz. Sie sind gewohnt, sehr anschaulich und abwechslungsreich zu unterrichten. Dadurch gelingt es ihnen leichter, Inhalte verständlich zu machen.

- Kinder in diesem Alter sind noch viel stärker im Prozess des Spracherwerbs und der Wortschatzerweiterung. Sie sind es noch eher gewohnt, auf nonverbale Zeichen zu achten und Zusammenhänge zu kombinieren, es ist oft sogar die einzige Möglichkeit zu verstehen. Selbst wenn sie nicht alle Wörter verstehen, versuchen sie die Information, z.B. eine Geschichte, anhand von Schlüsselwörtern grob zu verstehen. Aber sie wollen die Geschichten öfter hören für das Detailverständnis. Deshalb reagieren sie auch unbefangener, wenn sie in einer anderen Sprache unterrichtet werden.

- Bekannt ist auch, dass Kinder noch besser Laute unterscheiden können oder Laute hören, die in ihrer Erstsprache nicht vorkommen. Sie haben meist wesentlich weniger Probleme mit der Aussprache. Diese Fähigkeit nimmt bereits früh ab.

- Aus der Neurolinguistik wissen wir: Sprachen, die früh gelernt werden, werden in der gleichen Gehirnregion verarbeitet wie die Erstsprache, bei bilingual aufgewachsenen Kindern auch noch Sprachen, die viel später gelernt werden, während bei monolingualen Personen für jede Sprache eigene neuronale Netzwerke aufgebaut werden müssen. Bei Personen, die Sprachen erst später gelernt haben, ist eine größere Gehirnaktivität beim Sprechen dieser Sprachen zu verzeichnen.

Kinder sind nicht per se bessere Sprachenlerner. Aber viele dieser Punkte wirken sich positiv aus.

Englisch plus andere Sprachen statt Aufstand gegen Englisch

"It is not a question of either/or. It is instead a question of both/and; accepting the advantages that follow from using English as an auxiliary or parallel language [... and] to make sure that citizens acquire additional language competence" (Helmersen 2008). Englisch gilt heute als Schlüsselkompetenz wie Lesen, Rechnen Schreiben. (Europäischer Rat, Barcelona 2002). Niemand bezweifelt ernsthaft, dass Englisch auch gelernt werden muss. Gefürchtet wird die Gefahr der Zweisprachigkeit, dass man sich mit Englisch zufrieden gibt, weil man damit sehr weit kommt. Dem kann am ehesten vorgebeugt werden durch guten, qualitätsgesicherten Unterricht auf Englisch in der Grundschule, denn dann kann, darauf aufbauend bereits in der Pflichtschule, der Schule für alle, eine weitere Sprache angeboten werden. Diese Sprache ist dann verpflichtend - am besten bereits ab dem Alter von 10 oder 11 Jahren, aber spätestens ab Klasse sieben. Dann hat noch jedes Kind zumindest drei Jahre Unterricht in einer zusätzlichen Sprache, was dem europäischen Ziel 1+<2 entspricht. Geht man davon aus, dass durch zweisprachigen Unterricht zwei Jahre Englischunterricht eingespart werden können (siehe oben: DESI, Bleyhl), dann ist das sogar kostenneutral.

Zusätzlich zu integriertem, in den Gesamtunterricht eingebettetem Englisch können in der VS andere Sprachen (z.B. Nachbarschaftssprachen) als unverbindliche Übung (Freifach) angeboten werden. VS-LehrerInnen, die eine zusätzliche Sprache unterrichten können, sollten ermutigt werden, diese auch zu unterrichten. Sie können sich auch, anders als bei integriertem Sprachenunterricht, spezialisieren und die Sprache in vielen Klassen anbieten. Allerdings wäre es auch hier sehr sinnvoll, die Sprache stärker mit Inhalten zu verknüpfen und z.B. Theaterspiel auf Italienisch, Fußball auf Ungarisch, Haltungsturnen auf Slowenisch etc.

Eine andere Sprache als erste Fremdsprache kann nur in einer ganzen Region angeboten werden, damit die Weiterführung gesichert und möglich ist. CLIL erfordert sehr hohe Sprachkompetenz, dies ist in monolingualen Gebieten nur in Englisch realistisch. Anders ist es im Fachlehrersystem ab Klasse 4. Diese FachlehrerInnen können sich auf eine Sprache spezialisieren. Auf das Integrieren einer Sprache zu verzichten, bedeutet, auf Qualität zu verzichten. In der ladinischen Schweiz, in Italien und auch in Österreich (Kärnten: Drei Hände - Tri roke – Tre mani. F. Stefan) gibt es Beispiele, wie man mehrere Sprachen integrieren kann, wie Unterricht in drei Sprachen funktionieren kann. Verschiedene Sprachen an verschiedenen Wochentagen, manche Fächer in einer, andere in einer anderen Sprache etc. Das kann jedoch kaum auf das Regelschulwesen in einsprachigen Gebieten übertragen werden.

Kontinuität und Übergänge zu weiterführenden Schulen

"Mangelnde Kontinuität zwischen aufeinanderfolgenden Bildungsstufen ist eines der Schlüsselthemen, die im Länderbericht angesprochen werden. Dies war auch im LEPP-Prozess eines der meist erwähnten und mit Sorge verfolgten Themen" (ÖSZ 2008). Man kann sogar sagen, der Fremdsprachenunterricht in der Volksschule steht und fällt mit der Weiterführung. Solange diese nicht gegeben ist, wird VS-Englisch nicht aus den Startlöchern kommen. Europäisches Sprachenportfolio und Bildungsstandards, Schulbücher, die nicht bei null beginnen, können zur Lösung des Problems beitragen. Es braucht die Herstellung von maßgeschneiderten Lehrmitteln, qualitätsgesicherten Unterricht in der Volksschule und SekundarstufenlehrerInnen, die auf den Vorkenntnissen aufbauen. Entscheidend wird aber sein, dass eine vertikale Kohäsion über Stufengrenzen gesichert wird. "Dieser Problematik kann nur durch offensive LehrerInnenausbildung begegnet werden" (ÖSZ 2009, LEPP).

Maßnahmen zur Qualitätssicher, Voraussetzungen für die Weiterführung:

- Kindergarten und Volksschule als sehr wichtige Bildungsinstitutionen neu bewerten: Nicht umsonst verdienen in Finnland VS- und KindergartenpädagogInnen mehr als SekundarstufenlehrerInnen. Das mag auch mit ein Grund sein, warum es dort wesentlich weniger RisikoschülerInnen gibt.

- Natürlich braucht es für die VS maßgeschneiderte Schulbücher, Lehr- und Lernmaterialien, Ressourcen, Sachbücher, die den LehrerInnen beim CLIL-Unterricht helfen. Entsprechende DVDs, pod-casts, englische Kinderbücher mit CDs und andere audio-(visuelle) Medien müssen als Hörbeispiele und Aussprachevorbilder zur Verfügung stehen. DVDs können meist in beiden Sprachen genützt werden. Ein (Selbst)lernzentrum kann Lehrende und Lernende unterstützen. Es würde durchaus Sinn machen, eine/n Lehrer/in für ein Jahr damit zu beauftragen, die im Internet fast unendlich vorhandenen und kostenlosen Unterrichtsmaterialien, passend zu unserem Lehrplan, zu sammeln.

- Sprachenportfolio, Bildungsstandards sind sehr wichtig. Schulbücher, für die Sekundarstufe müssen auf Vorkenntnissen aufbauen (siehe oben).

- Lehrplan-up-date mit Kompetenzorientierung; Orientierung an Lernergebnissen (learning outcomes - erlebnis- und ergebnisorientierter Unterricht), Erhöhung der Kontaktzeiten mit der Zielsprache (Schlüsselfaktor für den Erfolg, Wode 2009), Neubewertung des Lesens und Schreibens, etc.

- Selbsteinschätzung, -evaluation der Lernergebnisse in Schulen: Ähnlich dem Salzburger Lesescreening erhält jede Volksschule Tests (inklusive Höraufgaben) mit Auswertungsschablonen für die dritte Klasse VS zum internen Gebrauch. Im Notfall, wenn es Defizite gibt, können noch Maßnahmen ergriffen werden (Lehrerwechsel, Teamteaching, ...).

- Aufgabenbeispiele, wie sie das ÖSZ für die achte Schulstufe (Begleitmaßnahme zu Standards) im Netz zur Verfügung stellt, könnte es auch für die Volksschule für die Selbsteinschätzung der LehrerInnen geben.

- Weiterbildung von VS-LehrerInnen: Nachqualifizierung aller VS-LehrerInnen erscheint mir illusorisch und ist bereits 1998-2003 (zumindest in Tirol) gescheitert. Deshalb: Freiwillige, aber fundierte zertifizierte Weiterbildung mit dienstrechtlichen Konsequenzen (Vorteilen). Diese Weiterbildung muss aufbauend organisiert sein. Es hat wenig Sinn, wenn LehrerInnen mit Sprachniveau A2 im gleichen Kurs sitzen mit LehrerInnen mit B2-Niveau.

- Übergangslösung: Im Dienst stehende LehrerInnen mit geringeren Sprachkompetenzen könnten zumindest traditionellen, aufbauenden (eher linear statt rekursiven) Sprachunterricht mit Schulbuch und verstärkten Einsatz von Tonträgern (z.B. DVDs, Bilderbücher mit Audio-CDs) und eigenständigem Lernen der Kinder mit diesen Unterrichtsmitteln, halten. Zusätzlich kann eine andere LehrerIn eine Englischstunde halten, aber wichtig und notwendig ist das dann ab der ersten Klasse, nicht erst ab der dritten, wie es derzeit üblich ist. Jede Klasse muss aber mindestens ein Jahr lang (erste oder vierte Klasse) eine qualifizierte Lehrkraft haben, wofür die DirektorInnen verantwortlich sind.

- DirektorInnen, InspektorInnen, ganz besonders aber SchulpraxislehrerInnen in der Ausbildung sollten in der Lage sein, Unterricht auf Englisch gezielt zu unterstützen und zu bewerten, z.B. durch Bücher wie Enchevarría (2008). Aus- und Weiterbildung, vor allem aber entsprechende Auswahl bei Neubesetzungen hätte hier größte Multipli-katorInnenwirkung.

- Bei der Einstellung von LehrerInnen sollten diesbezügliche Qualifikationen (Auslandsaufenthalte etc.) eine größere Rolle spielen, auch bei der Beförderung zu DirektorInnen, damit diese die LehrerInnen mit entsprechender Sprach- und Sprachdiagnostikkompetenz in Englisch unterstützen können. In Tirol werden PflichtschullehrerInnen mit Unterrichtserfahrungen in England immer noch bei der Pragmatisierung benachteiligt!

- Förderung von Auslandsaufenthalten, Schulpraktika, Job Shadowing für LehrerInnen an Volksschulen in einem englischsprachigen Land; gezielte Information über Förderungen und Unterstützung bei der Vermittlung wäre besonders hilfreich. Dadurch erleben LehrerInnen die Sprache, die sie z.B. für den Mathematik-, Sportunterricht etc. brauchen in authentischen, inhaltsorientierten Situationen.

- Schulpartnerschaften fördern: Video Skype etc. erleichtern das heute wesentlich. Durch die Teilnahme an einem Comenius-Regio-Projekt konnten die Lehrerinnen in der Volksschule Neuarzl Unterricht in englischen Volksschulen erleben und vice versa kamen die LehrerInnen dieser Schulen in unsere Klassen zu Teamteaching. Im Anschluss daran fanden (und finden) Unterrichtseinheiten per Video-Konferenzen statt: Unsere Lehrerin unterrichtete „virtuell" eine englische Klasse und umgekehrt, nachdem sie sich persönlich kennen gelernt hatten. Zusätzlich konnten authentische Lehr- und Lernmittel angeschafft werden, was den LehrerInnen sehr hilft. Mangel an Lehrmitteln war die größte Herausforderung in den ersten Jahren des Schulversuchs.

- Ein verstärktes Aufgreifen und Nützen der Sprachenvielfalt in der Klasse. Mehrsprachigkeit muss endlich als Chance für Kinder und LehrerInnen gesehen werden. Alle sollten in jeder Sprache der Klasse zumindest die „magic words" (bitte, danke, hallo, ciao, Zahlen) und ein Lied oder einen Reim lernen um Kommunikation und Sprachpartizipation anzubahnen. Außerdem kann so das Selbstbewusstsein und die Motivation der Kinder mit anderer Familiensprache gestärkt werden, wenn sie einmal diejenigen sind, von denen die Klasse lernt. Die Lehrplanforderung, anderen Kulturen gegenüber offener und unvoreingenommener zu sein, ist ein Ziel, das wir in unserer Projektschule und damit in diesem Stadtteil anstreben. Auch mehrsprachige Schulbibliotheken unterstützen dieses Ziel.

- SprachassistentInnen sollten wir uns auch für Volksschulen leisten - wie in Frankreich, Italien etc.

- Forschung in diesem Bereich sollte angeregt werden, wie auch im Länderprofil (LEPP) dezidiert gefordert wird. Erste Lehrstühle für Elementarpädagogik (z.B. Universität Graz) sind ein wichtiger Schritt.

- Regionale Sprachenberater betreuen insbesondere Volksschulen in Bezug auf Sprachen, sowohl Fremdsprachen als auch Deutsch, das ja für einen Teil der SchülerInnen eine Zweitsprache ist. LandesschulinspektorInnen gibt es für viele Fächer, aber nur in zwei Bundesländern eine/n für Sprachen.

- In Wien gibt es eine interessante Initiative mit je einer/ einem "Native Speaker Teacher" pro Bezirk, die/der in jeder vierten Klasse eine Projektwoche mit den Kindern durchführt. Somit hat jede Klasse eine Woche lang authentisches Englisch (in unserem Fall) in konkreten Situationen (learning by doing) und die Klassen können auch gleichzeitig evaluiert werden. Wenn dies in den dritten Klassen geschieht, kann eine Evaluation auch noch Auswirkungen haben (Lehrerwechsel, Teamteaching, ...). Es kann nicht Native Speaker für alle Volksschulen geben, aber so könnten die vorhandenen einem größeren Kreis zugutekommen.

Die derzeitige Pensionierungswelle bei LehrerInnen ist ein „windfall-profit". Viele nachrückende JunglehrerInnen an Schulen können Modellfunktion und interne Fortbildung übernehmen, wenn sie an Pädagogischen Hochschulen entsprechend ausgebildet werden. Das ist jedoch etwas gänzlich

Anderes als "ProfillehrerInnen" (Buchholz 2007), die Englisch als Schulfach unterrichten. Sprache in den Gesamtunterricht integrieren können nur KlassenlehrerInnen.

Allerdings ist wenigstens eine Wochenstunde Englisch in der Stundentafel der VS auch für die erste und zweite Klasse dringend zu empfehlen.

Konsequenzen für LehrerInnenausbildung

Sprachengesamtkonzept und gemeinsame Grundausbildung für alle LehrerInnen

Sprachenausbildung darf nicht länger gänzlich getrennt verlaufen. Man erinnere sich an das Eisbergmodell von Jim Cummins. Alle Sprachen haben ein gemeinsames Fundament, gemeinsame Sprachareale. Zugrundeliegende mentale Prozesse können in mehreren Sprachen angewendet werden, z.B. Begriffsbildungen, Sinnentnahme aus Texten beim Lesen. Sprachen werden nicht auf Kosten, sondern mithilfe bereits vorhandener Sprachen gelernt. Bisher läuft die Ausbildung in verschiedenen Sprachen meist getrennt. Eine Ausnahme ist z.B. IMOF, das Innsbrucker Modell der Fremdsprachendidaktik an der Universität Innsbruck (B. Hinger). Dabei gibt es gerade in der Volksschule enorme Einsparungspotenziale, wenn wir SprachenlehrerInnen ausbilden und erst in zweiter Linie Englisch-, Italienisch-, FranzösischlehrerInnen etc., aber auch LehrerInnen für Deutsch als Zweitsprache und Deutsch.

Alle LehrerInnen (aber ganz besonders die VS-LehrerInnen) brauchen am Anfang eine sprachliche Grundausbildung und integrierte Sprachendidaktik, denn jeder Unterricht ist Sprachunterricht. Jeder Fachunterricht in den heutigen Klassen ist für eine Schülergruppe Unterricht in der Erstsprache, für die andere Unterricht in der Zweitsprache, weshalb alle LehrerInnen Grundeinsichten in Mehrsprachigkeitsdidaktik und CLIL-Strategien brauchen. Nur LehrerInnen, die wissen, wie Spracherwerbsprozesse ablaufen, wie man Sprache verständlich machen kann, die über eine entsprechende Sprachendidaktik, insbesondere CLIL-Didaktik verfügen, können auch mehrsprachige Kinder und Kinder mit sprachlichen Defiziten entsprechend sprachlich fördern. Das kann auch die Beschäftigungsfähigkeit dieser Schülergruppen enorm erhöhen. Österreich leistet sich einen 28%-igen Anteil an RisikoschülerInnen, das heißt, junge Leute, die die Schule verlassen ohne ausreichend sinnerfassend lesen zu können und für ihr weiteres Leben - nicht nur beruflich – in ihrer Weiterentwicklung behindert sind. Angesichts dessen ist eine gezielte ElementarpädagogInnenausbildung wohl keine überzogene Forderung.

Ein Gesamtkonzept bedeutet:

- Sprachliche Grundausbildung und integrierte Sprachen- und Mehrsprachendidaktik für alle. Dazu gehören Grundeinsichten in Spracherwerb, Sprachsensibilisierung, Sprachreflexion (Metalinguistik, Soziolinguistik etc.), Sprachdiagnostik, Assessment (Selbst- und Fremdeinschätzung), Mehrsprachigkeit (Multililingualismus, Plurilingualismus), Umgang mit Sprachenvielfalt in mehrsprachigen Klassen, Sprachschwierigkeiten, Sprachmediation und Sprachpartizipation, Sprachenportfolio und Sprachlernbiographien, Selbsteinschätzung der eigenen Sprachkompetenz und Konzepte für eigenständiges Weiterlernen etc. Im künftigen achtsemestrigen Studium müsste dafür Platz sein. Es ist auch jetzt (sechs Semester) eine reine Frage der Wertigkeit.

- Alle LehrerInnen müssen Techniken des ***'Scaffolding'*** (siehe oben) kennen, der sprachlichen Unterstützung, die Kinder mit Sprachschwächen benötigen, damit sie Lerninhalte verstehen.

- CLIL in *der* Ausbildung und CLIL in *die* Ausbildung! – Language in/for Education. Lernen in zwei (mehreren) Sprachen, z.B. durch Verwendung von (meist wohl englischer) Fachliteratur fördert das Verständnis für mehrsprachige SchülerInnen und bereitet auf den fachlichen Dialog mit KollegInnen aus aller Welt und die Mitarbeit in europäischen-Projekten (gemeinsame Forschung) vor. Man kann nur lehren, was man auch erlebt hat. Sonst kommt es zu einer "Perpetuierung des monolingualen Habitus in der multilingualen Schule" (Hinger 2009).

Konsequenzen für die VolksschullehrerInnenausbildung

Die größten Synergien gibt es bei den VolksschullehrerInnen. Diese unterrichten –wie schon erwähnt – 1) Deutsch für Kinder mit Erstsprache Deutsch (muttersprachlicher Unterricht), 2) Deutsch für Kinder mit anderer Erstsprache (Deutsch als Bildungs-, Mehrheitssprache), 3) Deutsch als Zweitsprache (DaZ) und speziellen Förderunterricht, 4) alle Fächer in einer Sprache, die für viele Kinder in der Klasse nicht die Erstsprache ist (CLIL) und nicht zuletzt 5) Englisch oder eine (u.U. zwei) andere "Fremd"sprachen. Hier alles einzeln anzubieten ohne Absprache bei den Curricula kann nur Doppelgleisigkeiten und fehlende Zeit für eine umfassende Sprachausbildung bedeuten. Zumindest in der VS-LehrerInnenausbildung muss es eine integrierte Sprachendidaktik geben, die Deutsch als Schulsprache (Bildungssprache), Deutsch als Zweitsprache und andere Sprachen einschließt.

Unter Experten herrscht Einigkeit darüber, dass die Ausbildung der LehrerInnen das Um- und Auf innovativer und effektiver Sprachförderung der Kinder ist, insbesondere wenn es sich um zwei- bzw. mehrsprachige Unterrichtsmodelle handelt. Wir müssen uns endgültig von der immer noch gängigen Meinung verabschieden, dass für VolksschullehrerInnen geringere

Englischkenntnisse vonnöten seien und dass ein paar Stunden Methodikausbildung genügen. CLIL-Unterricht erfordert sehr hohe Sprachkompetenz. Allgemein wird unhinterfragt angenommen, dass es nicht möglich sei, VolksschullehrerInnen dafür auszubilden. Die Sprachkenntnisse der MaturantInnen sind in den letzten zehn Jahren entscheidend gestiegen. Außerdem: "Motivation ist der Schlüssel zu jedwedem Lernen, nicht nur zum Sprachenlernen. Aus Gründen, die dringend untersucht werden müssen, ist fast ein Viertel aller in der EU lebenden jungen Menschen nicht einmal motiviert, ihre Erstsprache gründlich zu lernen. Offensichtlich ist beim Sprachenlernen die Einstellung wichtiger als die Begabung" (CEL/ELC 2011). Nur wer selbst andere Sprachen spricht und Sprachen und Kulturen gegenüber unvoreingenommen und offen ist (interkulturelle Kompetenz), kann das Lernen anderer Sprachen, aber auch der Erstsprache wirklich fördern.

Dies gilt natürlich auch für die frühe Sprachförderung lernschwacher Kinder aus benachteiligtem Elternhaus, denen zu Hause eben keine Geschichten vorgelesen wurden und die nicht entsprechend sprachlich gefördert wurden. Es geht v.a. nicht nur um die Beherrschung der mündlichen Kommunikations- und Alltagssprache (BICS - Basic Interpersonal Communicative Skills), sondern auch um "CALP-literacy", die Schul- und Standardsprache (Cognitive Academic Language Proficiency; Cummins 1980). Sowohl Kinder mit Migrationshintergrund als auch Kinder mit Schwierigkeiten in der Erstsprache (Deutsch) haben in unseren Schulen oft trotz guter Beherrschung der Alltagssprache Schwierigkeiten in der gehobenen Schulsprache, besonders wenn es um komplexe Sprachformen geht. Dies wahrzunehmen, entsprechend zu reagieren und damit alle Kinder zu fördern ist Aufgabe unserer Schulen. Dazu brauchen alle LehrerInnen ein fundiertes sprachendidaktisches Wissen, auch damit sie nicht Sprachlosigkeit (Sprachnot) mit Dummheit verwechseln.

Aufgrund meiner langjährigen Erfahrung in diesem Bereich wage ich zu behaupten, dass es sehr wohl möglich ist, alle VS-LehrerInnen zu zweisprachigem Unterricht zu befähigen, wenn es Einstiegsqualifikationen für das Studium und Nutzung der Synergien durch integrative Sprachendidaktik gibt.

- CLIL in *der* Ausbildung und CLIL in *die* Ausbildung! – Language in/ for Education. - Monolinguale Ausbildung führt zu monolingualem Unterricht. Wenn in allen Fächern (Psychologie, Soziologie, etc., etc.) zumindest teilweise englischsprachige Fachliteratur verwendet wird, die Studierenden also CLIL selbst erleben, können die Kontaktzeiten mit der Zielsprache (und damit die Sprachkompetenz) enorm erhöht werden, eine notwendige Voraussetzung für CLIL und ein Vorteil für Projekt- und Zusammenarbeit mit europäischen KollegInnen. Bedenkt man noch dazu, dass sie alle Fächer außer Deutsch laut österreichischem Lehrplan in der VS phasenweise auf Englisch (oder einer anderen Fremdsprache) unterrichten müssen, ist es wohl keine überzogene Forderung, dass die Studierenden dies auch in ihrer Ausbildung erleben sollen. Sie lernen dabei selbst genau die Sprachdomänen (z.B. Mathematik, Werken, Sport, classroom discourse), die sie später im Unterricht brauchen. Man kann das besser unterrichten, was man selbst erlebt hat.

- Eine ganz zentrale Rolle in der Ausbildung spielen die SchulpraxislehrerInnen. Ihre Einstellungen und Kompetenzen in dieser Hinsicht haben enorme Auswirkungen. Bei Neueinstellungen muss das berücksichtigt werden. Studierende brauchen die Möglichkeit zur Praxis in Klassen, in denen sie CLIL bzw. diese Art des zweisprachigen Unterrichts sehen und ausprobieren können. Vor allem aber brauchen sie gezielte fachkundige Unterstützung und Feedback von den PraxislehrerInnen und PraxisbetreuerInnen. Bisher ist das nur in Ausnahmefällen möglich.

- Ebenso muss es ein Kriterium bzw. eine notwendige Voraussetzung bei der Ausbildung der PraxislehrerInnen sein. Zu den Kursen zur PraxislehrerInnenausbildung dürften wirklich nur solche LehrerInnen zugelassen werden, die Englisch zumindest nach dem gegenwärtigen Lehrplan integrieren können und die die sprachlichen Voraussetzungen mitbringen. Natürlich macht es speziell bei diesen Kursen Sinn, Englisch phasenweise als Unterrichts- und Kommunikationssprache (CLIL) einzusetzen. Unterrichtsreflexion, Feedback geben seien nur als Beispiele genannt, die sich hervorragend eignen.

- Natürlich müssen sich auch die LehrerausbildnerInnen selbst für CLIL in der Lehre qualifizieren. In einem Projekt an der Universität Szeged (K. Szabo), aber auch an der katholischen Pädogogischen Hochschule Graz (E. Fuchs), arbeiteten und arbeiten die Fachkollegen systematisch mit den EnglischlehrerInnen zusammen. Auch an der PH Tirol (C. Lechner) gibt es ein CLIL-Modul (allerdings nur in der Hauptschulausbildung!), in dem Fach- und EnglischlehrerInnen kooperieren (siehe letztes Kapitel). Zwei Lehrende für eine Gruppe kosten Geld, aber Team-Teaching (peer-learning) hätte hier größte Multiplikatorwirkung. Wenn bei der Neueinstellung von Lehrenden an Pädagogischen Hochschulen Sprachkompetenz und interkulturelle Kompetenz ein Auswahlkriterium sind, braucht es bald nicht mehr zwei Lehrende im Seminar, sondern nur noch eine Grundausbildung in CLIL-Didaktik.

- Ein Erasmussemester müsste zur Grundausbildung von VolksschullehrerInnen gehören, wie es auch im Länderbericht (LEPP) gefordert wird. So könnten Studierende Sprachhandeln und authentische Sprache erleben (vor allem im Schul- und Unterrichtskontext), ebenso wie wertvolle kulturelle Erfahrungen sammeln (citizenship). "Die Befunde zum Auslandsaufenthalt belegen die überragende Bedeutung des Lernens in authentischen Kontexten. Ein Schüler, der zumindest 6 Monate im Ausland war, hat eine 11 bzw. 12mal höhere Chance, die kritischen Werte (des Tests) zu überschreiten als jemand, der nie im Ausland war, und zwar bei Kontrolle aller übrigen Prädikatoren" (Köller u.a. 2004 in Bleyhl 2005a). – "Teachers need more knowledge and insight about language-learning processes, as well as about ways to facilitate them and methods for assessment of the effect of their efforts. It has to become easier for working teachers to do a short practical training programme or to sit in on classes at schools abroad" (COM 2009). Dies würde dazu beitragen, dass LehreInnen die Diversität in den Klassen nicht länger als Problem sehen und deren Chancen nützen. Es gibt "häufig eine gewisse Überforderung durch eben diese Diversität, eine geringe Ausstattung mit didaktischen Möglichkeiten und letztlich ein hilfloses Agieren. Das kann zu einem nennenswerten Problem werden, wenn eine ablehnende Haltung gegenüber mehrsprachigen Kindern mit Hilflosigkeit, sich mit ihnen auseinanderzusetzen, einhergeht. Andererseits genügt es wohl nicht, hilflos zugetan zu sein. Hilflos Unterrichtende entwickeln beiläufig eine oder mehrere Illusionen: Einsprachigkeit des Unterrichts, Homogenität der Lernergruppe, Spracherwerb in ein (bis zwei) Jahren" (Mayer 2009).

- Möglich wird ein verpflichtendes Erasmussemester durch ein Mobilitätsfenster, wie es in Fachhochschulen erfolgreich praktiziert wird. In einem Semester (z.B. im fünften) gehen alle Studierenden hinaus und dafür kommen Studierende aus anderen europäischen Ländern zu uns. Die Incomings würden auch erheblich zur Internationalisierung der gesamten Ausbildung beitragen. Sprachen lernt man, wenn man sie braucht. Das gilt auch für Studierende und Lehrende an Pädagogischen Hochschulen.

- Aufnahmekriterien für Studierende an PHs nicht nur in Musik und Sport, sondern auch in Sprachen: AHS-Maturaniveau/B2 in Englisch und sinnvollerweise auch B1 bzw. Maturaniveau in einer Drittsprache, denn sie lassen auf Einstellungen gegenüber Sprachen schließen.

Natürlich könnten alle diese Listen noch lange fortgeführt werden. Auf jeden Fall besteht Handlungsbedarf, wenn man die Lernergebnisse in einem Großteil der österreichischen Volksschulen ansieht (vgl. Buchholz 2006).

CLIL in der Grundschule: Mehr Bildung, weniger Kosten

Durch das gleichzeitige Lernen von Sprache und Inhalt ist es möglich, die Kontaktzeiten mit der Zielsprache in der VS auf vier oder auch mehr Wochenstunden zu erhöhen (das halte ich im Regelschulwesen für realistisch) ohne dass zusätzliche Stunden für Kinder oder LehrerInnen anfallen, d.h. auch ohne zusätzliche Kosten (!) bzw. sogar Kostenreduktion, denn im Laufe der Schulzeit sind wesentlich weniger Englischstunden für dasselbe oder ein besseres Ergebnis nötig. "Die DESI-Studie (Klieme 2006) zeigt, dass Schüler, die bilingual unterrichtet worden sind, auf der 9. Jahrgangsstufe den herkömmlich unterrichteten Schülern um zwei Jahre in der Fremdsprachenentwicklung voraus sind" (Bleyhl 2006). Diese gewonnene Zeit könnte für das Lernen einer weiteren Sprache (Nachbarschaftssprache) genutzt werden, und zwar bereits in der Pflichtschule, ab Klasse 4 (ab 10 Jahren). Dadurch könnten ALLE Kinder eine zusätzliche Sprache (L+<2) in der Schule lernen.

Das kann so aussehen:

1. bis 4. Schulstufe Volksschule	Englisch im Ausmaß von mindestens vier Wochenstunden integriert in den Gesamtunterricht (duales Lernen von Inhalten und Sprache) in allen vier Schulstufen Zusätzlich, wenn möglich, dasAngebot einer weiteren Sprache (Nachbarschaftssprache) als unverbindliche Übung, am besten auch in authentischen Situationen, z.B. Theaterspiel auf Italienisch, Fußballspielen auf Slowenisch, Ein Instrument lernen oder Haltungsturnen auf Ungarisch.
5. bis 9. Schulstufe (Unterstufe; NMS, Gymnasium)	Weiterführung von Englisch aufbauend auf dem Sprachkönnen der SchülerInnen (in etwa A1/A2) mit Bewusstmachen von Sprachstrukturen (Grammatik, Rechtschreibung) und dem Lesen von englischer Kinder- und Jugendliteratur (Bücher, Filme, DVDs). Außerdem können ein bis zwei Fächer auf Englisch oder einer anderen Sprache unterrichtet werden (CLIL). Für das gleiche oder höchstwahrscheinlich bessere Ergebnis wären weiger Englischstunden in der Stundentafel nötig. Diese können für das verpflichtende Lernen einer weiteren Sprache verwendet werden und zwar in der Pflichtschule, der Schule für alle. Das wiederum bedeutet die Umsetzung des europäischen Ziels L1+>2.

Bereits 1997 fasste Hanna Komorowska die Ergebnisse des umfassenden Council of Europe Modern Languages Project von 1989 bis 1996 (Butterfly, Lollipop, ...) zusammen: "Integration seems to be the most important factor at all ... and is now generally postulated as the ideal solution and the only way forward in primary foreign language education." Das war die Basis unseres damals bahnbrechenden Lehrplans, der bis auf Ausnahmefälle leider nie wirklich umgesetzt wurde. CLIL kann nur erfolgreich angewendet werden, wenn es tägliche Praxis ist.

Angesichts all dieser eindeutigen Forschungsergebnisse ist es wohl eher keine Frage, ob CLIL den Sprachenunterricht revolutionieren wird oder nicht. Eher ist es wohl eine Frage der Zeit. Wir lassen in der Grundschule enorme Potenziale ungenutzt. Wir sollten es uns nicht weiterhin leisten, die ersten vier Jahre des Fremdsprachenlernens den am schlechtesten ausgebildeten LehrerInnen zu übertragen. Ein Bildungssystem, das das Hauptaugenmerk und die meisten Ressourcen in die Sekundarstufe steckt, wird dort sehr viel nachzuholen und viel Reparaturarbeit zu leisten haben. Kindergarten und Volksschule sind wichtige Bildungseinrichtungen. Eine gezielte Sprachförderung in diesem Alter kommt allen Kindern zugute und ist Voraussetzung für weiteres Lernen, für persönliche Entfaltung und die Beschäftigungsfähigkeit (employability) von sozio-ökonomisch Benachteiligten.

Bibliographie

Apeltauer, Ernst, A. Senyidiz (2011). Lernen in mehrsprachigen Klassen – Sprachlernbiographien nutzen. Berlin Cornelson

Baker, Colin (2007). Zweisprachigkeit zu Hause und in der Schule. Engelschoff: Verlag auf dem Ruffel

BIG-Kreis der Stiftung Lernen (2007). Fremdsprachenunterricht in der Grundschule. Standards für die Lehrerbildung. Verlag Brinek Münschen oder http://www.praktisches-lernen.de/btk/pdf/big_standards_01_2007.pdf; weitere BIG-Veröffentlichungen http://www.praktisches-lernen.de/index.php?main=btk,veroeffentlichungen&navi=btk

Belke, Gerlind (2006). Zehn Thesen zum literarischen und sprachlichen Lernen in mehrsprachigen Lerngruppen. In: Kölner Beiträge zur Sprachendidaktik Köbes, H. 4 / 2006

Belke, Gerlind (2003). Mehrsprachigkeit im Deutschunterricht, Schneider-Verl. Hohengehren

Bentley, Kay (2010). The TKT Course. CLIL Module. Cambridge University Press.

Bleyhl, Werner (2000). Fremdsprachen in der Grundschule. Grundlagen und Praxisbeispiele. Schroedel Verlag

Bleyhl, Werner (2005a). Die Defizite des traditionellen Fremdsprachenunterrichts oder Weshalb ein Paradigmenwechsel, eine Umkehr, im Fremdsprachenunterricht erfolgen muss. In: Zeitschrift: Fremdsprachen lehren und lernen. Nr. 34/2005), S. 45-64, Narr Verlag http://creativedialogues.lernnetz.de/docs/1.4Expertenstimmen.pdf

Bleyhl, Werner (2006). Umgang mit Schrift im Fremdsprachenlernen in der Grundschule. Gastvortrag Universität Innsbruck, Nov. 2006

Bernaus, Mercé u. a. (2011). Plurilingualism and pluriculturalism in content-based teaching. A training kit. Council of Europe Publishing, ECML (European Centre for Modern Languages), http://www.ecml.at/publications

Boeckmann, Klaus Börge et al (2011). Promoting plurilingualism. Majority language in multilingual settings. Council of Europe Publishing, ECML, http://www.ecml.at/publications

Böttger Heiner (2005). Englisch lernen in der Grundschule, Heilbrunn: Klinkhardt

Buchholz, Barbara (2007). Facts & Figures im Grundschul-Englisch. Berlin: Lit Verlag

Butzkamm, Wolfgang, J. Caldwell (2009). The Bilingual Reform. A Paradigm Shift in Foreign Language Teaching. Gunter Narr Verlag Tübingen

Cathomas, Rico, W. Carigiet (2008). Top-Chance Mehrsprachigkeit. ern: Schulverlag plus

CARAP (n.d.). Referenzrahmen für plurale Ansätze zu Sprachen und Kulturen. European Centre for Modern Languages (EFSZ, ECML) http://carap.ecml.at; http://clilcom.metropolia.fi/1500

CEL/ELC. European Language Council (2011). Brüsseler Erklärung. http://www.molan-network.org/docs/brsseler_erklrung_30072011_final_0.pdf

Chavanne, Verena (2001). Cool Stories. Wien: öbvhpt;

COM, European Commission (2005). A New Framework Strategies for Multiligualism. http://ec.europa.eu/education/languages/archive/doc/com596_en.pdf

COM, European Commission (2007). High Level Group on Multilingualism. Final Report. http://ec.europa.eu/education/policies/lang/doc/multireport_en.pdf

COM, European Commission (2008). A rewarding challenge. How the multiplicity of languages could strengthen Europe. http://ec.europa.eu/education/policies/lang/doc/maalouf/report_en.pdf

COM, European Commission (2009). Early language learning in Europe: Facts & figures and FAQs. Memo/09/415. http://europa.eu/rapid/pressReleasesAction.do?reference=MEMO/09/415&format=HTML&aged=0&language=EN&guiLanguage=en

COM, European Commission (2008). White Paper on Intercultural Dialogue – Living together as equals in dignity. http://www.coe.int/t/dg4/intercultural/source/white%20paper_final_revised_en.pdf

CoE, European Council, Language Policy Division (2009/4). Languages in Education, Languages for Education. Plurilingual and intercultural education as a right. http://www.coe.int/t/dg4/linguistic/Source/LE_texts_Source/EducPlurInter-Droit_en.pdf

CoE, Council of Europe (2007) From Linguistic Diversity to Plurilingual Education: Guide for the Development of Language Education Policies in Europe. www.coe.int/lang

CoE, Council of the European Union (2008). Council Resolution on a European strategy for multilingualism. http://www.consilium.europa.eu/ueDocs/cms_Data/docs/pressData/en/educ/104230.pdf

CoE, Language Policy Division (2009). Plurilingual and Intercultural Education as a Right. http://www.coe.int/t/dg4/linguistic/Source/LE_texts_Source/EducPlurInter-Droit_en.pdf

CoE (2008). Council Resolution on a European strategy for multilingualism. http://www.consilium.europa.eu/ueDocs/cms_Data/docs/pressData/en/educ/104230.pdf

Coonan, Carmel et al (2009). The CLIL Teacher's Competence Grid. Konferenzunterlage im Rahmen von Comenius Netzwerk CCLL (Common Constitution and Language Learning), 30. 8. 2009

Coyle, Do, Ph. Hood, D. Marsh (2010). CLIL. Content and Language Integrated Learning. Cambridge University Press

Cummins, Jim (2001). Die fachliche und die politische Debatte über die Spracherziehung von Minderheiten: Zusammenfassung eines Arbeitspapiers für die Internationale Konferenz über Bilingualismus, Bristol, 20.4.2001

Cummins, Jim (2001a). Language, Power and Pedagocy. Bilingual Children in the Crossfire (2 ed.). Clevedon: Multilingual Matters

Curtain, Helena, C.A. Dahlberg (2010). Languages and Children -- Making the Match: New Languages for Young Learners, Grades K-8. Fourth Edition, Pearson Education, Inc.

Dalton-Puffer, Christiane (2007). Discourse in Content and Language Integrated Learning (CLIL) Classrooms. Amsterdam: John Benjamin's Publishing

Diehr, Bärbel, St. Frisch (2008). Mark their words. Sprechleistungen im Englischunterricht der Grundschule fördern und beurteilen. Berlin: Westermann

Ditze, Stephan-Alexander, A. Halbach (Hrsg.) (2009). Bilingualer Sachfachunterricht (CLIL) im Kontext von Sprache, Kultur und Multiliteralität. Frankfurt: Peter Lang

Echevarria, Jana, M. Vogt, D. Short (2010). Making Content Comprehensible for English Learners: The SIOP Model. Third Edition. Pearson Education, Inc.

Echevarria, Jana, M. Vogt, D. Short (2011). The SIOP Model for Teaching History-Social Studies to English Learners. Pearson Teacher Education and Development

Echevarria, Jana, M. Vogt, D. Short (2011). The SIOP Model for Teaching Science to English Learners. Pearson Teacher Education and Development

Echevarria, Jana, M. Vogt, D. Short (2008). Implementing the SIOP Model Through Effective Professional Development and Coaching. Pearson Teacher Education and Development.

Elsner, Daniela (2006). Hörverstehen im Englischunterricht der Grundschule. Frankfurt: Peter Lang

Egger, Gerlinde (2010). Sprachen - eine große Chance. In: Klarić, Mišo u.a., Andere Welten deKommuniziert, Kulturinitiative AndersOrtsKultur, Sweradruck, Innsbruck

Egger Gerlinde (2009). Reflection as a Tool for Cooperative Development in Teacher Education. In: Teacher Induction: Supporting the Supporters of Novice Teachers in Europe (TISSNTE), A learning framework for novice teachers and mentors: User Manual for a staff development course, S. 320-368

Egger, Gerlinde (2004). movie time - Ein Englischkurs der Anderen Art. Zeitschrift der Pädagogischen Akademie des Bundes in Tirol, 2004/Jänner

Egger, Gerlinde (2000). Reflective teaching as a way of knowing in teacher education, In: The British Council and Teachers of English in Austria, English Language Teaching news 40, Feber 2000

Elsner, Daniela (2006). Hörverstehen im Englischunterricht der Grundschule. Ein Leistungsvergleich zwischen Kindern mit Deutsch als Muttersprache und Deutsch als Zweitsprache. Frankfurt: Peter Lang

Fleck, Elfie (2008). Ohne Sprache wäre ich ein Stein. In: Furch, Elisabeth, H. Eichelberger, Hrsg. (2008). Kulturen, Sprachen, Welten. 2. überarbeitete und ergänzte Neuauflage, StudienVerlag Innsbruck

Fleming, Mike (2010). The Aims of Language Teaching and Learning. Council of Europe Language Policy Division. www.coe.int.lang

Finkbeiner, Claudia (Hrsg.) (2002). Lehren und Lernen in zwei Sprachen. Biligualer Sachfachunterricht. Hannover:Schroedel Verlag

Fuchs, Evelin (2008). Fremdsprache Englisch in der Volksschule. Ein Plädoyer für CLIL. In: Unser Weg, Pädagogische Zeitschrift Heft 4/2004. Verlag Leycam

Fuchs, Evelin, S. Graber (2011). Schatzkiste 3/4, Arbeitsheft Englisch, Schatzkiste 3/4, Arbeitsheft Englisch LehrerInnenmaterial, Schatzkiste 3/4, Audio-CD Englisch. Alle: Verlag E. Dorner, Schulbuchliste

Furch, Elisabeth, H. Eichelberger, Hrsg. (2008). Kulturen, Sprachen, Welten. 2. überarbeitete und ergänzte Neuauflage, StudienVerlag Innsbruck

García, Eugene E. (2005). Teaching and Learning in Two Languages. Bilingualism and Schooling in the United States. New York: Teachers College Press

Gnutzmann, Claus u.a. (2006). Zur Theorie und Praxis des Sprachunterrichts an Hochschulen. In: Fremdsprachen Lehren und Lernen. Narr Verlag 5/2006 34, S. 45-64

Haataja, Kim u.a. (2011). CLIL-LOTE-START. Integriertes Sprachen- und Fachlernen in anderen Sprachen als Englisch. European Centre for Modern Languages, http://clil-lote-start.uta.fi

Hansen-Pauli, Marie-Anne u.a. (2009). CLIL across Contexts: A Scaffolding Framework for CLIL Teacher Education. http://clil.uni.lu

Helmersen, Ole (2008). Is there a third way between English-only and the less widely used and taught languages in Europe? In: Lauridsen, Toudic (Eds). Languages at Work in Europe.

Herczeg, Petra, Egger, Gerlinde (2008). Multilingualism & Cyberspace - How Multilingual Children grow up in the Media Society. In: Everyday Multilingualism. Lebensweltliche Mehrsprachigkeit. Konferenzband. Wien, Österreichische UNESCO-Kommission und Bundesministerium für Unterricht, Kunst und Kultur (BMUKK)

HGM, Hochrangige Gruppe "Mehrsprachigkeit" (2007). Auf dem Weg zu einer umfassenden Strategie für Mehrsprachigkeit in der Europäischen Union. http://europa.eu/rapid/pressReleasesAction.do?reference=IP/07/1396 &format=HTML&aged=0&language=DE&guiLanguage=en

Hinger, Barbara (2009). Mehrsprachigkeitsdidaktik. Vortrag an der Universität Innsbruck, 20.11.2011

Hufeisen, Britta, M. Lutjeharms (2005). Gesamtsprachencurriculum - Integrierte Sprachdidaktik - Common Curriculum. Gunter Narr Verlag

Jessner, Ulrike (2006). Linguistic Awareness in Multilinguals. Edinburgh University Press Ltd.

KOM(2005) 356. Kommission der Europäischen Gemeinschaften. Europäischer Indikator für Sprachenkompetenz. http://eur-lex.europa.eu/LexUriServ/LexUriServ.do?uri=COM:2005:0356:FIN:DE:PDF

Little, David et al (2011), The European Language Portfolio. A guide to the planning, implementation and evaluation of whole-school projects. Council of Europe Publishing, European Centre for Modern Languages, http://www.ecml.at/publications

Lauridsen, Karin M., D. Toudic (eds) (2008). Languages at Work in Europe. Festschrift in Honour of Professor Wolfgang Mackiewicz. Göttingen: V&R unipress

Legutke, Michael, A. Müller-Hartmann, M. Schocker-v.Dithfurt (2012). Teaching English in the Primary School. 4. Auflage. Stuttgart: Klett Lerntraining

Marsh, David, D. Wolff et al (2010). European Framework for CLIL Teacher Education. A framework for the professional development of CLIL teachers. http://clil-cd.ecml.at/EuropeanFrameworkforCLILTeacherEducation/

Marsh, David, D. Wolff (2007). Diverse Contexts - Converging Goals. CLIL in Europe. Frankfurt: Peter Lang

Massler, Ute, P. Burmeister (2010). CLIL und Immersion. Fremdsprachlicher Sachfachunterricht in der Grundschule. Braunschweig: Westermann

Mayer, Werner (2009). Sprachentwicklung und Sprachförderung an der Schnittstelle Kindergarten - Schule. In: Plutzar, Verena, N. Kerschhofer (Hg.). Nachhaltige Sprachförderung. Innsbruck: StudienVerlag

Mackiewicz, Wolfgang, D. Toudic (Eds.) Molan network (2011). Handbook on good practice that serves to motivate language learners. http://molan-network.org/matrix_engine/content.php?page_id=2172

Müller-Hartmann, Andreas, M. Schocker-von Dithfurt (2011). Teaching English: Task-Supported Language Learning. Paderborn: Verlag Ferdinand Schöningh

Müller-Hartmann, Andreas, M. Schocker-v.Dithfurt (2010). Introduction to English Language Teaching. Stuttgart: Klett Lerntraining

Müller, R. (1997). Sozialpsychologische Grundlage des Zweitspracherwerbs bei MigrantenschülerInnen. Reihe Sprachlandschaft Bd. 21, Verlag Sauerländer

Newby, David et al. (2007). EPOSTL, European Portfolio for Student Teachers of Languages. A reflection tool for language teacher education. http://archive.ecml.at/mtp2/fte/pdf/STPExtract.pdf

Newby, David et al. (2011). Using the European Portfolio for Student Teachers of Languages. Council of Europe Publishing, European Centre for Modern Languages, http://www.ecml.at/publications

Nusche, Deborah u.a. (2009). OECD Reviews of Migrant Education. Austria. http://ungleichevielfalt.at/documents/berichte/OECD_Bericht.pdf

ÖSZ, BMUKK, BMWF (Österreichisches Sprachenkompetenzzentrum, Unterrichtsministerium, Wissenschaftsministerium 2009). Language Education Policy Profile (LEPP). Sprach- und Sprachunterrichtspolitik in Österreich. Länderprofil. Graz/Wien.

Pearl, Sondra, Hg. (1994). Landmark Essays on Writing Process, Hermagores Press, CA. and New York City Writing Project (Co-founder and director for 10 yrs)

Reyes, Sharon, T. Kleyn (2010). Teaching in 2 Languages. USA: Corwin

Stadelmann, Willi (2004). Sprachunterricht im Dienste der mehrsprachlichen Bildung: Sprachenlernen im Brennpunkt. Magazin ilz, i-mail 3-2004, Schweiz

Stotz, Daniel (2006). Eine Didaktik der Mehrsprachigkeit schaffen. Neue Zürcher Zeitung, 17. 1. 2006, Nr. 13, S. 53

Van de Craen, Piet, K. Mondt, L. Allain (2007c). Why and How CLIL works. An Outline for a CLIL Theory. In: Vienna English Working Papers, p. 70-78

Van de Craen, Piet, E. Ceuleers, K. Mondt, L. Allain (2008). European multilingual language policies in Belgium and policy driven research. In: Lauridsen, Toudic (Eds). Languages at Work in Europe. Festschrift in Honour of Professor Wolfgang Mackiewicz. Göttingen: V&R unipress

Wildhage, Manfred, E. Otten (Hrsg.) (2007). Praxis des biligualen Unterrichts. 7. Auflage, Berlin:Cornelson

Wingate, Jim (2002). A challenge for all levels. In: English Language Teaching news, British Council 2002/2

Wode, Henning (2009). Frühes Fremdsprachenlernen in bilingualen Kindergärten und Grundschulen. Bildungshaus Schulbuchverlage. Westermann, Braunschweig

Zarate, Geneviéve, A. Gohard, D. Lussier, H. Penz (2004). Cultural mediation in language learning and teaching. Council of Europe Publishing, European Centre for Modern Languages. http://www.ecml.at/publications

Zaunbauer Anna Chr., E. Bonerad, J. Möller (2005). Muttersprachliches Leseverständnis immersiv unterrichteter Kinder. Zeitschrift für Pädagogische Psychologie 19(4)

Zaunbauer Anna Chr., J. Möller (2006). Schriftsprache und mathematische Leistungen in der Erstsprache: Ein Vergleich monolingual und teilimmersiv unterrichteter Kinder der zweiten und dritten Jahrgangsstufe.

Zaunbauer Anna Chr., J. Möller (2010). Schulleistungsentwicklung immersiv unterrichteter Grundschüler in den ersten zwei Schuljahren. In: Psychologie in Erziehung und Unterricht, 2010, 57, 30 – 45

Theory and Practice of EFL Primary School Teacher Education

Barbara Buchholz, AT

Abstract

This article refers to a study evaluating theory and practice of EFL primary teacher education in Austria as regards both language and didactic competencies and from various perspectives. This investigation is the first to systematically describe the changes within the English primary teacher training conditions at the newly founded "Universities of Education" (PH) in comparison to the former "Teacher Training Colleges" and to furthermore compare all of the thirteen Austrian PHs, which obtain an autonomous status concerning organisation, curriculum, and research.

Data was gathered from online interviews with didactic experts, teacher trainers, and professors of English at all thirteen PHs and through an Internet research on PH primary teacher pre- and in-service study programmes, specially focusing on innovative ELT aspects like CLIL and CLT. The results of this investigation revealed inadequate and inconsistent study and research conditions, insufficient resources and differing requirements, thus representing the generally subordinate position of English within primary school teacher education and subsequently within the primary schools in Austria.

1. Introduction

This article contemplates primary school teachers' English education in Austria from two main perspectives, "the learning" and "the doing". Whereas the former represents the theoretical conditions of teacher training at various institutions the latter stands for the practical work out there in the classrooms, both enquiring into the area of conflict between demand and fulfilment, i.e. the gap between requirement and performance.

In Austria primary teacher education, including teaching English as a foreign language (TEFL) to six to ten years old children underwent a significant change in 2007. Teachers are now trained at thirteen newly inaugurated "Universities of Education" (Pädagogische Hochschulen – PH) spread over the country[39], all of which obtain an autonomous state[40] as regards curriculum, research and organisation. However, standardized assessments facilitating comparability are not intended within their study programmes.

For the first time this investigation systematically compares the English primary teacher training conditions at the Austrian PHs in two ways: Firstly,

---

39 Nine Public State PHs: Vienna, Lower Austria, Upper Austria, Salzburg, Tyrol, Vorarlberg, Styria, Carinthia and Burgenland. Four Private Catholic KPHs: Vienna/Krems, Linz, Graz , Stams. List see in appendix.

40 Autonomous status within the Austrian university law for Pädagogische Hochschulen: "Hochschulgesetz 2005".

and based on a suggestion of the Council of Europe's LEPP report[41], there was a need for transparent comparability between the thirteen independent institutions as regards the English subjects. Secondly, there was an interest to liken PH to its predecessor, the "Teacher Training College" (Pädagogische Akademie[42] - PA and Pädagogisches Institut[4] - PI) in order to detect to what extent the English primary teacher training at the "University of Education" has improved after 2007, including innovative future aspects of ELT (e.g. CLIL[43] and CLT[44]). This change had set high pre-expectations in improvement, particularly since recent research[45] had revealed severe shortcomings in primary teachers' English language and teaching competencies, thus causing low quality in primary school English lessons and pupils' foreign language performances.

Therefore, this article starts by giving relevant background information referring to a former research study (*Facts & Figures in Primary English*, Buchholz, 2007[46]) inquiring the quality of primary school English lessons in relation to the primary teachers' education by providing not only inside views into the English primary classrooms and but also on the primary students' achievements (section 2). Emanating from a short historical overview (section 3) the study evaluated primary teachers' initial and further education (section 4) as well as their actual linguistic and didactic performances in English in everyday school life (section 5). Hence, a significant interaction between good practice and teachers' competencies was revealed, implying a strong need for more and better pre- and in-service teacher train-

---

41 LEPP - Language Education Policy Profile: The first steps in supporting member countries to reflect on their language education policies was to develop national profiles in order to take linguistic and cultural heterogeneity more into account in teaching and research as well as in initial and further teacher education.

42 PA for initial teacher training and PI for further teacher training

43 CLIL - Content and Language Integrated Learning

44 CLT - Communicative Language Teaching

45 Studies by Stanzel-Tischler & Grogger (2001, 2002) and Buchholz (2003) confirm lacks in FL elementary training: After four years of English instruction, only 28% of primary students show an adequate basic thesaurus, in most of the 4 skills (e.g. speaking) their individual performance was 20% beneath requirements (Buchholz, 2003:101).

46 Buchholz B. (2007): Facts & Figures im Grundschul-Englisch - eine Untersuchung des verbindlichen Fremdsprachenunterrichts ab der ersten Klasse an österreichischen Volksschulen. LIT Verlag Berlin - Wien. This study was mainly inspired by an innovative language education policy: the gradual inauguration of the new Austrian primary school curriculum (1998 - 2003), including compulsory foreign language classes from year one.

ing in English as for a higher level of professionalism (section 6, the EFL/ELT[47] competence status).

In view of these results, the main part of this article (section 7) describes the momentary status of English teacher training conditions at PH (since 2007), evaluated within two steps: an Internet research on study contents and structures, i.e. curricular modules etc.[48] and an online interview[49] addressing twenty didactic experts, teacher trainers, and professors of English at all thirteen institutions. The inventory focused on both initial and further teacher training and took various perspectives into consideration, e.g. entrance regulations, appropriateness, frequency, continuity, intensity, sustainability, organisation, research projects, workloads, school practice, abroad studies, etc. A limitation of this investigation was, however, that it did *not* include detailed PH English course contents and didactics, aims, teacher education models[50], examination modalities, etc. (interview questions, p.9), since this would have been beyond the scope of this article. Nevertheless, this could serve for a bigger future research project.

Findings were related to the LEPP National Country Profile[51] as they were reflected with teacher trainees of the current PH course programmes. Furthermore, the summarized results were discussed with participants at a conference of Austrian lecturers in ELT methods[52]. The conclusion, including innovative suggestions for teacher education in the early foreign language learner sector, is to be presented to the respective department at the ministry of education.

2. Background – Research on primary school English lessons

The research project mentioned above represents the first scientific evaluation of the renewed primary FL tuition[53] (in more than 96 percent of all primary schools it is in English). The leading research question was whether the contemporary form of primary FL instruction in everyday-reality meets the educational principles of TEFL to young learners and whether (and in

47 EFL – English as a foreign language, ELT – English language teaching

48 Viewing the PH homepages and via PH administration programme: www.ph-online.at (10/2009).

49 Inventory form see p. 13.

50 Models in (socio-cultural) teacher education, e.g. competence model, mentor model, craft model, reflective practitioner model, etc.

51 LEPP report at URL (11/2009): http://www.oesz.at/download/spol/lepp_engl_1.pdf

52 At Salzburg University in November 2009

53 Integrative and cross-curricular language learning (for more information see the curriculum at URL www.bmukk.gv.at)

what way) the children profit from the novelty of prolonged[54] and compulsory English lessons (since 2003). This is of essential interest, since recent studies had revealed that many students have significant transition problems in English when moving from primary to secondary schools[55].

The research was structured by a systematic comparison between theory and practice, i.e. educational demand and practical realisation according to Edmondson's factor complex describing the indications that determine FL teaching in relation to five interacting factor groups[56]: Socio-political, scientific, instruction, teaching and learning, personal factors. The investigative process (2005 - 2007) was carried out by qualitative and quantitative methods: The empirical part involved more than 100 primary schools and 160 primary teachers in Lower Austria and Vienna (student and teacher surveys, tests, classroom observations, group interviews) in triangulation with discussion with 200 teacher trainees and in-depth interviews with parents and teacher trainers. All analyses were related to results of comparable studies[57].

In about 80% of the primary schools investigated results show inconsistent and divergent tuition procedures that are responsible for significant discrepancies between children's actual achievements in English and the expected outcome[58]:

- Differences between the students' linguistic performances range from zero to A2 level[59] at the end of primary education (50% of primary pupils are not capable of communicating orally at an elementary level after four years of language learning, namely over 47% cannot speak basic English in a coherent way and still, 27% show severe lacking in basic listening comprehension)

---

54 Four years instead of two.

55 Investigation on the transition in English between primary- and secondary schools in Austria (Buchholz, 2005)

56 Edmondson & House (2000): Einführung in die Sprachlehrforschung

57 For more detailed information including methodology, research instruments and bibliography see "Facts & Figures im Grundschul-Englisch" (Buchholz, 2007)

58 Similar findings were brought about through an investigation by Austria's Auditor-General's Office (at URL 09/2009):

http://www.rechnungshof.gv.at/fileadmin/downloads/Teilberichte/Bund/Bund_2007_16/Bund_2007_16_7.pdf (Österreichischer Rechnungshof Annual report, 2007/16): http://www.rechnungshof.gv.at/fileadmin/downloads/Teilberichte/Bund/Bund_2007_16/Bund_2007_16_7.pdf

59 Language level according to the Common European Frame of Reference for Languages (CEFR)

- Differences between the achievement levels of classes range up to 400(!)% within some single language skills according to the *respective class teachers* (results statistically cleared of individual-differentiation)

Qualitative research methods disclosed inter-causal connections by proving that tuition quality and students' performance significantly depend on their teachers' competencies[60]. Therefore, data were systematically analysed in reflection with teachers' personal factors (Edmondson & House 2007:27[61]), as there were:

Teacher education profile (initial and further training in ELT)
Teaching performance (lesson observation)
Emotional and motivational situation

The following chapters give an overview relating to former and momentary conditions of teacher education.

3. Primary teachers as teachers of English - A short historical overview

According to the Country Profile report[62], that followed the LEPP process, Austria was one of the first countries in Europe to introduce a foreign language as an obligatory school subject at primary level (BMUKK & BMWF, 2009:92). In fact, in Austria early English at primary school started in the 60s as a single pilot project for fourth-graders that was gradually expanded towards English from year one (new primary school curriculum, 1998).

Primary teachers then had to suddenly cope with a new situation: Whereas before only primary teachers with a special English study focus (within their initial teacher training) were entitled to teach English in the primary schools, from 1998 on *all* teachers were *obliged* to teach it, *plus* they now had to follow the "integrative approach", i.e. *content* integration[63] (teaching other subjects like maths, music etc via the foreign language using simple English as a

---

60 Data from interviews, observations and group discussions were analysed with the help of code-matrix software programmes (MAX.qda2; Kuckartz, 2001). Hence, significantly distinct overlapping of codes in the interview paraphrases shows the most intersections in teacher dependency (12 with 6 culmination points).

61 Der Fremdsprachenunterricht als Faktorenkomplex

62 Österreichisches Sprachenkompetenzzentrum, BMUKK & BMWF (2009): Language and Language Education Policy in Austria - Country Profile at URL (10/2009): http://www.oesz.at/download/publikationen/themenreihe_4.pdf

63 Hence the favoured approach to ELL has been '*content* integrative', whereas, in practice it is widely misinterpreted as meaning *time* integration, a way of quickly fitting in a few minutes of English at the end of a lesson (Country Profile 2009:92).

means of instruction – "mini CLIL"[64]). Therefore, in 1998 former PAs expanded their English language and didactic training time to *eight compulsory units*[65] instead of the former *optional four to six units* of "English study focus". Still, English didactics and language (EDL) represented only a small part of the total teacher training (4.9%). At the same time, hundreds of Austrian primary teachers already in service had to enrol specific in-service training courses offered by the so-called PIs[66] (see section 4.2), in order to fulfil the new requirements, though hundreds of teachers never did. To date, primary teachers are generalists. They have never perceived themselves as "foreign language – English – teachers". Even though they have never been specifically trained they all teach English. Likewise, the question whether they are linguistically capable of teaching "integrative" English somehow seems neglected by the educational authorities.

4. Primary teacher education – Reality check

4.1 Primary teachers' pre-service English training

Teacher trainees start PH (and former PA) after their final high school exam "Matura" at English language level B2[67] and develop towards B2+ or C1 (no standard exams at PHs). Demographic statistics show that in Austria most primary teachers are now between 40 and 55 years old. Accordingly, it might be assumed, that they have lost their B2 level.

Due to the several "adaptations" of pre-service teacher training in English didactics and language (EDL), in Austria primary teachers are not equally trained, depending on the time of completion or on their respective study focuses. The mean of length of service is rather high (N=160/18.41 years). Hence, a modal value between 18 and 25 was revealed, indicating that their initial teacher training took place between 1980 and 1987.

Altogether, only 45% of teachers received an English pre-service training, either "short/optional" (4 units "study focus" before 1998) or "long/compulsory" (8 units, 1998-2007). The remaining majority of 55% had no English pre-service training. In order to get the qualification for integrative FL teach-

---

64 CLIL – content and language integrated learning

65 A unit equals one weekly "hour" (lesson of 45 min) per semester. For comparison: approx. 40 units pre-service contact time for general secondary school English teachers, secondary grammar school English teachers have even more.

66 PI stands for „pedagogical institute", the in-service training centres of the former PA, now integrated into PH.

67 According to CEFR – Common European Framework of Reference for Languages, Teaching and Assessment

ing they had to make up within in-service courses. Still, 17% of teachers are not trained in English at all!

4.2 Primary teachers' in-service English training

In Austria in-service training is divided in two main streams: "long-term" study courses and "short" afternoon seminars, which can be attended more frequently. Up to 2007, both used to be provided by PIs[23], run by the nine Austrian federal states, each following differing educational policies and offering different training programmes: Courses diverged in respect of obligation and duration (e.g. teachers in Lower Austria, the Tyrol etc were trained on a voluntary basis within five afternoons, their colleagues in Vienna, Salzburg, Burgenland etc had to take on a an obligatory course of 2 semesters). Subsequently, teachers were again not equally trained.

Regarding the results of both in-service language training forms, shown in Figure 1, only 16.9% of primary teachers did *both*, 63.7% did *either or* and 19.4% did *neither nor* (the predominant rest of the sample did not give any details about that question, assumedly, they did not do any either).

Figure 1: Primary teachers' further English teacher training (N=160)

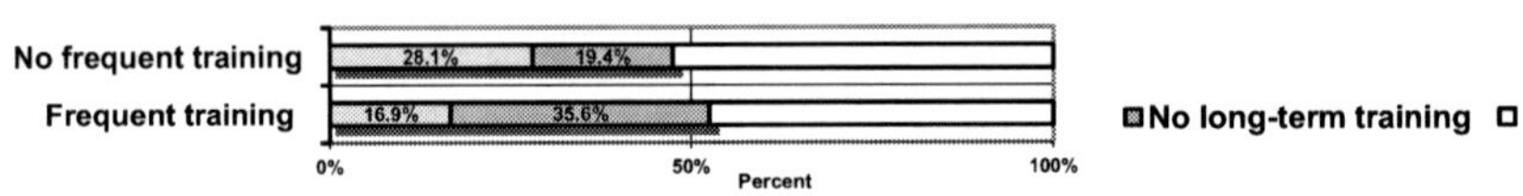

Generally, teachers who had chosen the optional "study focus English" during their former initial training seemed to be more likely to engage in further English education (21%), whereas the other pedagogues reached a significantly lower correlation (Pearson = .046), especially teachers who had no English training at all, appeared to be rightly "English-resistant" showing a rate of 1.9% only. These findings imply certain interdependency between the personal affection to English and the frequency of English further training.

Only 27% of teachers managed to answer the question when there was their last English seminar (mean: 3.43 years), 22% had attended their last seminar within the last five years, the rest (78%) between 6 and 18(!) years ago. The mean frequency of English seminar attendances resulted in 0.2 seminars per teacher per year. All together and as far as English is concerned, primary teachers proof significant evidence for general reluctance in further teacher education. According to the results of the teacher survey, 14% of teachers did not even try to disguise their total resistance to any further English training. Quite contrary to this, 65% of primary teachers expressed their wish for more in-service English training, particularly Bachelor or Master courses[68] and programmes in the UK and USA proved desirable; both rare and expensive[69].

5. Teacher performances in the English primary classroom

5.1 Teach.ers' linguistic performance

These results are based on primary teachers' self-evaluation according to the ELP[70] as well as on lesson observation. As far as their English level is concerned, 57% of the study's teacher sample (N=160) did their "Matura" between 20 and 32 years ago, thus implying that they have lost their B2 level (see section 4.1). Despite this fact, 16% of teachers classified their own English skills at C1 and C2 level, 1.5% even on native speaker academic level (without being a native speaker), thus showing an impressive lack of sense of realism (Table 1). Even the rate of 36% at B2 level seems unrealistic because of the Matura long ago. On the other hand, self-estimation even at beginner's stage (12%) is also doubtful. Nevertheless, according to survey results 86% of teachers were convinced about the fact that their English level is sufficient for teaching the language to young learners, only 2% denied that, all together proofing very strong self-confidence.

Table 1: Self-estimation of teachers' today's linguistic knowledge in English (N=160)

Rank	ELP / Cambridge	Language level	Teachers %
1/2	A1A2/ KET	Beginner	12.1
3	B1/PET (after lower secondary)	Lower Intermediate	34.1
4	B2/FCE (after "Matura")	Upper intermediate	36.4
5	C1/CAE (university English students' level)	Advanced	12.1
6	C2/CPE (university English teachers' level)	Proficiency	3.8
7	Native speaker (academic) level		1.5

68 Teachers trained at former PA do not have a degree, 180 ECTS though. Teachers trained at the new PH graduate with a Bachelor of Education (also 180 ECTS) – here authorities need to implement a possibility to opt without costs.

69 The costs for an English teacher-training course reach up to 2000 Euros, for a Master course up to 10000.

70 European Language Portfolio

Alas, the lesson observations pictured a different situation. Firstly, the language most used in the English lessons was German. In all classes teacher talk prevailed (between 60 and 80% of lesson time), while only 20% of the teacher talk was in English, predominately when directly preceding an exercise in an English book. The social component of classroom discourse was missing. As regards language application, around 69% of class teachers showed severe shortcomings: pronunciation, phonological errors, use of wrong terms, problems with grammar and intonation, lexical and structural limitations etc. Sometimes students even had to repeat wrong phrases (e.g. *"he not wants carrots", "I am good in football", "what does this means?"* etc). For all of these observations the primary students' linguistic competences[71] served as an additional indicator, as children often "echo" their teachers' speaking performances.

Concluding this chapter, it was one of the most unexpected findings of the study that these examples applied to all ages of teachers, to all lengths of service and to all forms of initial teacher education. Solely, 9% of teachers showed a high proficiency, ready for CLIL. They indicated they regularly speak English in private, *plus* frequent attendance on in-service training, *plus* having a certain aptitude in and positive affection for the English language. Another 20% of teachers produced an acceptable performance. The predominant amount of primary teachers (69.2%) would urgently need continuous English training in order to be capable of speaking English correctly and teaching English according to the curriculum. Alas, a high linguistic level does not necessarily mean a high didactic performance.

5.2 Teachers' didactic performance

To come to the most important point first, the study results give evidence that approximately 80% of teachers teach *beneath or past* the curriculum[72]: Even though the Austrian syllabus is a framework rather than an inflexible "must", they teach too little, neither in a monolingual nor in a differentiated and learner-centred way. Many a primary teacher totally neglects the obligatory school subject "Modern Foreign Language English", since there are no common standards for primary school English lessons, no "official" teacher quality criteria, no evaluation, no control and no regulations for assessment of pupils' language achievements[73] provided by the educational authorities.

---

71 In a restricted way because of students' limited speaking time

72 Evaluated by teacher/student surveys and interviews as lesson observations (Buchholz, 2007)

73 Here the Country Profile report suggests, *that standardized assessment procedures, including portfolio elements, might help to diagnose, individualize and give the teacher and child feedback on his or her progress and on the adequacy of teaching* (p.92). But according to research results, the majority of primary teachers

Most of the curriculum's aims are not known let alone reached, such as content integration (CLIL) and communicative skills.

From the methodological point of view, the only theoretically grounded approach occurring is PPP (Presentation-Practice-Production, after Harmer[74]), whereby most teachers do not visibly follow a systematic structure, but rather implement plain materials or songs as "methods". Many pedagogues also gather single sequences out of a schoolbook, unintentionally ceasing its effectiveness by mixing or missing particular parts and teaching steps just as they like (e.g. colouring, cutting, gluing, hopping etc without using the target language). Primary teachers' English lessons are mainly characterized by the following:

Classroom language is German
Material-centred instead of learner-centred
Frontal teaching instead of autonomous learning
Time integration[75] instead of content integration (cross-curricular)
Translation instead of pre-teaching (e.g. TPR[76] unknown with 70% of teachers)

Generally, communicative activities (e.g. dialogues, role-plays etc) are neglected: Students' speaking time is restricted due to the widely practised excessive teacher talk: At an evaluated average duration of 23 minutes per English lesson a mean amount of 7.1 minutes speaking time remains for average 21 children in class.

5.3 Teachers' reflective potential

Another feature monitored was primary teachers' teaching reflection. Curriculum requires feedback, "soft" error correction and guided assessment as a basis for improvement. In reality, primary teachers are overwhelmed when it comes to evaluating what their pupils are capable of in English[77]. Accordingly, observations showed that on one hand error correction or feedback was hardly given, whereas on the other vocabulary and exercise books were used to give "marks" - a totally inadequate procedure. Only 2 of 160 teachers use the ELP. This means reflective ELT needs to be integrated more into pre-service and in-service teacher training (e.g. use of the EPOSTL[67]).

---

does not even know what a language portfolio is, let alone how to implement it in class.

74 Harmer, J. (2004): *The Practice of English Language Teaching*. Longman

75 Many teachers misinterpret time-integration by doing English 5 minutes before the bell and they think that cross-curricular teaching is singing "Head and Shoulders" in a general science lesson.

76 Total Physical Response (after James Asher, 1979)

77 See Buchholz, 2007:216ff

6. Teacher education profile – The EFL/ELT competence status

In order to systematically detect interrelations between teacher education and practice, the "EFL/ELT competence status" has been determined. By means of a statistical factor matrix, *seven teacher education factors*[78] were captured and calculated in a spreadsheet programme (MS Excel), such as study focus, completion of compulsory and optional pre- and in-service language and methodology training, length of service and practice experience including expatriate experience and personal FL relations. Hence, I need to point out, that it would have been highly informative to evaluate the teachers' linguistic competence level with the help of an English test. But since testing is always a sensitive matter – let alone testing teachers – tests have never been envisaged. Nevertheless, this is a limitation of the study. Therefore, the EFL/ELT competence status of primary teachers was evaluated with the help of a criteria profile (Figure 2).

Figure 2: Teacher education profile – the EFL/ELT competence status

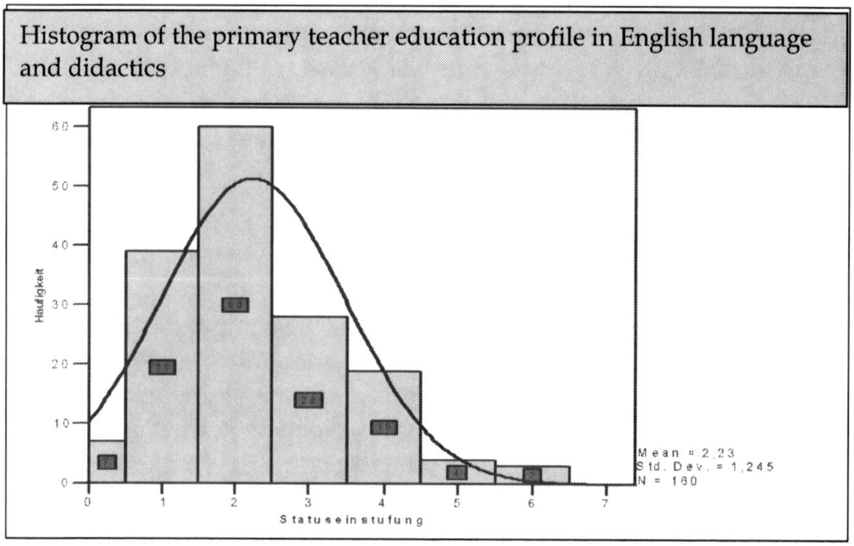

Analogue to the amount of factors, the maximum of points equalled 7, thus leading to the ranking from zero level (not trained at all), to stage 1 (lowest level of training) up to stage 7 (highest level of training). Results ranged between 0 and 6, the mean (2.23 points) lay below average. Equal modus and median (2.00) as balanced standard deviation (1.245) produced a normal distribution graph, transferred to below average area though (Figure 2).

78 Statistically examined by means of 2-tailed correlation of re-decoded rank, 5 out of 7 factors were highly significant on a 0.01 level. One factor still was significant on a 0.05 level (exception: "other language courses"), see appendix 3 in Buchholz, 2007.

The fact that no teacher of the sample reached the highest level, obviously occurred from the circumstance mentioned before, that most teachers only attended one form of further training, *either* one long course *or* a few short afternoon seminars. All together, only 4.4% of pedagogues fulfilled the requirements for stage 5 and 6, the same amount did not receive any points at all (level zero). With the biggest group of primary teachers (62%) the ELT/EFL competence is inferior, respectively poor. Thus corresponding to the results of classroom observation, where the FL competence of 69% lay under average level (section 5.1).

Correlating the competence status with relevant factors of lesson quality (e.g. length and frequency of foreign language sequences, implementation of CLIL, use of schoolbooks and authentic lesson materials, methodological emphases etc), the direct and distinct impact of teacher education on the lesson quality in real school settings can be evidenced (Table 2).

Table 2: Results of statistical chi-square calculation

Competence status * FL lesson quality	**Sig (2-tailed)**
Frequency of FL lessons	**.001****
Length of FL lessons	**.038***
Intensified FL lessons	**.000****
Methodological emphases (e.g. communicative approach)	**.002****
Expanded language skills (e.g. reading comprehension, writing)	**.008***
Authentic Materials	**.000****
Specific schoolbook selection	**.040***
CLIL implementation	**.031***

* significant on level of 0.05 ** significant on level of 0.01 (2-tailed)

Regarding the results of survey and observation, interdependency between the competence status and the personal factors, such as aptitude, inclination, incrimination, uncertainty and affection seemed to be implied. Alas, statistical correlation calculations did not show any significant causal correlation with initial, but rather with further teacher education (motivation). This finding was an unexpected outcome of the study.

Hitherto, it has been widely proved that EDL teacher training for primary teachers is not satisfying in many respects of quality, e.g. frequency[79], continuity, intensity, appropriateness, sustainability and practice. So when it came to the transformation into PH, this change was anticipated to having improving implications.

79 All languages need to be constantly exercised; in order to keep full command of them – the principle "use it or lose it" comes into effect.

7. Teacher education at university level – English for primary teachers at the PH

As described, in 2007 EFL and ELT primary teacher education received a complete re-launch from former undergraduate study at the "Teacher Training Colleges" (PA) to present "Universities of Education" (PH). The only components that have not been changed are length of study (six semesters) and amount of ECTS[80] (180). Contemporarily, in Austria there are 13 PHs[81], all of which offer modularly structured study programmes, leading to a Bachelor of Education degree (BEd). As a tribute to educational individualization, all PHs received an autonomous state as regards curriculum, module contents, organisational frames and focal points in areas of responsibility and research[82]. Alas, standardized assessments facilitating comparability are not intended within any of the PH study programmes.

What has not been changed is the entrance qualification, i.e. the final exam after eight years of high school ("Matura"). Still, this examination is not standardized either; accordingly new trainees' English levels strongly differ between A2+ and B2+. Interestingly, the majority of the new trainees starting their study at PH are not even aware of the fact, that in Austria primary teachers are to be foreign (English) language teachers.

An Internet research[8] was carried out in order to develop a semi-structured interview[83] on the new conditions of primary teacher education in English. Twenty lecturers in ELT methods at all 13 PHs reflected on the query whether and in what respects study programmes have improved compared to former PA. As regards PH, they commented on both initial and further teacher training in consideration of various perspectives (e.g. appropriateness, frequency, continuity, intensity, sustainability, organisation, research, workloads, practice, abroad studies, etc) by answering the following ten questions[84]:

---

80 ECTS – European Credits Transfer System study points

81 Nine Public State PHs: Vienna, Lower Austria, Upper Austria, Salzburg, Tyrol, Vorarlberg, Styria, Carinthia and Burgenland. Four Private Catholic KPHs: Vienna/Krems, Linz, Graz, Stams. List see in appendix.

82 Cited from LEPP Country Profile (2009:98): *In the autumn of 2007 Pädagogische Akademien (PAs), Pädagogische Institute (PIs)* [...] *became Pädagogische Hochschulen (PHs). This change, a consequence of the Austrian Hochschulgesetz of 2005, has large implications for Austrian educational structures and relationships. In particular it is clear that university status brings with it an obligation to develop a* *<u>research culture</u>* [stress added by the author] *appropriate to teacher education, which in turn will have implications for PHs' approaches to teaching and learning and thus their curricula.*

83 Autumn 2009 (two years after inauguration)

84 The query did *not* ask for detailed PH English course contents/didactics, e.g. socio-cultural teacher education models, examination modalities, etc.

Figure 3: Interview questions for lecturers, teacher trainers, professors and supervisors

1→	Contrary to former PA, what aspects of EDL training have improved at PH?
2→	Contrary to former PA, what aspects of EDL training have worsened at PH?
3→	Is English (i.e. pronunciation and intonation) part of the PH entrance examination for primary teacher candidates after Matura?
4→	Does primary school English play an important role within the practical school studies of the initial teacher training?
5→	What research projects addressing primary English and/or English primary teacher education are there currently being carried out, respectively are planned?
6→	What sorts of further English teacher training (language and didactics) for qualified primary teachers have been offered within the last study year (number, length, ECTS)? Afternoon seminars, Study courses
7→	How and to what extent do primary teachers accept and attend those trainings (in language and didactics)?
8→	Does the PH arrange any compulsory *practical* abroad for primary trainees in an English-speaking country? If so, which ones, who organises them and who pays for them?
9→	What measures at the PH could help to improve EDL initial and further primary teacher education in the future?
10→	In what way should the educational authorities support those measures?
Open question → Something else I'd like to say:	

Furthermore, all results were discussed with teacher trainees of the current PH course programmes as well as with participants at a conference of Austrian lecturers in ELT methods[85]. In the interviews as in the conference discussion, it was widely agreed upon the fact that the situation has generally worsened. Whereas only three single participants saw some improvement, i.e. in "skills development" or "more flexibility" and "better conditions for learning with the help of digital media". The predominant rest indicated to the contrary (Figure 4). Here is also shown that the opinion of the teacher trainers even supersedes their trainees' estimations:

since this would have been beyond the scope of this article - a limitation of this investigation, however (section 1).

85 Salzburg University, November 2009

Figure 4: English training at PH after PA (teacher trainers N=20; trainees N=25)

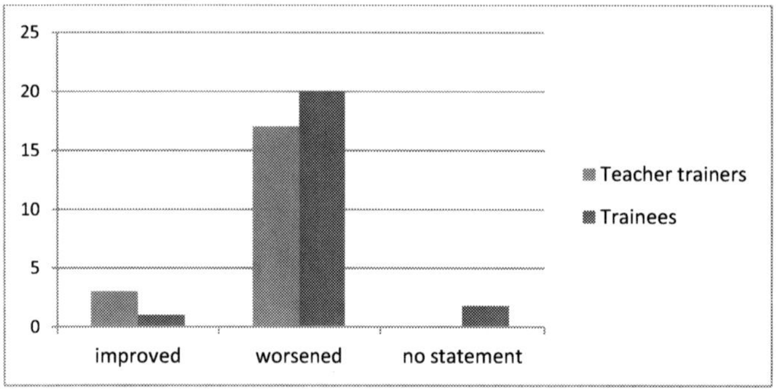

Many indications concerned quality aspects, relating to differing organisational or spatial conditions (section 7.1 to 7.6). Most professors (19) raised a very strong complaint about the missing entrance examination. Whereas candidates have to perform to a certain level in music and sports, there is no checking of English aptitude (e.g. pronunciation, intonation) at the beginning of study[86]. Even though two PHs (PH3/4) still perform an exam (rather a conversation), candidates not meeting its requirements are not excluded from study. Neither are they obliged to take any further English course. Only at PH10 intensive language training during the first semester is provided instead. After two years running the new PHs, it turned out that hardly any of the required steps for improvement that had been suggested by experts[87] had been realized. To the contrary, the proportional amount of the English study parts has actually decreased by up to half[88].

Drawing a bow from former to contemporary primary teacher English education, theoretical and practical dimensions of study conditions are viewed from following perspectives:

7.1 Frequency and continuity

Looking back, obligatory eight weekly units (16 weeks per semester =128 units =96 time hours) of EDL training spread over six semesters were provided equally at each former PA. Thus meaning, during the whole study constant language training and contact was provided. "Units" were face-to-face lessons, pure contact time. Self-study, assignments or preparatory work were to be completed outside of classes. Now, at ten PHs the number of contact time units has been strongly reduced, explicitly from eight weekly units to average 4.6 weekly units spread over six semesters. Hence, the sums

86 Only at PH3, B2 level must be reached at the end of the second semester.

87 See Buchholz (2007:324)

88 Referring to EU Language Education Policy Profile (LEPP) National Report, section 3.2.3: *Although the time devoted to learning and teaching a foreign language in the initial training has always been precious little* (...)

vary due to autonomy reasons between three and eight[89] units. Thus, cutting back not only language contact time but also theoretical contents and practical language application, making research attempts impossible, such as evaluation studies and reflective teaching.

Within the PH curricula, the term "unit" has now been replaced by the term "ECTS", representing a study-workload of 25 time hours each, including both of face-to-face *plus* self-study time. Therefore, eight "old" units equalling 96 time hours would now count for 3.84 ECTS only (self-study i.e. assignments or preparatory work not included). Table 3 shows that the number of ECTS points for English at Austrian PHs ranges between 12.5 in Styria and 3.28 in the Tyrol[90], which is less than a third. At this point the question arises as to whether these remarkable differences are justifiable and defensible as far as a serious language education of the teachers-to-be for *all* Austrian children is concerned.

Table 3: Ranked results of Internet research: English workload study points (ECTS) distribution at the PHs

13 PHs	**Semester ECTS**						**Sum ECTS**	**Rank**
	1	**2**	**3**	**4**	**5**	**6**		
Styria*	2	1	1	2	0.5	6	**12.5**	1
Vorarlberg**	3	3	1	1	3	0	**11**	2
Krems/Wien**	1	0	2.5	2.5	2.5	2.5	**11**	
Lower Austria	2	1	1	2	1.5	1.5	**9**	3
Linz**	0	0	6		3		**9**	
Stams	0.5	1	1	3	2	1.5	**9**	
Carinthia*	1	0.5	1.5	3	1.5	1	**8.5**	4
Salzburg	1	1	2	1	1	2	**8**	5
Graz**	1	1	3	2	0	0	**7**	6
Burgenland*	1.2	1.2	1.2	1.2	1.5	0.5	**6.8**	7
Vienna**	1.5	1.125	1.5	1.5	0	1	**6.625**	8
Upper Austr.**	0	0	2	1	1	2	**6**	9
Tyrol**	1.2	1.4	0.68	0	0	0	**3.28**	10
Average ECTS sum							**8.3**	

89 The number of 8 units spread over six semesters is only provided at Salzburg PH.

90 During the investigation process for this study (2009) the PH of Tyrol reduced the English ECTS remarkably: 1st Semester: 1.3 ECTS, 2nd Semester: 1.4 ECTS (=0.56+0.84) und 3rd Semester: 0.68 ECTS. In Semester 4 to 6: 0 ECTS, in total: 3.28 ECTS.

As far as continuity is concerned, at seven out of 13 PHs English training is not foreseen within each semester (0 ECTS, marked with**), at three out of 13 PHs, in one semester only 0.5 ECTS are provided (marked with*). Obviously, autonomy of institutions justifies a totally uneven level of primary teacher training in ELT across Austria. A further problem is the comparability of workload (Table 4).

Table 4: English workload at the PHs: ECTS transformed in time hours (60 min) and units (45 min)

PHs	ECTS	Average amount of time in hours		Average number of units (45 min) including self-study	
		All 6 semesters	Per semester	Spread over all 6 semesters	Per semester (called)
Styria	12.5	312.5 h	52.1 h	26	4.3
Vorarlberg	11	275 h	45.8 h	22.9	3.8
Krems/Wien	11	275 h	45.8 h	22.9	3.8
Lower Austr.	9	225 h	37.5 h	18.8	3.1
Linz	9	225 h	37.5 h	18.8	3.1
Stams	9	225 h	37.5 h	18.8	3.1
Carinthia	8.5	212.5 h	35.4 h	17.7	2.95 (3)
Salzburg	8	200 h	33.3 h	16.6	2.7
Graz	7	175 h	29.1 h	14.6	2.4
Burgenland	6.8	170 h	28.3 h	14.2	2.36 (2.4)
Vienna	6.625	165.625 h	27.6 h	13.8	2.3
UpperAustria	6	150 h	25 h	12.5	2.1
Tyrol [52]	3.28	82h	13.6h	3.2	0.53

Since face-to-face lessons are still held in 45-minute units (mostly double units of 90 minutes), a calculation model[91] was applied. In order to provide comparability as regards frequency, ECTS needed to be transformed into units, although diversification into face-to-face and self-study time cannot be shown within this model.

Interestingly and according to Tables 3 and 4, at PH time dedicated to EDL seems to have increased, i.e. mean time of 224.7 h (average 9 ECTS) instead

91 Semester-ECTSx25hx60min=time:/45min=units:/16weeks:/6semesters= average number of units per semester

of mean time 96 hours (3.8 ECTS) at former PA. But this comparison is misleading insofar, as ECTS are bringing together face-to-face and self-study time (optionally implemented). This means that a theoretically higher amount of ECTS practically results in a lower amount of actual contact time (lower number of units). This discrepancy is pictured in Figure 5, including four PHs (Linz, Stams, Carinthia and Upper Austria) where an exact diversification between face-to-face and self-study was not feasible during research.

Figure 5: Comparing English ECTS-time for 6 semesters (split in face-to-face and self-study time) at all 13 PHs

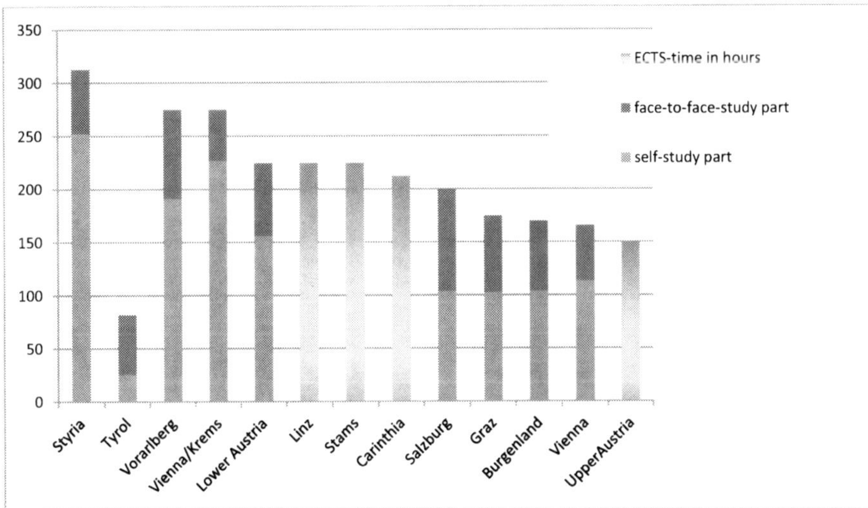

All this stands in a contradiction to the LEPP report indicating that it is through contact time that trainees benefit most, since they need to learn...

> ...*how* to teach young learners: *subject-specific,* [...] *action-oriented, experiential, and effective teaching.* (BMUKK und BMWF: LEPP, 2008:50)

Today, all Austrian PHs – except for one (PH5) – offer fewer compulsory face-to-face-study units than former PAs. Comparatively, the amount of self-study time is not quite proportional to the amount of contact time (Figure 5). Overall, this investigation shows an incredibly inconsistent situation and inaccurate handling of ECTS distribution on one hand and cutting down of contact hours on the other hand.

7.2 Intensity

To date, at PHs as at former PAs, EDL training lessons were provided in two organisational forms, seminars and workshops. They differ in two main ways: number of participants and examination modality. Whereas there were up to 15 trainees in a workshop and up to 25 in a seminar at PA, now the size of groups has been increased (workshop up to 25, seminar up to 35)[92]. Furthermore, at half of all PHs some of the former workshops have now been transferred into seminars, thus increasing group size, which brings about less individualization, less language (e.g. portfolio work) and didactic practising (e.g. teaching simulations), and less opportunity for active language application in communication and presentation in English. Additionally, many professors indicated, that the ratio between the number of trainees and supervisors has worsened.

There was also a general concern about missing space for individualisation, since many trainees start studies at PH showing only B1 level instead of B2. (Self-)testing (e.g. by "Dialang"), individual portfolio work, additional language training is not feasible any more.

At another five PHs, English has been split into two training sectors, of which only the first is compulsory for all trainees, whereas the second is an elective subject, only compulsory for those who choose it. This means, that only a fractional population of teachers-to-be receive sufficient training in English.

Finally, half of the interviewees drew attention to an additional deterioration: Previously, at most of the former PAs the final examination for primary school teachers ("teaching diploma") included an obligatory English exam[93] (prospective teachers prepared on a specific topic in the field of primary ELT and completed a written assignment[94] as well as an oral presentation). This has been completely cancelled due to a change of exam regulations requiring a Defensio of Bachelor paper instead, which is hardly ever written in English, however.

---

92 PH3 (list in appendix).

93 Besides the 3 main exams in German, English and mathematic, students had the choice of various elective didactic subjects.

94 Former "Vertiefungsgebiet"

7.3 Appropriateness

7.3.1 Contents of modules[95]

As regards contents, half of interviewees complained about the fact, that the leitmotif of EDL education is lost since it has to follow the topics of study modules (*"getting pressed in..."*), e.g. among art, craft, piano and choir. On the other hand, English is hardly ever integrated into those modules where it would fit in on a CLIL-basis, e.g. general sciences, mathematics etc. The same applies to computing - the average primary teacher does not get trained in CALL[96] methodology. Likewise, the possibility of integrating English as a means of instruction for trainees, e.g. in humanities, sociology, psychology or general didactics was never realized. However, for these aspirations native speakers are missing. Only 50% of PHs employ native speaker teachers/assistants not only for secondary but also for *primary* teacher education.

7.3.2 English abroad

All teacher trainers agreed upon the importance of native speaker contact, explicitly abroad, in English speaking countries plus practical exploration within symptomatic school placement. Therefore, they kept on frequently claiming resources for obligatory excursions. Nonetheless, only one of 13 PHs has implemented a *compulsory* 10 to 14 days trip to England (or Scotland) including focal didactic training (e.g. CLIL) and organized by professors[97]. At another four PHs, the individual English teacher trainers also offer their students similar trips[98] on a voluntary basis (i.e. students must pay for it, funding is possible).

The predominant rest of eight PHs do not organise any tours or foreign studies for their students, whereas they do offer lots of non-English courses, e.g. so-called "creative weeks", "project days", "sport weeks". Alas, international semesters can be realized with the help of Erasmus or similar programmes, however, rarely in an English speaking country.

---

95 Contents of single English courses at all PHs were not a matter of this investigation, since this would exceed its scope.

96 CALL - Computer Assisted Language Learning

97 All teacher trainers and professors organising a trip abroad are often left to their own devices as regards financial compensation and pay for their extra and expensive work.

98 Project week in Exeter, London, language learning in GB, study stay in Norwich

7.3.3 Research projects

As noted in section 3.1.2 of the LEPP Country Profile (2008:101), Austria lacks a tradition of large-scale research calculated to gauge the effectiveness of language education at different levels of the system. There is also less small-scale research into language learning and teaching than there might be. University education at the new PHs should be research-led. Now that Austrian primary teachers are to be educated at university level, ways must be found to promote the growth of a research culture that focuses appropriately on this domain.

Interviews revealed only one current language research project at PH-Tyrol[99], and a second study - not English-specific though - is conducted at PH-Burgenland[100]. The remaining 11 PHs are not involved in any research on primary English, but in some non-scientific projects, such as an e-portfolio at a training school and a Comenius project. At two PHs only, single trainees engage in small-scale investigations for their Bachelor papers.

7.4 Sustainability

As discussed before, within the field of personal factors in-service training particularly influences teaching and learning quality in the primary English classrooms. Therefore, it is inevitably important for PHs to motivate trainees and new teachers to systematically reflect upon their ELT and never stop learning and improving, by undertaking further education, specifically in a foreign language ("use it or lose it"). From the interviews it was apparent that 25% of professors could not comment on further teacher training, simply because of the fact that they are not involved[101]! Instead, nine of 13 PHs offered 35 afternoon seminars particularly for primary English, provided by primary school teachers (sic!). Contents evaluated graded from schoolbook promotion towards creative topics like "*English without a schoolbook*" and "*English on the WEB*" etc.

A further phenomenon is the fact that 20% of the in-service seminars planned needed to be cancelled, due to a lack of interest. Many primary teachers obviously prefer using "cooking recipe" English schoolbooks rather than attending a training session. Accordingly, only 30% of seminars hit off well with teachers, 15% were medium and another 10% went down poorly.

---

99 A Comenius Regio project: Evaluation on primary CLIL.

100 An investigation on plurilingualism in primary schools (from Feb. 2010)

101 At most PHs these seminars are given by secondary teachers or primary(!) teachers.

Table 5: Number of further teacher trainings in 2008/09 at 13 PHs

PH	1	2	3	4	5	6	7	8	9	10	11	12	13
Afternoon seminars	1	6	3	10	Promotion events	2	No details	3	12	No details	No details	1 day	No details
Courses	0	0	2	0	0	0	No details	0	1 (CLIL)	1 (CLIL)	No details	0	No details

As presented in Table 5, the situation is even worse with longer study courses: Only three PHs[102] offered five courses for qualified teachers during the last study year (2008/09). Although there are some single attempts towards additional qualification (e.g. CLIL methodology), it remains to be seen what courses will follow, since these are neither enough nor adequate (e.g. differing ECTS, differing duration etc). Overall, it cannot be disguised that the number of both courses and afternoon seminars is far too small in relation to the total amount of 31.768 Austrian primary teachers[103] (including around 15.700 form teachers).

7.5 Practical ELT studies

Remarkably, one of the most alarming outcomes of the interviews was that English has remained a subject of peripheral importance within the practical school studies of the initial teacher training. Indeed 90% of interviewees indicated that English plays a subordinate role both at the respective institutes of PHs[104] and at the training schools. Furthermore, it is intended that problems occur from the fact, that English is not part of the mentor teachers' training courses.

From the PH's view this is manifested by the following facts:

- When choosing the training schools, PHs do not check whether they provide English, at least according to (better beyond) the primary school curriculum
- The PH's practice supervisors of English lessons need not necessarily be lecturers of ELT (instead they are e.g. secondary teachers of maths)
- Lecturers of ELT who are not supervisors are not given any influence

102 Lower Austria, Styria and Tyrol

103 School statistics: http://www.bmukk.gv.at/medienpool/17604/zahlenspiegel_2008.pdf

104 English is the last post in the practice portfolios, after crafting and knitting (PH1)

- There are no exact rules given about the number of English lesson being exercised within in praxis time (except for three PHs, prescribing 1 - 3 English lessons)

Therefore, PHs often leave it up to the training schools or mentor teachers whether or to what extent trainees get the opportunity of sitting-in-on or conducting English classes. According to trainees' discussion, more than 60% never have the chance to do either or, this referring to other study results (Buchholz, 2007:186). Another 30% complained about their mentors not teaching English themselves: Lessons were "*swapped*". In many training schools English serves as a "*stopgap*". Hence, trainees stress the fact that their mentors often are "*not good at English*", subsequently showing a proper reluctance. Even worse, some of them wanted trainees to do "*weird things*":

- Integrating English was "forbidden" (even in 1st and 2nd grade)
- German code-switching was stipulated (translations instead of pre-teaching)
- Inadequate tasks were ordered (e.g. 4th grade; working with isolated vocabulary over 50 min): *Easter, egg, Easter egg, rabbit, bread, basket, church, priest*
- Wrong "corrections" were stipulated (e.g. spelling mistakes in 3rd and 4th grade)

This implies that many mentor teachers are not sufficiently trained in EFL and ELT and therefore not capable of training prospective teachers. Only two PHs can report high quality mentoring in English (e.g. PH-Linz: LISA Junior School Auhof) or take trainees to excursions in schools of excellence[105] (e.g. PH-Burgenland).

8. Conclusion and future perspectives

Concluding the article, we come full circle by returning to the two main perspectives on primary teacher education in English, "the learning" and "the doing" (section 1). Whereas the "doing", i.e. the teachers' linguistic and didactic English performance in the primary classrooms are not satisfactory (section 6, ELT/EFL competence status: 68% of teachers reached level *zero* to *poor*), the "learning", i.e. the conditions of initial and further teacher training at PH has generally worsened in comparison with former PA:

Reduction of contact time, fewer seminars, fewer workshops (by up to half)
Cancellation of final ELT examination
Reduction of in-service seminars and courses

105 Single primary schools in Lower Austria, performing an official national pilot project "Language Intensifying - English", e.g. in Perchtoldsdorf and Wiener Neustadt

Generally, English for primary teachers is in very a subordinate position at all thirteen new PHs. The mutual comparison of their study programmes is characterized by inadequate conditions, insufficient resources, differences and inconsistencies, e.g.

diverging entrance selection modalities ("aptitude" conversation)
inadequate modular structures (e.g. "pressed in" modules)
different amount of courses/contact time/workload
inconsistent calculation of allowances (ECTS)
inconsistent self-study valuation
inadequate research resources (generally low research rate)

Accordingly, English also plays a secondary role within the PH's practice studies and training schools, e.g. no compulsory English practice portfolios for trainees, no EFL/ELT requirements for mentor teachers etc.

So this article concludes with the realisation that both theory and practice of primary teacher English education lie far below requirement, assuming there is no gap between theory and practice but rather between demand and fulfilment (section 1). In order to consequently bridge this gap, declaration of belief in early FL learning must be followed by declaration of translating it into action through support in financial/human resources. Subsequently, the following ten recommendations for improvement are accumulated, addressing PH-management as well as the Ministry of Education and its subordinates. Many of these considerations refer to the Country Profile regarding professionalization measures of primary teacher education (2009:102-103):

- *First of all, the role of English is to be fostered and prominently anchored within all PH-curricula, as within the mentality of PH-managements. Here we need to raise awareness more, as the defamatory statement* "English is a killer language" *is to reject, since English means more to intercultural encountering than any other – migrant or minority – language in the world. English must get back the important role that it is up to (neither it is a* fun-subject *nor a* stopgap*).*
- *English entrance qualification criteria need to be enforced and examined (i.e. B2 plus adequate pronunciation/intonation) and to be developed towards C1 (CLIL-basis).*
- Intensification of initial teacher training is a must. As far as organisation is concerned, more contact time (face-to-face lessons)[106] is a crucial claim in connection with a continuous structure and smaller group size (max. 15), i.e. more workshops. Language and practice training in English speaking countries should become obligatory. Trainees should get the opportunity to specify in a special subject in the field of ELT and research. Additional opportunities in professional language training need to be made available.

106 At least eight units spread over six semesters, as before, is requested by a majority of teacher trainers.

- *Autonomy of PHs must no longer serve as an excuse for inconsistent and diverging English training situations – hence, common quality standards need to be applied (e.g. the EPOSTL*[107] *in a primary school version).*
- PH evaluation and quality management should become a matter of course, serving as a basis for research.
- *Research and innovative school projects in the field of language didactics and mathetics are to be initiated and funded.*
- *Regular PH-conferences for language teacher trainers with the management and the study commission would be useful (similar to former PA).*
- As regards further teacher education, more in-service courses with curricular structure and ECTS should replace single afternoon seminars: Topic-centred courses (language and methodology) and abroad studies are to be offered, as well as accompanying programmes for new teachers. Language learning platforms, accessible for trainees, teachers, and students would be beneficial.
- PH's practical school studies need to meet the pre-conditions for ELT practice. Training schools must be carefully selected as well as mentor teachers, who are to undertake specific English training (e.g. CLIL, Communicative Approach). Lecturers of ELT supervise and guarantee English training lessons for each single trainee. Native speakers are to be implemented within both PHs and training schools.
- *Subsequently, educational authorities must call in language implementation and content based FL integration in* all *elementary schools, as laid down in the curriculum (i.e. school inspection). Therefore, school inspectors also need more information on ELT methodology and EFL requirements. Schools and teachers not teaching English in line with the curriculum need to accept the consequences (e.g. obligatory further teacher training).*

Discussing new perspectives for primary teacher EFL/ELT, an increase of value tends to dawn in connection with the development of kindergarten English. Since it seems a matter of time only, when English will be fully implemented in pre-school years, the primary school sector must *move on, as one of the interviewed teacher trainer stated (PH4):* We need a new curriculum, English should become one of the main school subjects to gain more importance.

---

107 EPOSTL: European Portfolio for Student Teachers of Languages (Newby et al, 2008)

Therefore, innovative ways of improvement and professional development must be considered (Buchholz, 2007:325ff), i.e. specialist language primary teachers ("ombudspersons"[108] *or school representatives). However, the crucial facts brought about two potential scenarios of future primary English:*

(1) All primary teachers *teach English by using it as a means of instruction (integrative ELT - CLIL) as demanded by the curriculum: Requires high class upgrading of initial English training* plus *continuous further training for* all *qualified teachers.*

(2) All primary schools *have an "ombudsperson" for languages (= specialist teacher of English and/or other languages, native speaker teacher, language representative) who is responsible for both integrative lessons (assisting the form teachers) and additive tuition: Requires specialist and continuous training for* selected *primary teachers.*

Hitherto, many experts have produced numerous papers, resolutions, etc. Alas, in Austria the common opinion "young learner equals low language level" apparently still persists, as it seems to be widely accepted that primary English is taught below or past curriculum and that English plays a subordinate role in primary teacher education

We must change this, keeping in mind a word by H.J. Krumm[109]:

> *"Today, English is not only a language, but a common skill, just like driving and computing."*

Since English skills are not automatically acquired, we need good primary school English teachers.

References

ASHER, J. (1979) Learning Another Language Through Actions: The Complete Teacher's Guidebook With Classroom-tested Lessons by Carol ADMSKI. Sky Oaks Productions, Los Gatos, California

AUSTRIA'S AUDITOR-GENERAL'S OFFICE (Österreichischer Rechnungshof) Jahresbericht 2007/16. At URL (09/2009): http://www.rechnungshof.gv.at/fileadmin/downloads/Teilberichte/Bund/Bund_2007_16/Bund_2007_16_7.pdf

---

108 LEPP (2008:92): *Are there positive examples of, and appropriate measures leading to, the qualification and appointment of language specialists at all schools ('ombudspersons')?*

109 Hans Jürgen Krumm, Linguist, at a talk given at the National Language Teacher Conference, PH Vienna, in February 2008

BMUKK und BMWF (eds.) (2008) Sprach- und Sprachunterrichtspolitik in Österreich. Language Education Policy Profile (LEPP): Länderbericht. At URL (11/2009): http://www.oesz.at/download/spol/lepp_engl_1.pdf

BMUKK (2008) Zahlenspiegel 2008 – Statistiken im Bereich Schule und Erwachsenenbildung in Österreich. At URL (11/2009): http://www.bmukk.gv.at/medienpool/17604/zahlenspiegel_2008.pdf

BMUKK und BMWF (eds.) (2009) Language and Language Education Policy in Austria - Country Profile. At URL (11/2009): http://www.oesz.at/download/publikationen/themenreihe_4.pdf

BMBWK, Bundesministerium für Bildung Wissenschaft und Kunst (1998) Aller Anfang. Heft 5/98, Österreichischer Lehrplan für verbindliche Übung Lebende Fremdsprache. ZSE III, Graz

BUCHHOLZ, B. (2005) Die Nahtstelle zwischen Primar- und Sekundarschulen in Englisch. In: Erziehung und Unterricht 6/2005, ÖBV, Wien

BUCHHOLZ, B. (2007) Facts & Figures im Grundschul-Englisch - eine Untersuchung des verbindlichen Fremdsprachenunterrichts ab der ersten Klasse an österreichischen Volksschulen. LIT Verlag Berlin - Wien

EUROPEAN COUNCIL FOR CULTURAL COOPERATION (1998) Das Europäische Sprachenportfolio.
At URL (12/2006): http://www.sprachen.ac.at/portfolio

EUROPEAN COUNCIL FOR CULTURAL COOPERATION (1997) Common Frame of References for Modern Languages: Learning, Teaching, Assessment. (Gemeinsamer europäischer Referenzrahmen für Sprachen). At URL (12/2006): http://www.goethe.de/

EDMONDSON, W. & HOUSE, J. (2000) Einführung in die Sprachlehrforschung. UTB Linguistik, Francke, Tübingen und Basel

HARMER, J. (2004) The Practice of English Language Teaching. Longman, Essex

KUCKARTZ, U. (2001) MAXQDA 2. Einführung in das Textanalysesystem MAXQDA. MAX Qualitative Datenanalyse. VERBI Software, Berlin

NEWBY, D. et al (2008) European Portfolio for Student Teachers of Languages (EPOSTL). ECML, Graz

STANZEL-TISCHLER, E. & GROGGER, G. (2001) Der Unterricht auf der 4. Schulstufe in Hinblick auf den Übertritt in weiterführende Schulen - Eine empirische Untersuchung an 21 steirischen Volksschulen im Schuljahr 1999/2000. ZSE Report Nr.53; Graz

STANZEL-TISCHLER, E. & GROGGER, G. (2002) Der Übertritt von der Grundschule in die Sekundarstufe 1 - Eine empirische Untersuchung bei SchülerInnen, Eltern und Lehrpersonen auf der 5.Schulstufe im Schuljahr 2001/2002. ZSE Report Nr.61; Graz

Appendix

Universities of Education (Pädagogische Hochschulen – PH) in Austria

Nine public state (PH), four private catholic (KPH) schools

Nr	**Status**	**Federal state**	**City**
1	PH	Burgenland	Eisenstadt
2	PH	Carinthia	Klagenfurt
3	PH	Lower Austria	Baden
4	PH	Upper Austria	Linz
5	PH	Salzburg	Salzburg
6	PH	Styria	Graz
7	PH	The Tyrol	Innsbruck
8	PH	Vienna	Vienna
9	PH	Vorarlberg	Feldkirch
10	KPH	Upper Austria	Linz
11	KPH	Styria	Graz
12	KPH	The Tyrol	Stams
13	KPH	Vienna	Vienna/Krems

The CLIL Factor in Teacher Education
Steps towards a European Format for Initial Teacher Education as exemplified in Courses at the IMoF & PHT

Christine Lechner, AT

Abstract

This paper aims to show the development of teacher education courses for CLIL based on E.U. guidelines and E.U. experience. The paper focuses on the content and implementation of the courses and on the ongoing adaptation of the courses based on needs and current processes in Europe. The courses are currently taken by students taking qualifications to teach the 10+ age group. It is important to see teacher education as a continuum rather than divided into small sections.

1. Introduction and Setting

Course development and design for initial teacher education is a dynamically exciting process. In the case of teacher education courses for CLIL, systematic teacher education has indisputably lagged behind initiatives and developments in the classroom. There is a clear need for consolidation and the situation can be seen as an opportunity to base courses on a wealth of experience.

This paper sets out to show the development of courses for CLIL at the IMoF (Innsbrucker Modell der Fremdsprachendidaktik) and the PHT (Pädagogische Hochschule Tirol - Pedagogical University College Tirol) at the post-primary level. It is important to stress at this point that it will in future become more and more important to view teacher education as a whole rather than dividing into arbitrary sub-sections. Furthermore, as European school systems are far from aligned, what is Primary in one country is Secondary in another.

In the first section there will be references to the European setting on the level of policies as well as concrete E.U. projects on the theme preceding the introduction of the courses. The main section aims to describe the way in which the courses evolved and also to show ongoing development and adjustments according to student needs and current impulses from Europe. The main focus will be on the course at the IMoF as the setting is conducive to reflection and research on action. The paper will conclude with an outlook to future perspectives.

1.1. The European Setting

The 1995 White Paper on Education & Learning is very often cited as a point of reference for the development of CLIL in classrooms across Europe. "It could even be argued that secondary school pupils should study certain subjects in the first foreign language learned...." (White Paper, 1995, 47).

Even at that point in time activity in classrooms had preceded the tentative endorsement and teachers were beginning to network and "tips" were being administered at inset training sessions. For those already active in the field, the mention at the level of European documentation was encouraging although far from being a framework for concrete measures. The Action Plan for Languages recognises the relevance in more tangible terms, links CLIL to language learning in general and indicates the significance of teacher competences:

> Content and Language Integrated Learning (CLIL), in which pupils learn a subject through the medium of a foreign language, has a major contribution to make to the Union's language learning goals. It can provide effective opportunities for pupils to use their new language skills now, rather than learn them now for use later. It opens doors on languages for a broader range of learners, nurturing self-confidence in young learners and those who have not responded well to formal language instruction in general education. It provides exposure to the language without requiring extra time in the curriculum, which can be of particular interest in vocational settings. The introduction of CLIL approaches into an institution can be facilitated by the presence of trained teachers who are native speakers of the vehicular language. (Action Plan, 8)

The "Actions" further clarify and set out steps for the promotion of CLIL such as the funding of projects within Lingua 2 to develop and disseminate specific methodologies (2005) and of Comenius 1 School Projects to support networking between CLIL teachers on a European level (2005 & 6); the launching of a study in the presence of high-level educational officials (2004); and a Eurydice report on CLIL in education and training (2005) (Action Plan 16).

The Eurydice report from 2004/5 on Content and Learning provides clear evidence of the prolific nature of CLIL activity in the classrooms of Europe.

The overview of teacher qualifications in Europe (Figure 4.2 in the Eurydice report) shows that only 6 countries actually with an official requirement. In four of the countries named (BE, ES, FI, FR) the type of qualification is purely language-based. In the case of Slovenia the qualification required is a "Certificate or diploma testifying to knowledge of two languages of instruction", which might indicate specific linguistic knowledge. Hungary requires "Qualification in two subjects including a language subject". It is striking that there is no mention of a qualification as a CLIL Teacher incorporating the language and subject methodologies.

With a view to the development of models for teacher education, it is interesting to take a look at the "Obstacles to the general implementation of CLIL" (Figure 5 in the Eurydice report): "Restrictive Legislation", "Shortage of appropriately Qualified Teachers", "Lack of appropriate Teaching Materials" and "High Costs".

Points 1 and 4 are connected to teacher education in that teacher education is always interdependent upon educational legislation and the question of costs will evidently have bearing on implementation. However, the focus here is to be on the aspects directly relevant to course development.

Point 2 directly challenges teacher educators to action at local and national level and to participation in "Actions". Point 3 can also be related to teacher education in that whereas the procurement of teaching and learning materials was indisputably a formidable, time-consuming task and expensive "hobby" in the early nineties, the current challenge is rather how to sort, evaluate, adapt and apply the vast amount of materials sold commercially or available on the web. This, in turn, relates the issue of materials to teacher education.

2. Responding to the Challenge: the Construction of Teacher Education Courses

CLIL activity in Austria over the past twenty years has been distinctively prolific as documented for example by the Austrian Languages Competence Centre. In some cases and some areas CLIL has thrived on bottom-up initiatives. Elsewhere a top-down approach has been discernible. The common elements have been the velocity, the spectrum of training on offer ranging from 60 minutes sessions to full postgraduate courses spectrum of training on offer and the diffusion concerning qualifications.

In the Austrian National Report on the Action Plan it is stressed that Quality Assurance in CLIL is an issue and that measures within Teacher Education play a rôle in the discussion of Quality Control & Quality Development. (Report, 17)

At this point, it is important to state that points of reference between CLIL and general developments in Teacher Education are discernible. Thus, the consolidation at the IMoF over the past years has brought clarification for the positioning of the course. The national restructuring of Teacher Education in Austria and the introduction of the Pedagogical University Colleges has meant that CLIL elements are now clearly visible within the institutional curriculum.

2.1. Base for Innsbruck Courses

Early impulses to work towards a framework for CLIL teacher education came from the CDI-BIT project 2001-4, in which 9 teacher education institutions from 8 EU countries co-operated to develop modules for "Bilingual Integrated Teaching". The CDI-BIT concept formed the framework for a CLIL qualification including language-based and cultural-based modules with theoretical and practical cycles. The project succeeded in further developing results from the BILD Project and thus the 4 C's (Content, Communication, Culture, Cognition) Curriculum served as pivotal element.

As is very often the case, the direct implementation of project results proved difficult. The introduction of a full course is a lengthy and complex process involving study commissions. In the early 2000's in the Tyrol the only opportunities to make headway were through electives for undergraduates and inset sessions for teachers.

Thus, a 14-hour elective subject was held at the Pädagogische Akademie six times and an eight-session course for teachers was held at the *isi* (Internationales Sprachenzentrum Innsbruck) during the Summer Term 2004. Such courses definitely serve to gain experience; they do not, however, meet the need to establish a consistent format for teacher education. From the beginning the 4 C's Curriculum proved to be an accessible model for students and a starting point for discussion.

At the same time, the Pädagogische Akademie was also involved in other European processes such as the Delphi study, one of the strands to feed into "The European Profile for Language Teacher Education – A Framework of Reference". The presentation and publication in 2004 provided language teacher educators with concrete guidelines and pinpointed core issues for CLIL teacher education.

A general definition for CLIL is provided in the Glossary:

> The integrated learning of language and content in situations of bilingual or multilingual education. In such situations, there may be two or more languages of instruction - one being the usual language of the learning context. Other terms used in English include 'content based language learning', 'content based language instruction' and 'language enhanced content teaching'. (Kelly 2004, 117)

The Profile puts forward that teacher education for the 21st century should include specified components organised within the areas of Structure; Knowledge & Understanding; Strategies & Skills; Values. Certain points concerning CLIL gave invaluable impulses at the stage when the courses at the Pädagogische Hochschule and IMoF were first introduced. Further points are proving very useful for ongoing development. CLIL is first referenced in the first section on Structure in the context of 1. "A curriculum that integrates academic study and the practical experience of teaching" and identified as: "Techniques such as action research and CLIL teaching are bridging activities between theories and classroom-based practice". (Kelly 2004, 22) In the third section on Strategies & Skills, "Training in CLIL" is further specified:

- Trainee teachers learn the methodologies and strategies for teaching another subject through the medium of a foreign language.
- Even if trainee teachers do not intend to specialise in this area, such training improves their language competence, encourages more comprehensive use of the target language in non-CLIL classes, and gives teachers ways of raising social, cultural and value issues in their foreign language teaching.
- CLIL approaches encourage cooperation with colleagues from different disciplines.
- CLIL approaches are recognised as a growing area in language teacher education across Europe and introduce them. (Kelly, 2004 77)

The importance of teaching practice is stressed and recognised as a problematic issue in that "CLIL approaches depend on the existence of local CLIL schools in which to train trainees" and "Many trainees do not have the chance to teach using CLIL methods because there are no available contexts, such as local bilingual schools, in which to do so". (Kelly 2004, 77).

A further point useful for teacher educators concerning the anchoring of CLIL in Teacher Education programmes is that, "Cooperation between teacher education institutions and local schools may help develop new contexts in which CLIL teaching can take place".

The question is raised as to whether CLIL training would be better accommodated in CPD.Further issues that have had direct impact on course development are: "Development of reflective practice & self-evaluation", 25 in the section on Strategies & "Skills Training in team-working, collaboration and networking, inside and outside the immediate school context" 39 in the section on Values:

- Trainees can work effectively as part of a team.
- Trainees establish contacts and networks for greater collaboration, inside and outside the immediate school context.
- Trainees team-teach with other trainees and with qualified teachers.
- Trainees are trained in peer observation and peer review. (Kelly 2004, 88-89)

2.2. Establishing the Courses

The first opportunity to hold an Introductory Seminar on CLIL at the University of Innsbruck and thus make a contribution to provision came in Autumn 2005. At this time the seminar was held at the institute for English studies. From 2007 the seminar has been one of the elective within the Middle Module at the IMoF and participating students are taking qualifications to teach learners from age 10 to 19. The module at the PHT was introduced with the restructuring process and has been held since in the Summer Term since Spring 2008 and participating students are taking qualifications to teach learners from age 10 to 14.

2.2.1. *Course Content*

The Innsbruck CLIL models for teacher education can be compared as follows:

IMoF: Elective Introductory Seminar within Middle Module	**PHT: Module**
• 3 ECTS • Elective, Available to English majors. • Links to subject methodologies only through students • Back-up on Blackboard • No formal link to teaching practice - teaching slots implemented. • Process: Reflection based	• 3 ECTS • Obligatory for all students on Lower Secondary Course • 3 Strands: English, German, Maths • Courses on subject methodologies integrated into Module • Back-up on Moodle • No links to teaching practice
Learning Outcomes: Students are expected to have acquired	**Learning Outcomes: Students are expected to have acquired**
• Awareness & understanding of the rôle played by CLIL in the European setting and of sources available. • General knowledge of CLIL developments in Austria & Europe in the context of European language policy • Knowledge of practical methodologies and understanding of the context of the 4 C's Curriculum & the CLIL Matrix • The competence to apply methodologies in a realistic classroom setting. • The competence to reflect upon application and the oral and written presentation thereof	• Knowledge about CLIL principles and theories and an overview of the application of the CLIL Approach in Europe • Knowledge about CLIL Methodologies • The Competence to apply CLIL Methodologies in Second Subject(s) and also to co-operate with colleagues from other subject areas • An awareness of available resources and the ability to work with new media in the CLIL classroom

As such the courses provide at least an introduction to CLIL methodologies (c.f. reference to Profile under 2.1.) within undergraduate language teacher education, which should facilitate choices about later specialisation. Furthermore, at the PHT all students going into Lower Secondary education take the module and thus become acquainted with the approach and better equipped to network with specialist colleagues. Both courses carry 3 ECTS with face-to-face time and workload being comparable. The course at the IMoF is one elective within the Middle Module, whereas the course at the Pedagogical University College is a module in itself.

A strong element of the IMoF context is that the setting at least allows an informal link to teaching practice thus providing students with a glimpse of real-time implementation. As above (2.1.), the Profile recognises the necessity and the problems of establishing Teaching Practice for CLIL. A further advantage of the setting is that regular weekly courses embedded in the clearly structured IMoF-Modules mean it is possible to take a step back to reflect with students upon processes. This provides opportunities for the students to experience reflective practice and, at the same time, to contribute to course development during their own seminar and for the following year.

The forte of the module at the PHT is that one-third of course time is spent on subject methodology and held by the respective subject methodologist rather than the language specialist. The organisation may indeed be more straightforward within a smaller institution.

In both course situations, course content concerning awareness and knowledge is dealt with through the dual approach of tutor input and task-orientated research. CLIL methodologies are presented and in many cases played through during sessions. On the one hand, the 4 C's Curriculum still provides the backdrop and starting point. Rather than the linear approach from Content to Communication etc. under discussion at the time of the CDI-BIT project, over time the interplay between the elements has grown in importance. (c.f. Coyle on further developments).

A further structural element is provided by the language skills with concrete strategies and activities being organised in this way:

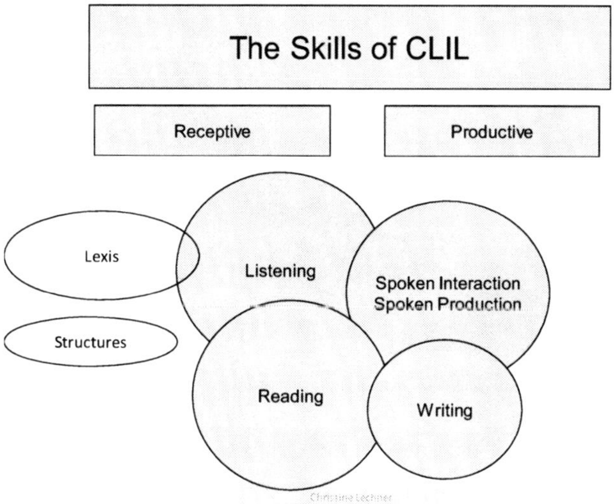

The aspect of the rôle of grammatical structures within CLIL is restricted to an awareness-raising activity with reference to the scope. This is to say that CLIL provides opportunities for exposure to structures already dealt with in the language classroom within an authentic context. Thus, Conditional Clauses become purposeful in discussions on Sustainability in subjects such as Geography or Biology, Imperative Forms are heard repeatedly in practical subjects as P.E. and Art, the Passive Voice is a pre-requisite to describe scientific and technical processes and even the Past Perfect Passive occurs authentically to provide historical settings. Whereas awareness on the part of student teachers during Receptive activities is important when planning lessons for the early stages of CLIL, at later stages awareness is also important for the planning of Production activities (e.g. Spoken Interaction, discussions on content).

On the other hand, dealing with lexis effectively is always one of the first needs areas identified by students and thus more time is devoted to this aspect, which is based on the following format.

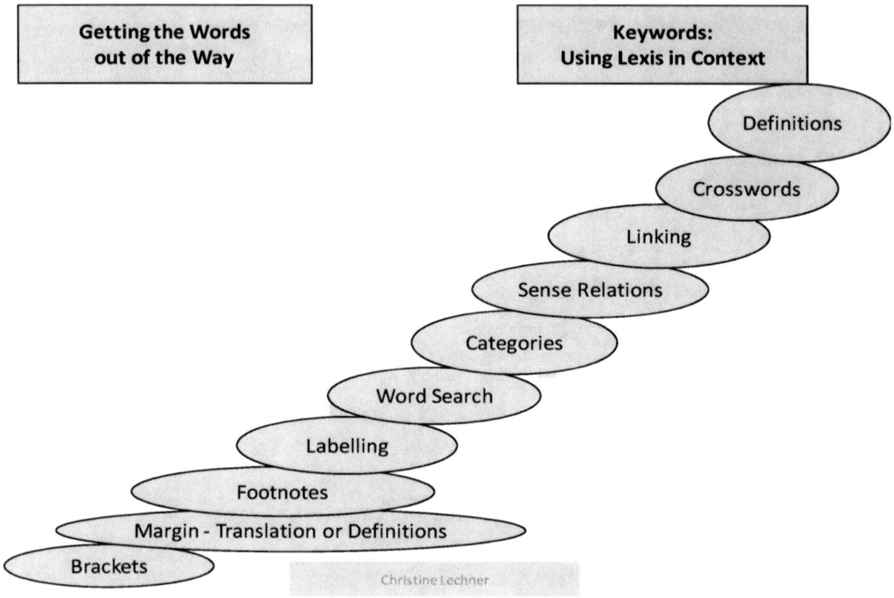

The weighting of more theoretical input or more opportunities to work through methods and exercises & discuss is adapted from year to year and depends on feedback from the specific group (see below).

2.2.2. *Teaching Slots*

The competence to apply methodologies and reflect on the process is only feasible within a realistic classroom situation. The possibility of actually holding teaching slots was suggested in 2007 by IMoF lecturer Andrew Skinner and has since proved to be the developmental core on different levels. From the interest levels during presentations and specific comments from students' classroom experiences breathe life into seminal discussions on teaching. It is at this point that students really understand the "Why"! For practical and logistical reasons, it was decided that students would work in teams. The organisation of teaching slots on a purely informal level (requests to teachers working in suitable contexts and requests to the School Board for permission) is complex and time-consuming and thus it is simple to possible to organise a lesson for each student. Although students initially regret the limitations of the experience, development has shown that the constraint to work in a team opens up other facets, which, in turn, have a cyclic effect at the level of reflection. Again, this is in line with the Profile. Thus, from about the middle of the Introductory Seminar and after the introduction of strategies and activities etc., students begin to plan to hold a lesson in a local school within subject groups. As some students studying two languages take the course out of interest, it is imperative that each group has at least one subject specialist.

As the organisation relies entirely on the personal contacts of the tutor or the students, situations vary. In alignment with Vollmer's research that CLIL has no impact unless practised regularly in several subjects (Vollmer, 2007), ideally the context is a school with a Bilingual Stream or at which pupils have a fairly broad experience. Regrettably, this is not always possible. On the other hand, when some students teach in other situations, a broader experience is brought into the course.

In some cases, teachers become so interested and involved in the process on a purely voluntary basis that they offer students the possibility to observe lessons and also give planning hints. It has happened that students and teachers continue with a second and third lesson. The tutor always assists the students in their planning as requested.

Students hold their slots in teams of three to four. Where four students only have the opportunity for one slot, the third and fourth student support, observe and document. Where more time is available students are able to alternate. Students are asked to collect some feedback from the class. The next stage is for the groups to present their lesson concepts, plans, materials and reflections during the University session. As the settings range from Lower Secondary and New Middle Schools to Bilingual Grammar Schools and Technical Schools, with the presentations a wide spectrum of CLIL contexts is brought into the University sessions. Questions asked by the audience document high interest in the school contexts and often lead to discussions of current educational policies and implementation.

The final stage is the written paper in which all elements are collected.

3. Course Development at the IMoF

Working in dynamic contexts necessitates reflection-based development. Thus, the process was determined by a need, which actually corresponds to the Profile. Within the available time and with adherence to the information on the course available to students in the University Course Catalogue prior to registration, the course is further developed year by year. Experiences throw light on the complexity of course design.

3.1. Reflective Phases

On the level of course development, students are asked for feedback at three stages:

1. Collection of expectations at introductory stage: Discussion Board on Blackboard
2. Mid-course memo
3. Concluding comments on Teaching Practice experience

As a parallel strand, students are asked to reflect on their teaching slots whereby various approaches are possible, such as expectations before the slot, mutual observation, notes, photos, discussion following lesson, notes from tutor if present and feedback from class. The results form an intrinsic part of the presentation at the University session and are also included in the paper together with comments on points raised during discussion, comments on the sandwich feedback from peers and recorded feedback from tutor.

3.1.1. *Course development based on Student Situation and Needs*

Students attending the course are generally:

- A good half-way through their degree course
- Already have broad experience of methodology courses
- Over 50% have completed teaching practice blocks or are doing so at time of course
- The percentage with experience of subject teaching in English from their own time at school has increased from year to year. Some students only become aware of this experience when addressed during first sessions.
- The main target group is English plus a non-language Subject

The student group 2010-11 is composed fairly typically as follows:
English + Geography (3), History (3x), Biology (2), P.E. (2), Chemistry (1), Maths (1), Political Science (1), Theology (1). Two students are training as L1 teachers and five to teach either French or Spanish. As above, all students are taking qualifications to teach children from age 10.

Since the Winter Term 2008/9 students have been asked to post their expectations to the course. In Autumn 2008 expectations and considerations could be grouped into the following categories:

1. General interest: based on the awareness of growing importance. 100%.
2. Broaden knowledge on CLIL (3)
3. Techniques (for Science, Sport), effective methods, practical approaches
4. Opportunity to teach (mentioned specifically by 4)
5. Awareness of challenges: limitations e.g. in P.E., traps – want to learn what these are, how to do correctly, terminology

From 2009-10 the strong awareness of the challenges and problems was apparent and the following point were raised:

Learner-based	Pitfalls
Problems for pupils who don't like English Problems for pupils who have problems following the second subject in English Problem if teacher is not informed about pupils' language levels Problem if pupils not motivated	Necessity to do it correctly Not too quickly Problem with material at the wrong level Not easy – neither for teachers nor learners
Teacher-Based	**Necessity for Success**
Problem with unqualified teachers A lot of preparation necessary Language proficiency essential, e.g. pronunciation	Issue of vocab. Good material might be a problem

In 2010-11 there was further precision and awareness of issues that need to be dealt with to ensure that CLIL makes sense.

Learner-based	Pitfalls
What about those who hate English? Learners might have problems in the subject because of the language.	The level must not be too demanding. CLIL can be overdone!
Teacher-Based	**Necessity for Success**
Problems with teachers' level of English – personal CEF levels & ability to work at pupil's levels	Need to facilitate learning of specialised, specific lexis A content lesson should not turn into a language lesson, i.e. not too much time on lexis. Vocabulary lists are not enough

On the other hand, there is a tendency to see CLIL more and more as an opportunity and students are also able to explain precisely.

2008-9	2009-10	2010-11
Generally, a good idea & useful opportunity. Improving language skills at same time as learning subject	Opportunity for less correction! Emphasis not on language accuracy Could be very beneficial Usefulness recognised during business management course Useful for increasing word power Opportunities to become more flexible – two things at once	Useful for gaining confidence (where grammar "doesn't matter") Languages are there to be used and not learned! Possibility to learning language without focussing Natural communicative medium

In general a collection of expectations, which are visible to all and discussed in the second session, serves to focus. The fact that there is a progression towards more specific expectations and views seems to stem from the greater experience that students bring with them. Other reasons may be that teacher education in general is becoming more focussed from year to year. Speculation is difficult. The important point for teacher education courses is that expectations are growing. The course has to provide specific tools.

3.1.2. *Memos*

As above, after approximately one-third of the sessions students are asked to write memos about how the course is meeting expectations so far & what should happen soon.

2007-8 was the first time that this was done and there was a balance between those who find introductory theory useful and those who would prefer to work in a practical way from the beginning. However, there was a clear message that practical exercises are extremely useful and that there should be more emphasis during the rest of the course as well as on good sources for materials.

In 2009 there were 11 specific references to usefulness of methods (working with lexis, concrete, exercises) & materials and a call for more useful materials, more concrete, materials for lower levels and one note "I do not enjoy trying out materials for class"!

There were 11 mentions that right amount of time spent on practical exercises, 2 too long. One student also pointed out that it is a good idea to ask the students. In the memo Feedback on 30.11.2010, students were asked to comment on Aspects that has been Useful/Less Useful and What should happen soon.

Useful	Less Useful	Should happen soon
• Practical Activities • Trying things out 10x • Discussion of this 3x • Concrete e.g.'s • Ideas & Methods for the classroom • Getting an idea what it really can be • Theory + trying out • Authentic activities - trialled in classrooms • New ways to learning vocab. • Specific activities mentioned: o Jigsaw reading 3 o Crosswords 3 o Dominoes 2 o Half-crossword o Labelling • Books 2, e.g. History • Materials & Links • Internet sources 2 • Programmes mentioned: o Puzzlemaker o HotPotatoes • Content makes language learning meaningful	• Too much theory - at the beginning 2 • Hearing & not trying out • Looking up on the internet • CEFR • Many activities not useful for P.E.	• More e.g.'s 5x • Surprises • More than bits & pieces, i.e. Coherent structure of a lesson • Whole lesson • Ideas from/ for the real classroom • Planning steps • Clearer distinction CLIL - L2 Lesson • Presentation from VS-teacher • Presentations • How to cope with standardised Matura • Dangers, problems • Experience • Planning for slots

The main conclusions for the ongoing course are that the focus must be on practical work and examples and to ensure that the presentations show practical experiences and refer to practically experienced problems.

3.1.3. Comments on Teaching Practice

After the first term in which teaching slots were organised in 2007, students were asked to for mails commenting generally on the teaching experience. As this did not happen until after the end of the course, the response rate was only about 25%. However, all those responding as expressed enthusiasm and appreciation. Thus, during the following years from 2008 and the subject-groups were asked to respond to three questions as groups and the data was collected during the sessions to ensure 100% response rate.

1. What were the advantages of the practical experience?

Citizenship Education We were able to try out our ideas in the classroom We could see the pupils' reaction to our lesson Put what we had learnt into practice	Geography Trying out the challenge of combining topics & language Getting an impression of how good the pupils' English is in a certain subject	History I Real life teaching situation Feedback from pupils Opportunity to put theory into practice Presentations in university sessions about the lessons
P.E. Able to try something personal and experience Gaining in self-confidence	R.I. Experience Realise differences between language and subject teaching Hard to imagine a course without doing this	History II Trying out in a real class situation Finding out how students react to the lesson Practical training Possibility to improve the lesson design after feedback and reflection

2. Which problems did you encounter?

Citizenship Education Time-management: pupils worked fast We didn't know the pupils before: their work speed, knowledge level,... Hard to find the right location	Geography Difficult to teach a class if you don't know the pupils To find the level Finding suitable teaching materials in English	History I We did not know the class before (i.e. their language level, weak pupils, how they work in groups etc.)
P.E. Vocabulary Focussing on content rather than language Finding a suitable topic Assessing the language level of the class	R.I. Some finished earlier Differences in what they could achieve (3 streams in Lower Secondary School) Time management	History II We did not know the class

3. Ideally, how should practical training be carried out?

Citizenship Education Starting right from the beginning Voluntary basis: students choose to be in a CLIL class Should be in more than one subject: history, biology, geography...	Geography More opportunities for concrete lesson planning	History I Practical training - more than one lesson
P.E. Have the chance to do more practical lessons	R.I. Practical experiences Watching a CLIL lesson Talking to a CLIL teacher Looking at teachers' materials & lesson plans	History II In this way! It would be helpful to observe a CLIL lesson before teaching ourselves

A further suggestion was that CLIL should be available in subject teaching at University. The general conclusion is that the complex organisation is definitely worthwhile and will continue. It is only through the links to the classroom that strategies become clear. Moreover, questions that are frequently asked during early sessions concerning the difference between a language and a CLIL lesson become clear. The dilemma is how to offer more access to classrooms on an informal level.

3.1.4. Development of Reflection Levels and Feedback

It is hoped that students are able to see the parallel between feedback to the tutor to enable course development and feedback on their own work.

Over the past three years, the format feeding back to students has developed. As the teaching slots are organised in an informal way, the actual lesson is not assessed. However, wherever possible, I attend lessons, lead the discussion immediately after the lesson and provide written feedback. It has proved useful to be able to open up a further perspective in addition to peer feedback and notes collected from pupils.

The presentations are followed by a discussion and presenters are asked to note points of interest to be included in the written paper. Presenters also ask for sandwich feedback from students. From this term, my feedback on the presentation has been recorded and made available via the Blackboard to the group concerned only. The aim is to give oral feedback to an oral presentation and for the students to listen as a group and consider which particular points are especially relevant for individuals. The inspiration came from the LANQUA London Conference in June (see below).

Assessment feedback is in written form and sent to individual groups at the end of the course. In this way, the two strands of Teamwork and Reflection are brought together. Students' ability to give mutual support in both situations (i.e. during the school lesson and the university presentation) and also to comment objectively during presentations on sections of the lesson that could be improved is impressive. In turn, this is an area I would like to look at more closely in future.

3.2. Reacting to European Impulses

Opportunities to participate in E.U. Projects have provided inspiration for further development and have also served as type of monitoring tool for comparison.

For instance, the EUROPROF Project developed a framework for teaching practice in eight countries across Europe based on cultural and didactic models. Actually experiencing that teaching practice can be transferred across Europe was encouraging and gives inspiration for transferring CLIL practice from one county to another. Moreover, the project provided "the courage to slot". Slots cannot replace regular teaching practice. However, within a solid framework, even individual slots can provide a basis for reflection leading to learning about teaching in contexts across Europe.

Moreover, comparative research on educational systems in eight European countries showed up clearly how, in the end, it is not possible to draw a clear line at where Primary ends and Secondary begins.

The CCLL Network with 16 partners in 12 countries provided both background and practical opportunities Firstly, participation provided insights into European theory both on Citizenship Education and CLIL through expert input, the state-of-the-art of practice across 12 countries and the opportunity for the co-operative development of learning materials and classroom models subsequently exchanged and trialled in other contexts.

Thus, the inseparability of CLIL from multilinguism approaches became tangible. The differential to many of the projects and networks and was that the starting point was European Citizenship education. Political and European disenchantment amongst young European citizens exemplified by the low voting rates for young people (20% for European Parliament June 2009) sets the challenge. Schools are suitable places to take up such challenges. The task of the Network was then to develop and trial suitable didactic designs and innovative teaching materials in order to stimulate pupils to become interested in debating European problems and future prospects for the E.U. On the one hand, CLIL teachers and teacher educators have long been concerned with materials to motivate learners and CLIL has long been an area for innovation.

Thus, CLIL was combined with European Competence, which implies knowledge of European institutions and policy making processes, reflecting European citizenship, identity, multilingual society, learning of transcultural understanding and tolerance. Trans-cultural learning functioned as the process of communication.

On the practical level, the co-operation provided the opportunity for students from the Introductory Seminar to work on Citizenship as a curricular principle at the Academic Grammar School in Innsbruck. On the international level, the Network gave impulses to and supported Youth Parliaments. In such settings the L2 is the vehicle for international communication and theories around Interaction and Content become reality in an authentic context. Further inspirational input came from the exchange between partners working with CLIL and with CLILiG.

Participation in the LANQUA Network has been vital for a number of reasons. On the one hand, the Network's thrust forward on Learning Outcomes underpinned course design. The Räsänen Model "Steps to CLIL", which became a pivotal element of the work of the sub-group working on CLIL is extremely useful for monitoring CLIL activities and has proved to be an easily accessible model for students. Finally, the impulse to use sound files to give feedback to students on oral work, which is, in turn, a process that supports reflection and team-working, came from the London LANQUA Conference in June 2010.

Participation in Networks and Projects is presumably the best way to really comprehend processes through experiences. On the other hand, products produced and made available through the Networks and Projects can also be very useful for development. The publication by the CLIL Across Contexts Project (2006-9) will be invaluable for future steps in this direction. The Scaffolding Framework for Teacher Education provides practical guidelines based on eight areas of CLIL Teacher Competence and also the framework for a "Flexible Teacher Portfolio for CLIL". On the one hand, it is extremely useful and encouraging for teacher educators to discover that there is a framework there for us to use. On the other hand, it provides evidence that CLIL teacher education can certainly not continue to function as a side-kick. More space and time are needed!

The CLIL Matrix was also the result of European expert co-operation and provides interesting developments from the 4 C's Curriculum. In this case, the European framework proved difficult to implement practically (Gierlinger 2010, 6), which led to an Austrian handbook to the Matrix providing a set of practical examples from Primary to Upper Secondary, which in turn exemplify the interaction between the core elements of Content, Language, Integration and Learning with the parameters: Culture, Communication, Cognition and Community. At present, the aspect of learning through different types of Spoken Interaction as identified in the Matrix is proving very useful as a starting point for the development of classroom activities by student teachers. The Matrix gives us a frame for developments, which will be explored in the coming years.

4. Outlook

The present state of development of the courses at the IMoF and the PHT is such that it can be claimed that first steps have been taken. CLIL has been established as an element of language teacher education. The courses have served and are serving to provide both students and teacher educators with insights into the possibilities.

However, over the coming years teacher education for CLIL will need to become more extensive to include all elements from theoretical background to practical cycles and also to ensure that CLIL in teacher education becomes truly dual-focused. Thus, links from the theoretical to the practical courses and to the classroom must become firmly established. Furthermore, courses must be anchored in both language and subject departments. The process can only function through mutual respect of academics from both disciplines. There is a need for subject methodologists with formal qualifications in language competences and language methodologies. Additionally, as teacher education evolves in different ways, it is to be hoped that the interfaces between Primary and Secondary will become more supportive of the continuity of learning not only in schools, but also in teacher education.

Whereas slots can be useful more focused teaching practice, possibilities to observe, talk to teachers, see their plans and materials as used in concrete situations and co-operation with subject didactics will be needed. Moreover, we can only hope that European frameworks for the exchange of teachers to do teaching practice will be broadened. Finally, whilst CLIL must strive towards co-operations with subject departments, close ties to developments in language didactics must be maintained to ensure that CLIL does not lose sight of processes such as the implementation of educational standards. Thus, although much has been achieved across Europe, the developments will remain dynamic both nationally and internationally for the years to come.

Bibliography

Coyle, D. (2007) 'Content and Language Integrated Learning: Towards a Connected Research Agenda for CLIL Pedagogies', *The International Journal of Bilingual education and Bilingualism*, Vol 10, No 5, pp 543 – 561.

Gierlinger, Erwin, Catherine Carré-Karlinger, Evelin Fuchs & Christine Lechner (2010). *Innovative Impulse aus dem Europäischen Fremdsprachenzentrum des*

Europarates: Die CLIL-Matrix in der Unterrichtspraxis. Praxisreihe 13. Graz: ÖSZ

Grenfell, Mike, ed. (2002) *Modern Languages Across the Curriculum*. London: Routledge

Nezbeda, Margarete (2005) "Überblicksdaten und Wissenswertes zu Fremdsprache als Arbeitssprache". *EAA Servicehefte 6*. Graz: Publikation des Österreichisches Sprachen-Kompetenz-Zentrum.

Michael Kelly, Michael Grenfell, Rebecca Allan, Christine Kriza & William McEnvoy, European Profile for Language Teacher Education – A Frame of Reference. A Report to the European Commission Directorate General for Education and Culture. September 2004 http://ec.europa.eu/education/languages/pdf/doc477_en.pdf. Accessed 28.7.2011.

Vollmer, Helmut. "Content and Language Integrated Learning: A Special case of Language Across the Curriculum". 2007

COMMUNICATION FROM THE COMMISSION TO THE COUNCIL, THE EUROPEAN PARLIAMENT, THE ECONOMIC AND SOCIAL COMMITTEE AND THE COMMITTEE OF THE REGIONS Promoting Language Learning and Linguistic Diversity: An Action Plan 2004 – 2006 http://ec.europa.eu/education/languages/archive/policy/index_en.html Accessed 28.7.2011.

Follow-Up Report for Austria 2006 http://ec.europa.eu/education/languages/archive/policy/report_en.html Accessed 28.7.2011.

White Paper on Education and Training - Teaching and Learning - Towards the Learning Society http://ec.europa.eu/education/doc/official/keydoc/lb-en.pdf Accessed 28.7.2011.

Eurydice. Content and Language Integrated Learning (CLIL) at school in Europe. Eurydice 2006. Available at: http://eacea.ec.europa.eu/portal/page/portal/Eurydice Accessed 14.9.2010

Projects

CDI-BIT: Curriculum Development Initiative-Bilingual Integrated Teaching www.cdi-bit.org (no longer available) 2001-4

The European Foreign Language Teacher Professional Profile and Portfolio: 129337-CP-1-2006-1-IT-Comenius-C21. 2006-9

Language Network for Quality Assurance: 134307-LLP-1-2007-1-UK-ERASMUS-ENW. 2007-10 www.lanqua.eu Accessed 28.7.2011. Year 1 Report, Steps from Non-CLIL to CLIL, Räsänen Model 2008

Comenius Regio on CLIL at Primary: LLP/AT-131/05/09 2007-10

Common Constitution & Language Learning: 133942-LLP-2007-DE-COMENIUS-CNW. 2007-10 www.ccll-eu.eu Accessed 28.7.2011.

CLIL across contexts: A scaffolding framework for CLIL teacher education http://clil.uni.lu/CLIL/Project.html Accessed 28.7.2011.

List of Authors

Heather Bailey originally trained in Hotel and Catering Management successfully running a catering company for 10 years. After completing a BSc (Hons) in Science and Environmental Studies with QTS at John Moores University, she started to work at Wargrave Church of England Primary School in 1999 teaching mainly at Key Stage 2. Interest in Primary Language teaching was aroused through direct experience of how responsive young children are to L2 exposure and she has been responsible for the Foreign Language Assistants and MFL for the last 5 years. She played an instrumental rôle in getting the project started.

Heiner Böttger is Professor of English Language Teaching Methodology at the Catholic University of Eichstaett-Ingolstadt and Spokesperson of the BIG Circle in the LERNEN Foundation. His predecessor was H.-E.Piepho. His main areas of research are Early Language Learning, English as a continuum, Neurodidactics and Language Acquisition (research on cognition), Didactics of Multilingualism, University teaching methodology.

Barbara Buchholz holds a doctorate in Educational Sciences from the University of Vienna and an M.A. in Education from the University of Norwich focussing on Early Foreign Language Learning and Teaching, specifically on CLIL and ICT. She works as a lecturer of Foreign Languages Theories and Methodologies and Culture Studies at the University of Education in Burgenland and as a lecturer on English didactics at Vienna University. She has been involved in various ECML projects on young learners' English Language Teaching and is a member of Austrian Language Committee of the Ministry of Education. She is a researcher in the field of Early Foreign Language Learning and plurilingualism in Primary education. She has published a book entitled "Facts & Figures" and published numerous articles in specialist journals on Early Language Learning

Vicky Carlin graduated in French from Liverpool University in 1990 and has been involved in language teaching for the past twenty years. She began her career in the English Department of the Université de Nancy returning to the UK to train as a languages teacher after two years. Her training was at St Martin's College, Lancaster. Working in Secondary schools, she became head of languages and in 2001 joined the award winning Primary languages team in Liverpool LA. She was involved in the Pathfinder project and contributed to CILT's schemes of work for infant schools. Since 2009 she has worked as a languages consultant for St Helens Council.

Gerlinde M. Egger has broad experience in initial teacher education and CPD, but also as a primary and secondary school teacher. Her fields of interest are early language learning, CLIL and teacher research, teacher induction. Her initiatives in Primary teacher education were noted as good practice at European level in the report for the "European Profile for Language Teacher Education". She has worked in a number of European projects in the areas of languages and teacher induction and as a consultant in three regional school development programmes. She studied "Language and Literacy in Secondary Education" at the City University of New York.

Mirjam Egli Cuenat is the co-head of the Institute for Languages Methodologies and lecturer on French linguistics at the Pedagogical University of St. Gallen. She was formerly an independent expert and consultant, one of the projects being the intercantonal project "Passepartout-Fremdsprachen an der Volksschule"(Passe-partout Modern Languages at Primary), was a lecturer on French language and linguistics at the University of Basel from 1999-2005, responsible for the national languages dossier at the Swiss Conference of the cantonal Departments of Education (Erzeihungsdirektoren - EDK) and headed a regional examination centre for DELF-DALF from 1999-2005. She has acted as an expert for the "Division des politiques linguistiques" of the European Council in Strasbourg since 2001.

Zdenka Gadušová works at the Department of English and American Studies, Faculty of Arts, Constantine the Philosopher University in Nitra, Slovakia. For several years she worked in the position of the Head of the Department, then for 6 years as the Vice Dean for Education and for 8 years as the Dean of the Faculty of Arts, currently as the Vice Dean for Research. She is an experienced university teacher in the field of foreign language teacher training. Her research interests are related to various aspects of methodology of teaching foreign languages and language policy in Slovakia.

Romy Höltzer qualified as a Primary School teacher and has worked in Primary Education since 1976. She is the co-ordinator for Primary Schools in the E.U. office in the Stadtschulrat in Vienna and was involved in the development of the European Languages Portfolio for Central Europe for 6 – 10 year-olds. She has also taught at the Pedagogical University of Vienna since 2007.

Christine Lechner is a lecturer on CLIL in initial teacher education at the Pedagogical University Tirol and the IMoF (Innsbrucker Model für Fremdsprachendidaktik), University of Innsbruck and also at CPD level at the University of Klagenfurt. At the PHT she is also responsible for English modules for Lower Secondary students. She has worked extensively in Europe co-ordinating a COMENIUS Network and Accompanying Measures Project also participating as a partner in numerous other networks and projects in the area of languages within the frameworks of COMENIUS and ERASMUS. Currently she is responsible for ERASMUS student mobility at the PHT. She has published on CLIL and on other themes of language education. She has a B.A. from the University of Southampton and teaching degrees at Master's level in English, French and History and a doctorate from the University of Innsbruck.

Helen Leigh has recently retired as the Primary MFL Consultant for Worcestershire working with both mainstream and special schools. Furthermore, she worked closely with the University of Worcester to plan and deliver training to teachers. She is an accredited trainer with CILT (the National Centre for Languages) and was a consultant for their "Languages For All" support pack for teachers of children with special educational needs and wrote some of the material contained within it. She is also a keen musician and has written many songs and rhymes for the primary MFL classroom and is often asked to speak on the role they play in language-learning.

Veronika Leitner teaches at the Practice Primary School of the Pedagogical University Tirol and is also responsible for the organisation of teaching practice for students taking qualification as primary Italian teachers. Since 2009 she has been involved in research on "Holistic Language Learning" within the framework of a degree programme in Education Science at the University of Innsbruck. She is a qualified Primary school teacher and has further qualifications as a teacher for Italian.

Giuseppe Manno is Head of the Methodology Centre for Romance Languages at the Pädagogischen Hochschule der Fachhochschule Nordwestschweiz (Secondary I and II) and lecturer at the University Neuchâtel. He was previously employed at the Department for Romance Languages at the University of Zurich (1989-2009) and has ten years' experience at Upper Secondary Level. He is also a textbook author. His research focuses are on Pragmatics and text linguistics, language teaching and the didactics of multilingualism, sociolinguistics and language contact. His current projects are as follows:
- EuroComRom at the Gymnasium Leonhard (Basel). Support of receptive competences in a Romance language still to be mastered (Italian, Spanish).
- Languages competition and pluriliteracy at the axis from Primary to Secondary in East and Northern Switzerland (Co-operation with the "Institut Primarstufe PH FHNW" (C. Le Pape Racine) and the PHSG (M. Egli Cuenat)
- Content tasks at secondary level: task-orientated language learning in French (Project leader U. Bender/S. Keller, Institut Sekundarstufe I/II PH FHNW)

Wolfgang Mackiewicz is director of the Language Centre and Honorary Professor of English Philology at Freie Universität Berlin (FUB). He is the president of the Conseil européen pour les langues / European Language Council (CEL/ELC). He was chair of the SIGMA Scientific Committee on Languages (1994-5), and went on to coordinate a total of eight EU development and network projects, among them five thematic and dissemination network projects in the area of languages (Socrates-Erasmus Programme; 1996-2007), and the DIALANG project for the development of diagnostic tests in 14 European languages on the Internet (Phases 2 & 3, 1999-2003). He is chair of the Business Platform for Multilingualism, set up the European Commission in September 2009, and coordinator of an LLP/KA2 network - CELAN, Network for the promotion of language strategies for competitiveness and employability. He sits, as a Commission expert, on the OMC working group "Languages for Jobs". He has been involved in the implementation of Bologna reforms at all levels. Over the past 15 years, he has been advisor to both the European Commission and the Council of Europe in a number of capacities. Among other things, he was *rapporteur* of the European Commission's High Level Group on Multilingualism (2006-7). Wolfgang Mackiewicz studied English and German at FUB and at the University of LeedsHe holds three honorary doctorates (Babeş-Bolyai

- Cluj Napoca; Université Charles de Gaulle - Lille 3; Vrije Universiteit Brussel). In 1997, he was awarded the order of merit by the President of the Federal Republic of Germany.

Deborah Elaine Pelzmann was born in 1953 in Atlanta, Georgia, USA. She has teaching qualifications for Primary and Special Needs. She is head of the Practice School at the Pedagogical University Salzburg and responsible for the organisation of Teaching Practice within the Institute for Teaching Practice and a languages methodology trainer for future Primary teachers "Intensifying English". She is an advisor for Teaching Practice and for in-situ school development. She has completed courses on School Management and the Leadership Academy and is co-author of the national edition of the European Languages Portfolio for Primary (ESP-G) at the Languages Competences Centre (ÖSZ) Graz.

Silvia Pokrivčáková works at the Department of Language Pedagogy and Intercultural Studies, Faculty of Education of Constantine the Philosopher University in Nitra, Slovakia. She is a teacher trainer and researcher in language pedagogy, interested in a wide variety of subjects related to the problems of teaching foreign languages to young learners, focused mostly on teaching English to learners with special educational needs (inclusive education), and CLIL. She is an author and editor of numerous monographs, textbooks, studies and research papers.

Anton Prochazka received his graduate degree from the University of Klagenfurt, specializing in foreign-language curriculum work at the primary level. He taught English in primary and secondary schools for more than 20 years. Since 1975 he has organised and run more than 500 in-service training seminars for primary and secondary teachers in Austria and abroad. In 1988 he set up a *Centre for Information on Foreign Language Teaching and In-service Training* at the PIB-Wien, the later Pädagogische Hochschule Wien. From 1989 on he became very much involved in the launching of English from grade 1 onwards and later on responsible for the training of kindergarten teachers as well. He also took part in various EU-projects and was awarded the European Label for Innovative Language Initiatives twice in 1998 and 2003. He is now Director of Studies at the EdTWIN Language Centre of the European Office in the Vienna Board of Education. His most recent publication is the cross-curricular primary CLIL-course *"Supermouse"*, published by *Hueber*, in which he tried to find new ways for learning and recycling the foreign language in a meaningful context and at the same time increasing children's motivation to learn.

Elisabeth Rainer has been a Primary school teacher in a CLIL-class at Volksschule Neuarzl (Innsbruck, Austria) for three years. Her Master's Thesis (PH Freiburg, Germany) is "The potential of the CLIL approach in a multicultural Austrian EFL primary classroom – a case study". Extracts of the thesis are published within the present volume giving insights into the thesis. During undergraduate studies she spent an Erasmus semester at Kingston University in London and after completing teacher training, she spent two further years in the North West of England as a foreign language assistant.

Ildikó Szabó works at the Department of Linguistics and Literature in Kecskemét Teacher Training College, Hungary. She has a PhD in Linguistics and teaches Linguistics, Methodology, American Literature and Civilization. She is involved in initial teacher education and CPD. She also teaches English in a primary school. She is currently participating in international research projects on language teaching (CulTiFoLa, pri-sec-co, MOLAN) and reading literacy (ADORE, BaCuLit). Her fields of interests are early language teaching, CLIL methodologies and bilingual education.

Klára Szabó holds teaching degrees in English and Russian from Attila József University, Szeged, Hungary. Her current research areas include American drama and theatrical history and intercultural linguistics, language pedagogy, with a special emphasis on CLIL. She has coordinated or participated in a number of ERASMUS, LEONARDO, COMENIUS and other EU projects in the area of languages. She is the author of several course books, teachers' books and other teaching materials. Within the national World-Language project she developed a cross-curricular English-language multimedia CD-ROM and coordinated a national TÁMOP project aimed at adopting CLIL methodologies and developing materials for non-language students in higher education. Since 1985 she has been teaching at the Department of English, now the Department of Modern Languages at the University of Szeged, Faculty of Education. Since 1999 she has been heading the Department of Modern Languages and Cultures.

Mark Thomas is a Deputy Head Teacher at Parish CE Primary School in Merseyside (Partnerschool), England. He has been a teacher for 25 years. He is the author of 'The Student's Guide to Calligraphy' and has had educational articles published in a range of magazines including 'Junior Education' and the 'Times Educational Supplement'. Between 2000–2009, Mark was the monthly nature correspondent for the international publication 'Country Quest'.

Claudia-Bettina Scochi was born in Hanau in 1958 into an Italo-German family. She moved to South Tyrol after completing her first degree and lives there today in a bilingual family. She also holds a degree in Educational Sciences from the University of Brixen, teaches German in Italian-speaking schools in South Tyrol and has been involved in research into German as a second language within the Italian School Board in Bozen.

Pierre 'Piet' Van de Craen is professor at the Vrije Universitet Brussel, Belgium (VUB). He teaches Dutch and General linguistics and two courses in the Advanced Master in Linguistics, namely Linguistics and the Neurosciences and Approaches to Language Teaching and Learning. His research interest includes aspects of multilingualism and multilingual education from a European perspective. With respect to Dutch linguistics his interests cover pragmatics and discourse analysis. He is co-founder of the European Language Council/Conseil européen pour les langues (ELC/CEL) (1997) and co-founder of a network of multilingual primary schools in Brussels (STIMOB) (2001) aiming at promoting multilingual education.

Evy Ceuleers is a former post doctoral fellow of the Vrijhe Universiteit Brussels. Her speciality is attitudes and motivation. She is currently at the Artevelde hogeschool, Ghent.

Katrien Mondt is a former post-doctoral fellow of the Vrijhe Universiteit Brussels. She is specialised on CLIL and the brain. She is currently working for the Ministry of Education.

Jill Surmont is a Ph.D. student at the Vrijhe Universiteit Brussels. She is currently working on CLIL and cognition.

Sean Ward is Principal Inspector for Modern Languages with the Education and Training Inspectorate, N. Ireland (NI). He has extensive experience in evaluating and reporting on provision for languages in schools and colleges of further education (CFE). He provides policy advice to the Department of Education (DE) (NI) on a range of language matters including Irish-medium education, Newcomer education and the development of a Modern Languages Strategy. Sean was formerly seconded to DE for a period of two years as Policy Adviser for Raising Standards with particular responsibility for Teacher Education and Information and Communication Technology (ICT). He taught Spanish for fifteen years and was Head of Department in a large inner city selective school in Belfast.

Beate Widlok holds university degrees in Slavonic Studies and Romance Philology from Münster, Moscow and France. She has teaching experience at schools, within adult education and train-the-trainer at the Goethe-Institut and has been employed by the Goethe-Institute in Turkey, Latvia, Estonia and Finland. Since 2006 she has been responsible for Early Language Learning in the central office of the Goethe-Institute producing advisory and CPD materials for Elementary and Primary levels. See: www.goethe.de/kinder und www.goethe.de/nne.

Renata Zanin is Assistant Professor for German Language and Translation at the Free University of Bozen (Fachbereich L-LIN/14). She has been a researcher and lecturer since 2005. Her research focus is in the areas of translation, corpus linguistics and language methodology for German as a second and foreign language.